Anja Ohmer

Ludwig Tieck

Romantische Ironie und absolute Kunst

MIX
Papier aus verantwortungsvollen Quellen
Paper from responsible sources
FSC® C105338
FSC
www.fsc.org

Anja Ohmer

Ludwig Tieck
Romantische Ironie und absolute Kunst

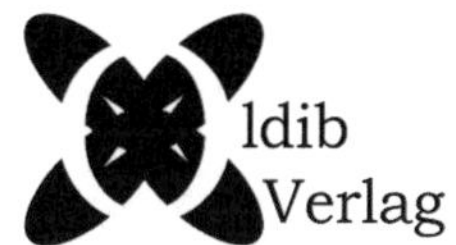

Bibliografische Information der Deutschen Nationalbibliothek
Die Deutsche Nationalbibliothek verzeichnet diese
Publikation in der Deutschen Nationalbibliografie;
detaillierte bibliografische Daten sind im Internet
über http://dnb.ddb.de abrufbar.

www.oldib-verlag.de
Oldib Verlag Oliver Bidlo
Waldeck 14
45133 Essen
www.oldib-verlag.de
Umschlaggestaltung: Oliver Bidlo
Umschlagbild: C. D. Friedrich, *Klosterruine Oybin (Der Träumer)*
Herstellung: BoD GmbH, Norderstedt

ISBN 978-3-939556-22-0

Inhaltsverzeichnis

§1 Ludwig Tieck und die Kunstauffassung seiner Zeit

Ludwig Tieck ist der spannendste und vielseitigste Erzähler und Dramatiker der Frühromantik. Darüber hinaus prägt und erweitert er mit seinem Werk und seinen theoretischen Reflexionen die Auffassung von Kunst und Künstlertum seiner Zeit. Die Kunsttheorie des 18. Jahrhunderts ist gekennzeichnet durch das Nebeneinander der klassizistischen und der romantischen Kunstauffassung. 1755 veröffentlicht Johann Joachim Winckelmann seine Schrift „Gedanke über die Nachahmung der griechischen Werke in der Malerei und Bildhauerkunst", die zur Programmschrift für die klassizistische Bewegung in Deutschland wird und in der Folge einen entscheidenden Einfluss auf die Kunsttheorie der folgenden Jahrzehnte ausübt. Ende des 18. Jahrhunderts erscheinen die Werke, die die romantische Kunstauffassung begründen: 1797 (anonym) Wilhelm Heinrich Wackenroders „Herzensergießungen eines kunstliebenden Klosterbruders", mit Beiträgen von Ludwig Tieck, 1798 Tiecks Roman „Franz Sternbalds Wanderungen" und 1799 Tiecks und Wackenroders „Phantasien über Kunst für Freunde der Kunst." Angeregt von dieser Auseinandersetzung wenden sich auch die Brüder Schlegel in der 1798 bis 1800 erscheinenden Zeitschrift „Athenaeum" der Kunstbetrachtung zu, gefolgt von Kunstaufsätzen Friedrich Schlegels in der Zeitschrift „Europa" (1803-1805). Goethe, Wackenroder, die Brüder Schlegel und vor allem Tieck: das sind die Namen, die die Kunsttheorie der Zeit entscheidend prägen.[1] Vorliegende Studie beschäftigt sich mit Tiecks Rang als Autor der Moderne. Zugrunde liegt die Annahme, dass die literarische Moderne und der Beginn der Abstraktion in der Romantik beginnen und dass sich dies vor allem im Werk von Tieck nachweisen lässt.

Ludwig Tieck betrachtet die ästhetische Sphäre als ‚autonomes Reich'. Er strebt die Freiheit vom klassischen Kunstdeal in formaler und moralischer Hinsicht an. Sein Ziel ist die tendenziell gegenstandslose und gestaltlose Kunst, die er für alle Künste erhofft, vor allem unter dem Vorzeichen der Musik und des Gefühls und eine wie auch immer auf die Totalität der Welt und damit auf die absolute Transzendenz verweisende Kunst, wie sie Friedrich Schlegel mit dem schillernden Namen „Arabeske" oder eben „absolute Kunst" bezeichnet. So kommt es zu dem Begriffspaar „Ironie und absolute Kunst", das aber als verwandt ausgewiesen werden soll. Ironie als Weg der

[1] Vgl. dazu: Franke, Christa. Phillip Otto Runge und die Kunstansichten Wackenroders und Tiecks. Marburg 1974, 1

Autonomisierung und Transzendierung bildet eine Basis, von der aus die komplexe und paradoxe Ästhetik des frühen Tieck erfasst wird. Zudem sollen diese Schlüsselworte dazu beitragen, den inneren Gegenpol der deutschen Romantik hervorzuheben und das gängige Romantikbild zu revidieren: Dem Enthusiasmus hält die Ironie die Waage, dem Mystizismus der Skeptizismus, dem Ästhetizismus Komik und Groteske; dem Nationalismus der Universalismus, der Traditionsverhaftung der Autonomieanspruch, der Naivität die Abstraktion; der Selbsterhebung ins Absolute die Selbstaufhebung, der Selbstaufhebung aber die Offenheit für das Absolute. So bleibt, wie immer, alles in der Schwebe.
Die Arbeit analysiert die genannten Schriften Tiecks unter den beiden Hauptaspekten, um sie mit theoretischen Texten und Gemälden aus Tiecks Umkreis zu vergleichen. Die Ebenen des künstlerischen Vollzugs und der ästhetischen Reflexion werden darin unterschieden und in ihrem Wechselbezug erläutert; die tatsächlich gemalten Bilder treten hinzu. Im letzten Teil wird auf dieser Basis die Synthese mit dem Rückbezug auf Tiecks psychische Verfassung erstellt und die Forschung ausgewertet.

A Romantische Ironie

I. Definition der Ironie

Der Begriff der Ironie geht in der abendländischen Geistesgeschichte auf die antike Rhetorik zurück. Cicero und Quintilianus definieren sie in ihren Lehrbüchern als Diskrepanz zwischen Ausgesprochenem und Aussage. Wie schon Aristoteles anführt, kann dabei etwas anderes gesagt werden, als gemeint ist, oder auch das Gegenteil. Dementsprechend wird ‚eironeia' (Verstellung) als ‚dissimulatio' übersetzt.[2] Die Ironie erfährt in Griechenland unterschiedliche moralische Bewertungen. Der *‚eiron'* der attischen Komödie ist ein eher eitler und hinterhältiger Typ. Die ironische Gesprächstaktik des Sokrates, die philosophischen und pädagogischen Zwecken dient, wird von Plato gewürdigt. Es bleibt aber weiterhin bei einer ambivalenten Haltung zur Ironie.[3] Bereits in der klassischen Tragödie kommt die tragische Ironie auf. Hier klafft das Wissen der dargestellten Charaktere und das der Zuschauer auseinander: Letztere kennen den Zusammenhang oder Fortgang der Dinge und nehmen daher die Ironie des Schicksals wahr, die sich an den Äußerungen der Person erfüllt. Der Wissensvorsprung des Publikums kann aus ihrer Kenntnis der Mythologie oder aus den Gesängen des Chors herrühren, der die Handlung in der Parabase (Parekbase) unterbricht. Allerdings wird der Begriff ‚tragische Ironie' erst nach der Romantik geprägt.[4]
Die Frühromantiker entwickeln einen neuen Ironiebegriff, der das Verhältnis des Autors zu seinem Werk reflektiert und die Ironie vom rhetorischen Mittel zur Grundstimmung der Dichtung erhebt, ja fast zu einer eigenen Philosophie. Friedrich Schlegel ist der Erste, der diese neue Ironie beschreibt und begründet. Er zieht damit das Fazit einer vagen Theorieentwicklung des 18. Jahrhunderts[5] und einer poetischen Praxis, die ins klassische Griechenland zurückreicht und bei Autoren wie Cervantes oder Holberg bereits voll ausgeprägt ist.
Friedrich Schlegels Anmerkungen zur Ironie erweitert Karl Wilhelm Ferdinand Solger zu einem philosophischen System. Für ihn ist die Ironie mehr

---

[2] Behler, Ernst: Klassische Ironie, romantische Ironie, tragische Ironie. Zum Ursprung dieser Begriffe. Darmstadt 1972, 10f.
[3] Behler 15ff.
[4] Behler 13
[5] Behler 32

als ein Stilmittel, mehr als ein Aspekt der Dichtung: Es ist die Grundhaltung der Romantik schlechthin, die Brücke zwischen ‚Sevn und Nichtsevn'. Unter dem Einfluss der Philosophen schildert Ludwig Tieck die Ironie als transzendierende, dem Transzendenten analoge Größe, als „jenen Äthergeist, der, so sehr das Werk bis in seine Tiefen hinab mit Liebe durchdrang, doch befriedigt und unbefangen über dem Ganzen schwebt, und es von dieser Höhe nur (so wie der Genießende) erfassen kann".[6]
An Werken anderer Dichter entdeckt und selber literarisch verwirklicht hat er dieses Phänomen allerdings schon sehr früh, unabhängig von Schlegel und Solger. Einen klaren Begriff von Ironie entwickelt er nie, er verfasst keine eigenständige Ästhetik als theoretisches System, auch nicht als romantisch offenes und paradoxes wie seine Kollegen. Ironie im romantischen Sinne bedeutet Zurücknahme des Textes durch sich selbst: eines Standpunktes durch einen anderen, eines Gefühls durch das entgegengesetzte, so dass jeder Fixpunkt entzogen ist und der einzig mögliche außerhalb liegt. Diese Verfahrensweise muss nicht notwendig komisch oder satirisch wirken.[7] Da dies aber meist der Fall ist, kann der Text auf mehreren Ebenen gelesen werde. Wenn ein Schauspieler scheinbar mitten in der Aufführung seine Rolle kritisiert, reizt der Vorfall das Publikum zum Lachen, und wenn er damit den zeitgenössischen Kulturbetrieb überhaupt infrage stellt, erheitert oder ärgert das den betroffenen Zuschauer. Satire ist eine literarische Kritik, die sich in verschiedenen Stilformen äußern kann: Ironie (Doppelbödigkeit) oder Parodie (Karikatur) oder Travestie (unangemessener Form).[8] Gemeinsam ist diesen Formen die Diskrepanz zwischen Gehalt und Gestalt des Textes, zwischen Wortlaut und Intention. Satire reizt zum Lachen, weil sie lächerlich machen will. Komik ist eine lachende Lebenshaltung, das direktere und derbere Pedant zum Humor, der nachsichtig lächelnd über den Dingen steht.[9] Die Komik ist das Charakteristikum der Komödie, sie hat Unterhaltungswert, macht einfach Spaß wie auch in Tiecks Stücken.
Zugleich weisen diese Sprach- und Lachkunstwerke einen Tiefsinn und einen Ernst auf, die eine ganze Lebenshaltung und Weltanschauung zum

[6] Ludwig Tieck: Ludwig Tiecks Schriften. Vorrede zur zweiten Lieferung der Schriften, Dresden 1828.
[7] Frank, Manfred: Einführung in die frühromantische Ästhetik. Vorlesungen. Frankfurt/Main 1979, 361.
[8] Prang, Helmut: Die romantische Ironie. Darmstadt 1989, 5f.
[9] Prang 4f.

Ausdruck bringen: Der junge Tieck schaut ebenfalls auf die mannigfaltige und widersprüchliche Welt, doch nicht in der heiteren Gelassenheit des Humors, sondern in der knappen Balance der romantischen Ironie: An der Grenze zur bitteren Verzweiflung und unter Ablehnung jedes Angelpunktes, auch im Guten und auch in der Kunst. Jegliche ethische oder ästhetische Antwort auf die Fragen des Lebens muss sogleich einer anderen weichen, denn nichts darf festgeschrieben werden. Die satirische Ironie – im Folgenden kurz Satire genannt – sagt also etwas und meint etwas anderes, setzt gegen Bestehendes etwas Abweichendes, womöglich das Gegenteil. Das Objekt ihrer Kritik liegt außerhalb, letztlich im Bereich des Rezipienten, der sich in seiner Sicherheit angegriffen oder in seiner Kritik ermutigt fühlen soll.

Die romantische Ironie – von nun an einfach als Ironie bezeichnet – lässt weder eine Aussage noch ihr Gegenteil gelten; sie trifft nur noch die Aussage, dass keine endgültige Aussage möglich ist.[10] Sie negiert eine Position und auch ihr Gegenteil, ist aber laut Tieck „nicht bloß negativ, sondern durchaus etwas Positives."[11] Wird die romantische Ironie also als totale Negation erfahren, wie im Roman „William Lovell", führt sie zur Verzweiflung; wird sie als Analogie zur absoluten Position erfahren, wie in der angeführten Definition Tiecks, vermittelt sie als das „Göttlich-Menschliche in der Poesie"[12] jene Gelassenheit, die sich durch nichts erschüttern lässt, weil sie es nicht als das Letzte nimmt und sich lachend über alles erheben kann. Diese Grundhaltung ist in Tiecks Komödien vorherrschend, vor allem in der „Verkehrten Welt", wenn auch die Frage offenbleibt, ob das Letzte hinter allem Vergänglichen und Zufälligen das Nichts oder das Absolute ist: Sie wird mit Lachen ertragen.

So tritt bei Tieck die rhetorische Ironie in den Dienst der Satire, die Satire aber in den Dienst der romantischen Ironie. Wo ein Werk Tiecks ein anderes oder den Kulturbetrieb überhaupt lächerlich macht, ist es satirisch; wo es sich gegen sich selbst oder den Autor wendet, ist es ironisch. Besonders wirkungsvoll kommt die romantische Ironie zum Tragen, wenn die fiktive Ebene der Bühnenhandlung mit der scheinbar realen der Theaterwelt konfrontiert wird oder sich gar gegen diese auflehnt, bis die „Figur" ihren „Verfasser" mattsetzen will. Tieck treibt das Spiel in seinen Komödien auf die

---

[10] Frank 345

[11] Ludwig Tiecks Nachgelassene Schriften. Hrsg. Rudolf Köpke. 2 Bde. Leipzig 1855. (zitiert: Köpke) Köpke II, 338f.

[12] Köpke II, 338f.

Spitze: Sie scheinen sich selbst zu zerstören – und vollenden sich gerade darin.

Ähnlich vollzieht sich die Ironie im Roman, wo jeder Brief- oder Gesprächspartner sofort durch einen anderen oder sich selbst widerlegt wird, und in der Lyrik, wo die Bilder wie Wolken vorübergleiten und sich verwandeln, die Stimmungen ins Gegenteil kippen und nicht einmal die Versform mehr Bestand hat.[13] Oft wirkt die Ironie sogar eher tragisch als komisch, wenn die sprechenden Personen den Boden unter den Füßen verlieren. So grenzt die romantische Ironie wieder an die tragische Ironie an, die den Einzelnen als dem Schicksal ausgeliefert beschreibt. Die Romantiker üben auch explizite Selbstironie, indem sie ihre eigenen Werke, die Romantik überhaupt oder gar ihre Theorie der Ironie ironisch zitieren.

Ironie ist also bei Tieck Selbstreflexion literarischer Texte, gesteigert zur Selbstrelativierung und Selbstaufhebung, vollzogen als komische Auflösung der Bühnenillusion oder als schillernder Wechsel von Stimmungen und Überzeugungen. Die folgenden Kapitel sollen das so definierte Phänomen der romantischen Ironie an Tiecks der Komödien und den frühen Romanen untersuchen, um diese dann mit Schlegels, Solgers und Tiecks theoretische Äußerungen zu vergleichen. Weiterhin werden als Vorbilder für Tieck Verkörperungen romantischer Ironie und der Topoi *‚mundus inversus'* und *‚theatrum mundi'* in früheren Epochen dargestellt und auf die Romantik bezogen.

II. Der gestiefelte Kater (1796/97)

§ 2 Aufbau und Aufhebung der Handlung

Schon der Untertitel und die Personenliste der „ersten unverbesserten Auflage" von 1797[14] deuten an, dass das Stück verschiedene Gattungen und Ebenen umfasst: „Ein Kindermärchen mit Zwischenspielen, einem Prologe und Epiloge" soll von Märchenfiguren wie Kater und König, Komödien- oder Kasperlefiguren wie dem Hanswurst, Sagengestalten wie Jupiter, Opern- oder Märchentieren wie Elefanten und Affen, dazu Theaterleuten wie Dichter und Souffleur sowie dem Publikum gespielt werden. Der Witz

[13] Frank 399f.

[14] Verfasst 1796, veröffentlicht in drei Ausgaben 1797. Von hier an ohne Titelangabe mit Seitenzahl zitiert nach der Ausgabe Stuttgart 1964

der Aufführung besteht darin, dass im Laufe der Handlung zunehmend erstens die unterschiedlichen Gattungen wie Kindermärchen und Oper miteinander vermischt werden; zweitens die Vorstellungen des Publikums mit den dargebotenen Szenen kollidieren; drittens das Publikum die einzelnen Ebenen verwechselt, nämlich inszeniertes Stück und Prozess der Inszenierung. Gleich der Prolog setzt nicht auf der Bühne, sondern im Parterre ein, wo die Zuschauer lebhaft über die Beschaffenheit des Stücks diskutieren. Sie hoffen, dass statt eines „Kindermärchens" eine der von ihnen bevorzugten Gattungen gegeben werden: Oper, Familiengemälde, Revolutionsstück. Auf ihre geistigen Errungenschaften sind sie stolz: Aufklärung, Bildung und guter Geschmack. Ein Bühnenstück soll dreierlei hergeben: Spannung, Gefühl und Moral. Auf ihr unmutiges Pochen hin erscheint der Dichter auf der Bühne und entschuldigt sich sehr höflich für sein unvollkommenes Werk. Geschmeichelt beklatscht das Publikum seine Zielsetzung, die es ja eben noch abgelehnt hatte: „Durch wirkliche Possen zu belustigen". Ihre eigene Rolle als „Das Publikum" durchschauen sie nicht, obwohl sie hervorkehren: „Wir machen das Publikum aus." Die „Stimme" von der Galerie „Da capo." löst bei ihnen Gelächter aus, denn für sie ist die eben geschehene Szene Teil ihrer Wirklichkeit, nicht eines Theaterstückes (9).
Weiterhin setzen die Zuschauer den „Blaubart" herab (7), eine ebenfalls 1797 erschienene Komödie Tiecks, was für sie keine Merkwürdigkeit bedeutet, wohl aber für uns als „reale" Zuschauer, die darin einen besonderen Fall der Satire, nämlich Selbstironie des Verfassers, erblicken. Umgekehrt rückt ihre Verehrung anderer zeitgenössischer Autoren und Schauspieler diese in ein ironisches Licht; ihre vorgefassten Urteile wirken desto komischer, je mehr Kompetenz sie beanspruchen.
Der erste Akt führt nun in drei Stränge der Märchenhandlung um Bauern und Kater, König und Prinz, Wirt und Popanz ein, immer wieder unterbrochen von der Kritik der Zuschauer an der direkten Exposition (10) und mangelnden Illusion (11), den „Unwahrscheinlichkeiten" (10) und „Unnatürlichkeiten" (21).
Dazu kommen seltsame Verwirrungen innerhalb des sogenannten Märchens: Der Bauernsohn Gottlieb nimmt einen sprechenden Kater nicht als Selbstverständlichkeit hin; ein König fragt einen Prinzen aus einem fernen Lande, wieso er seine Sprache beherrsche. Bei näherer Betrachtung ist die Grenze nicht anzugeben, wo Schauspieler aus der Rolle fallen und wo sie noch dem vom Dichter geplanten Stück folgen, wieweit die Spannungen al-

so zwischen den Ebenen oder auf der „innersten" Ebene liegen.[15] Im ersten Zwischenakt – für das Publikum die erste Pause – tritt zu Kritik und Beifall (nämlich über die Husaren und Pferde) die haltlose Bewunderung des Kritikers Bötticher für die Hauptdarsteller. Hier richtet sich Tiecks Satire direkt gegen Böttigers Lobschrift auf den Publikumsstar Iffland von 1796, die vielleicht wegen der Metapher des „bald murrenden bald schmeichelnden Katers" bei der Themenwahl eine Rolle gespielt hatte.[16]

Der zweite Akt verknüpft – unter gehäuften Anspielungen auf Goethe, Schiller, Shakespeare und Mozart[17] – die Handlungsstränge des Märchens miteinander, bis der Zorn des Königs durch den „Besänftiger" mit einem Glockenspiel gedämpft werden muss. Wieder mag dies im Bühnenstück angelegt gewesen sein; gleich darauf aber entgleist es durch das Murren des Publikums völlig, so dass die Schauspieler verstummen und der Dichter sich gezwungen sieht, ein Ballett von Tierfiguren aufzubieten. Wie zuvor der dargestellte König lassen sich nun auf den Wink des Poeten Darsteller und Zuschauer von der Musik bezaubern, und der Akt löst sich in Begeisterung auf, im zweiten Zwischenakt vom Publikum bekräftigt, das die – improvisierte und unmotivierte – Opernszene lobt. Der dritte Akt beginnt gleich mit einem Zwischenfall: Der Vorhang geht hoch, als vor der Kulisse noch der Dichter den Maschinisten anfleht, die Aufführung zu retten, und hinter die Kulisse der Darsteller des Königs sich weigert, seine alberne Rolle wiederaufzunehmen. Der Hanswurst übernimmt es, sich beim Publikum zu entschuldigen, und disputiert mit dem Dichter über den Wert des Stücks. Hier erfolgt also eine weitere Verzahnung der Theaterebenen, indem ein Schauspieler direkt mit den Zuschauern ins Gespräch tritt, ja sie gegen das eigentliche Stück und dessen Verfasser auf seine Seite zieht. Der größte Effekt beruht auf der Verwirrung des Publikums:

„Hanswurst: Jetzt rede ich ja aber zu Ihnen, als bloßer Schauspieler zu den Zuschauern.

Schlosser: Leute, nun bin ich hin, ich bin verrückt." (43)

Als endlich das Märchen fortgeführt werden soll, fällt sofort ein Schauspieler aus der Rolle, indem er darauf hinweist, dass die Komödie in einer halb-

---

[15] Brummack, Jürgen: Satirische Dichtung. München 1979. Kap. Ludwig Tieck: 46-81, insbesondere 53f.

[16] Kreuzer, Helmut: Nachwort zum „Gestiefelten Kater". Stuttgart 1964, 25.

[17] Man muß sich die unmittelbare Aktualität dieser aus heutiger Sicht ‚klassischer' Autoren klarmachen: Die „Zauberflöte" beispielsweise war 1791 in Wien uraufgeführt worden und 1794 in Berlin auf die Bühne gekommen. Vgl. die Anm. von Kreuzer

en Stunde zu Ende sein müsse, und auf den Souffleur schimpft. Das Parterre begreift noch immer nicht und entledigt sich zwischendurch des lästigen Kritikers Bötticher, der noch unerträglicher als das Stück sei.
Gerade die vom Publikum stürmisch bejubelte Liebesszene wird innerhalb des Bühnenstücks zurückgenommen: schon im zweiten Akt durch die Spannung zwischen den Gesprächspartnern bei der Liebeserklärung, im Dritten dann durch die gegenseitigen Vorwürfe bis zur Scheidung:
„Er: Hörst du wohl die Nachtigall, mein süßes Leben?
Sie: Ich bin nicht taub, mein Guter.
Er: Wie wallt mein Herz von Entzücken über, [...] wenn sich der ganze Himmel niederbeugt, um Äther auf mich auszuschütten."
„Sie: Du schwärmst, mein Lieber." (28)
Nun erreicht die Verwirrung ihren Höhepunkt, als Hofnarr und Hofgelehrter, auf der Ebene des Märchens, über das kürzlich erschienene Stück „Der gestiefelte Kater" disputieren – und zwar über das Ganze. Der Hanswurst fordert das Publikum auf zu beugen, das Publikum im „Kater" sei schlecht gezeichnet, woraufhin dieses sich wundert:
„Es kommt ja kein Publikum in dem Stücke vor." (49)
Gleich darauf scheint der Narr gar keine Ahnung zu haben, von welchem Stück die Rede war, während der Kater weiß, dass er selber darin die Hauptrolle innehat, und die Zuschauer vollends durcheinanderbringt. Von einer höheren Warte aus betrachtet, hat der Hofgelehrte recht, wenn er das Publikum als „gut gezeichnet" einschätzt, denn es hält sich für sehr klug und stellt sich ziemlich dumm an. Andererseits hat der Hanswurst recht, das Stück „schlecht" zu finden, denn das sogenannte „Kindermärchen", auf das der Dichter so viel setzt, ist tatsächlich ziemlich unsinnig. Beide Positionen durchkreuzen einander ironisch.[18] Was übrig bleibt, ist weder die merkwürdige Mischdichtung auf der Bühne noch die platte Aufklärung im Parterre, sondern einzig: die ironische Struktur des Ganzen. Es folgen einige Szenen, die die Ausbeutung durch die herrschenden Mächte lächerlich machen, also den politisch-satirischen Impuls wieder hervorkehren: Das menschenfressende Gesetz „Propanz" wird seinerseits, in eine Maus verwandelt, vom Kater aufgefressen und damit die Revolution durchgesetzt. Unter dem Pochen des Publikums muss der Dichter nochmals den Besänftiger engagieren. Sobald die Arie „In diesem heil'gen Hallen" erklingt, beginnen die Zuschauer zu klatschen, und als sich das Theater in eine pompöse Szenerie

[18] Frank 350

von Himmel und Hölle verwandelt, geraten alle in hellen Aufruhr. Im Epilog, nach Ende der Aufführung also, wird als einziges Element der Bühne die Dekoration heraufgerufen (was übrigens zu Tiecks Zeit durchaus üblich war).[19] Ihre Dankrede hält stellvertretend der Hanswurst, während der Dichter sein für kindliche Gemüter geschaffenes Stück verteidigt. Seiner Erklärung begegnen die mündigen Zuschauer mit verdorbenen Birnen und zusammengerolltem Papier (wohl dem Programm). Beide Positionen stehen als lächerlich da: Die eigentlich romantische Position behauptet sich über ihnen. Tieck hält es für nötig, als Regieanweisung zu vermerken: „Völliger Schluss".

§ 3 Die Zweitfassung

Als Tieck seine Komödie für die erste Ausgabe des „Phantasus" (1811) überarbeitete, zeichnete er die satirischen Züge noch schärfer.[20] Seiner eigenen Aussage nach geht es in erster Linie um eine Erweiterung der Rolle Böttchers, also der persönlichen Satire.[21] Der Kritiker steigert sich in seine Lobeshymnen hinein (234ff., 270). Dabei erwähnt er auch sein eigenes Buch, welches demjenigen Böttigers über Iffland entspricht (235). Endlich wird er von den empörten Nachbarn im wahrsten Sinne des Wortes mundtot gemacht: Man stopft ihm einen Knebel in den Mund.
Weiterhin erfährt der Zuschauer Schlosser eine Verschiebung, die zugleich einen allgemeinen zeitkritischen Impuls und eine zusätzliche ironische Aufhebung des Märchens bedeutet: Seine schon im Prolog an das Stück herangetragenen Erwartungen (167) sieht er am Ende erfüllt: „Halt. Ein Revolutionsstück. Ich wittere Allegorie und Mystik in jedem Wort." (269f.)
Sogar die „geheime Gesellschaft", ein beliebtes Motiv der zeitgenössischen Dichtung, so auch in Tiecks Roman „William Lovell", entdeckt er im „Kater" wieder. Seine Nachbarn halten ihn für „wüthig" (270) und müssen ihn als „Opfer der Kunst" nach Hause schleppen, während er verkündet:
„Zieht nur wie ihr wollt, ihr gemeinen Seelen, das Licht der Liebe und der Wahrheit wird doch die Welt durchdringen." (279) Der Hanswurst macht die Durchbrechung der Bühnenillusion noch deutlicher, indem er nicht nur klarstellt, er spreche nun als Schauspieler, sondern hinzufügt:

[19] Beyer, Hans Georg: Ludwig Tiecks Theatersatire „Der gestiefelte Kater" und ihre Stellung in der Literatur- und Theatergeschichte. Diss. masch. München 1960, 187.
[20] Im folgenden Abschnitt nach Beyer 61ff. mit Seitenzahl zitiert aus Schriften V
[21] Schriften I,XIX

„[...] kühl, vernünftig, bei sich, vom Wahnsinn der Kunst unberührt. Capiren Sie mich? Können Sie mir folgen? Distinguieren Sie?“ (279) Hierin steckt wieder viel Ironie, wobei schwer zu entscheiden ist, ob sich eher gegen die Vernünftelei der Aufklärung oder gegen die Purzelbäume der Phantasie wendet, – vermutlich nach beiden Seiten. Endlich tritt auch eine explizite Selbstironie der Romantik in Erscheinung: Die kunstliebende Prinzessin trägt dem Hofgelehrten ein von süßlichen Naturbildern überquellendes Mondscheingedicht vor, das sie als „romantisch“ im Gegensatz zu „klassisch“ einordnet (191). Die überspannte Beimischung von Melancholie und Unheimlichkeit mag sich gegen die populären Schauergeschichten, aber auch gegen die aufblühende romantische Bewegung und gegen jegliche überschwängliche Dichtung richten. Die romantische Ironie lässt nichts unverschont, am wenigsten den romantischen Enthusiasmus. Die Gefahr liegt darin, dass der immanente Gegenpol der Romantik sein Gegenüber verschluckt und nichts mehr bleibt als Skepsis – oder ‚Scherz und leichter Schaum’. Was in einer Komödie natürlich erlaubt ist.

§ 4 Romantische Ironie im „Gestiefelten Kater“

Die Handlung des „Gestiefelten Katers“ unterliegt einer zunehmenden Auflösung, indem sich die Spielsphären verwirren und die Märchenhandlung immer mehr zerstört wird.[22]

Der erste Akt wird noch ganz durchgezogen, wann auch unter zahlreichen Zwischenbemerkungen aus dem Parterre. Der Dichter wendet sich im Prolog direkt an die Zuschauer, mischt sich aber nicht in die Aufführung ein. Die Schauspieler fallen nur einmal aus der Rolle, und das, ohne dass das Publikum es bemerkt. Im zweiten Akt wachsen die Einwände der Zuschauer gegen Stoff und Inszenierung, die Schauspieler vergessen ihre Rollen, und nur die spontane Operneinlage kann den Akt retten. Der dritte Akt beginnt mir dem Malheur des zu früh aufgezogenen Vorhangs, bringt den Streit Hanswursts (als Schauspieler) mit dem Dichter und die Diskussion der Märchenfiguren (als Rollen) über das Stück (als Ganzes) und endlich eine Wendung in einem populären Opernschluss. Für den ursprünglichen Plan muss der Dichter das Fazit ziehen: „Mein Stück ist durchgefallen“. (61) Bei alledem weiß man aber nie, wieweit sein Stück auf die Märchen-

[22] Immerwahr, Raymond M.: The Esthetic of Tieck´s Fantastic comedy. St. Luis (USA) 1953, 56.

handlung begrenzt ist oder derartige Verwirrungen bereits einschließt. In jedem Falle geht sein Appell „Sie hätten wieder zu Kindern werden müssen" (62) vom aufgeklärten Parterre auf uns über: Was jenen in Bezug auf das Bühnenstück nicht gelungen ist, kann uns in Bezug auf das ganze Stück gelingen. Der Erfolg der Komödie beruht gerade auf der Zerstörung des „eigentlichen" Stücks, das dem Ganzen seinen Namen gegeben hat: Es erscheint albern und inkonsequent; es wird vom Publikum abgelehnt; seine Befürworter werden lächerlich gemacht (Dichter, Bötticher, in der Zweitfassung auch Schlosser) und es wird formal von Seiten der Schauspieler und der Zuschauer, schließlich auch des resignierenden Verfassers aufgelöst.

Tiecks erste große Komödie ist also bereits ein Musterbeispiel der romantischen Ironie, indem die Positionen sich selbst oder sich gegenseitig lächerlich machen, die Gattungen sich vermischen, die Ebenen sich verwirren, das Theater sich selbst inszeniert und parodiert, das Ganze sich in Selbstzerstörung und Selbstschaffung neu konstituiert. Außerdem ist „Der gestiefelte Kater" ein durch und durch satirisches Stück, wenn auch die entscheidende Leistung die durchgängige ironische Struktur ist.

Die politische Satire, die Tieck zusätzlich herunterspielt, ist in geringem Maße durchaus vorhanden, wie z.B. in der Anspielung auf die dritte Teilung Polens 1795.[23]

Es dominiert die literarische Satire, die sich auf zwei Ebenen manifestiert: in den direkten Anspielungen und Parodien auf den zeitgenössischen Kulturbetrieb und eben in der ironischen, spielerischen, zweckfreien Verfasstheit der Komödie, welche eine poetische Gegenwelt ohne ‚Moral' zu den populären Bühnenstücken aufbaut. Die Satire konstituiert die Ironie mit, und die Ironie wird zur Trägerin der Komik und zur Gestalt der Satire: als „autonomes ästhetisches Gebilde."[24]

Ein romantisches Paradox in Reinform: Die Ironie dient der Satire auf verzweckte Kunst, indem sie ein Stück hervorzaubert, das zu nichts dient. Die Destruktion aller Einzelelemente schafft durchaus etwas Positives, nämlich eine neue Form des Dramas, eine Position des Autors über dem Ganzen, – und des Zuschauers, wenn er sich auf das Spiel einlässt.

---

[23] Brummack 64

[24] Brummack 65

III. Die verkehrte Welt (1797/99)

§ 5 Satire und Ironie

„Die verkehrte Welt“ wird erstmals Ende 1796 erwähnt, also vor dem „Gestiefelten Kater“ und Ende 1797 in wenigen Tagen verfasst. Dies geschieht folglich nach der ersten Begegnung mit Friedrich Schlegel und etwa gleichzeitig mit dem Zerbino.[25] 1799 wird das Stück in Bernhardis „Bambocciaden“ gedruckt. Für den „Phantasus“ wird es überarbeitet (1811), nochmals für die „Schriften“ (1828).[26] Wie im „Gestiefelten Kater“ liegt der Schwerpunkt der Satire auf dem Literatur- und Theaterbetrieb einer oberflächlich „aufgeklärten“ Gesellschaft. Den Gesetzen der verkehrten Welt gemäß setzt das Schauspiel mit dem Epilog ein, der die Zuschauer nach ihrer Meinung zu dem noch gar nicht vorgestellten Stück fragt und damit die Haltung vieler Gebildeter und Halbgebildeter ironisiert, Werke der Kunst aus zweiter und dritter Hand zu beurteilen (9). Gleich im ersten Akt begeistert der spontan auf die Bühne gestiegene Grünhelm seine Mitbürger mir Versen aus Goethe und Mozart (14f.), ganz nach dem Muster des „Katers“.[27] Am Ende des Aktes erfolgt eine Exposition der Fehde zwischen Apoll und Scaramuz, die hier das „eigentliche Stück“ bildet. Was die Gottheit der Dichtung verschenkte, soll nun verkauft werden: das Wasser der Kastalia, die Gabe der Kunst. Der Parnass muss zum Backen und Brauen erhalten, von den Musen wird Miete verlangt und Pegasus zum Ausreiten benutzt, denn statt der „excentrischen“ Gedankenflüge soll die prosaische „Vernunft und Ordnung“ regieren (19). Im zweiten Akt betrinken sich die Besucher dann mit dem Bier vom Musenberg, und Scaramuz rechtfertigt das Nützlichkeitsdiktat mit der „Argumentation“: „[...] das Nützlichseyn selbst ist ungemein nützlich“ (34). Sogar Apoll, der Gott der zweckfreien Poesie, wird unter dem Aspekt betrachtet, er habe die Tiere gezähmt und die Bäume veredelt (36).

Die eigentlich politische Satire kommt kaum zum Vorschein, denn der Herrscher Apoll und der Usurpator Scaramuz sind vor allem Personifikationen bestimmter Arten von Literatur bzw. allgemeiner Geisteshaltung. Die Kritik an dem Publikum eingesetzten und zum „Tyrannen“ gewordenen

---

[25] Pestalozzi Karl: Nachwort zur „Verkehrten Welt“. Wien 1964, 101.

[26] Pestalozzi 95; Zitate im Folgenden mit Seitenangabe nach Pestalozzi, also der Erstausgabe.

[27] Anspielungen aufgeschlüsselt bei Pestalozzi 145.

Scaramuz kann man vielleicht auf die Französische Revolution deuten, welche Tieck zunächst enthusiastisch begrüßt.[28] Wesentlicher als die direkte Satire ist auch hier die ironische Struktur des ganzen Stückes, die die Satire untermauert, indem sie ein Gegenbeispiel zur angegriffenen Position liefert. Dabei weist sie gegenüber dem „Gestiefelten Kater" eine erhebliche Steigerung in Kompliziertheit, Selbstauflösung und Selbstreflexion auf.
Während die Apoll-Scaramuz-Handlung einen allegorischen Zeitspiegel liefert, ergeben die rahmenden Musikstücke und die Vermischung der Theaterebenen einen überzeitlichen Weltspiegel. Der Titel verweist nicht allein auf den Topos der Verkehrten Welt, der in Gestalt von Christian Weises „Lust Spiel/ Von der/ Verkehrten Welt" (1683) Tieck zu seinem Stück anregte und im vierten Akt unmittelbar aufgegriffen wird, wenn die Schafe die Schäfer scheren, die Kinder die Eltern erziehen und der Leser dem Schriftsteller diktiert.[29] Auch Verbannung und Verschwörung gegen den Gott der Kunst sind bei Weise vorgebildet.[30] Ebenso liegt der Topos des Welttheaters Tiecks Drama zugrunde, wie sich in der Schlüsselstelle am Ende des dritten Aktes zeigt: Eine Komödie vermag sie beide zu verbinden.[31] Die Welt ist seit dem Barock aus den Fugen geraten: Der Romantik kann ein ‚*mundus inversus*' die Welt repräsentieren und in ein ‚*theatrum mundi*' verkehrt werden, indem es nämlich eben keinem erkennbaren Plan zum ewigen Ziel folgt und schon in der Form verzwickt und offen ist.

§ 6 Offener Aufbau

Obwohl „Die Verkehrte Welt" sich im Untertitel als ordentliches „Historisches Schauspiel in fünf Aufzügen" deklariert, gibt es keine Dramatis Personae wie noch im „Gestiefelten Kater". Der Umfang ist größer, die Handlungsstränge zahlreicher. Das Stück zerfällt in Episoden, die zwar in einen klassischen Spannungsbogen eingefügt sind, aber nicht alle einer notwendigen logischen oder zeitlichen Abfolge unterliegen (z.B. Schäfergesänge, Erziehungssatire). Tiecks Verleger hielt die beiden Lieferungen der Manuskripte (Akt I-III und IV-V) sogar für zwei Komödien.[32] Zwischen den Akten treten musikalische Zwischenstücke auf, die die entsprechenden Vorbil-

[28] Pestalozzi 116.
[29] Ludwig Tieck: Ludwig Tiecks Schriften. 28 Bde. Berlin 1828 – 54. Schriften V, 435.
[30] Pestalozzi 103.
[31] Zu den beiden Topoi s.u. S. 33ff.
[32] Schriften I, XXII.

der mit den Mitteln der Sprache nachschaffen und über das Leben im Allgemeinen philosophieren. Das „Rondo“ zwischen Akt III und IV bezeichnet dieses Schauspiel und ebenso die ganze Welt als Mischung aus Tragödie und Komödie, als „moderne Oper“ und „poem unlimited“ (61). In das sogenannte historische Schauspiel sind populäre Gattungen wie Schäferspiel und Familienstück eingebaut, die ebenfalls ironisch gebrochen werden. Schäferidylle zu Beginn des zweiten Aktes hebt sich selber auf, indem die Rokoko-Gestalten gegen die „abgeschmackten Gesänge“ protestieren: „Nichts als Lied und Liebe und Lied“ (23). Der geschlossene poetische Monolog des vereinsamten, der furchtbaren und majestätischen Natur ausgesetzten schiffbrüchigen Robinson – der Roman wurde 1799 in Deutschland bekannt[33] – wird in eine Klage über die Langeweile auf der Felseninsel und die Entfernung vom Souffleur abgewandelt: Das Erhabene wird komisch, und umso mehr, da das Publikum nichts bemerkt und sich ergriffen zeigt (77), wie sie sich schon vom Rührstück im zweiten Akt hinreißen ließen. Doch entsteht der komische Effekt weniger aus unmittelbarer Parodie als aus der Verwirrung der Wirklichkeitsebenen.

§ 7 Vermischung der Ebenen

Ehe die Aufführung beginnt, beschwert sich der Darsteller des Scaramuz über seine komische Rolle, der Pierrot flieht ganz in den Zuschauerraum, während der Bürger Grünhelm im Tausch den Aufstieg ins Rampenlicht wagt, sehr zum Verdruss des Poeten, der sein Werk in Gefahr sieht und vom Direktor beruhigt werden muss (10ff.). Der Pierrot verrät dem Parterre, dass die Schauspieler über den glücklichen Ausgang des Stückes abgestimmt hätten und dies auch gegen den Willen des Dichters durchsetzen würden (16). Es ist also, abgesehen von den folgenden Verwirrungen, von vornherein unklar, wer den Verlauf der Handlung bestimmt.

Ein Bote führt als Antagonisten des Scaramuz den Gott Apoll ein, dem man zwar das Reich der „Mythologie“ und „Idylle“ zuweist, zugleich aber den Eintritt ins Theater verwehren will: ‚Fiktive‘ und ‚reale‘ Ebene sind von Anfang an vermischt. Dann fordert Scaramuz ungeduldig die Dekoration, und ein Papp-Parnass wird hereingetragen. Schon beim Epilog stellt das Theater, laut Regieanweisung, entgegen den Erwartungen der Illusionsbühne, ein Theater vor (9). Hier konstituiert sich die neue Einheit von Ort, Zeit

[33] Pestalozzi 150.

und Handlung: Was Tieck und die jeweilige Theatertruppe uns vor Augen führen, ist kein „historisches Schauspiel", auch keine Komödie im gewöhnlichen Sinne, sondern die Inszenierung einer solchen.
Wie im „Gestiefelten Kater" fallen die Schauspieler scheinbar aus der Rolle. Im zweiten Akt reflektiert der Wirt über seine Rolle im Allgemeinen und besonderen, fragt den durchreisenden Fremden, ob er wohl „aus dem Englischen übersetzt" sei. Er rät dem Reisenden, angemessenes Verhalten in der ‚Ars poetica' nachzuschlagen. Sein Gegenüber hält ihn für „rasend" (29f.). Beide reden aneinander vorbei, da sie sich auf verschiedenen Ebenen bewegen: der Fremde innerhalb seiner Rolle, der Wirt als Schauspieler außerhalb, so dass er die Fühlung zum Stück verliert. Bald darauf schließt der Wirt an seine Überlegungen zur ‚Ars poetica' die Erläuterung an, er selber sei „nun zum Beispiel recht eklatant aus meinem Charakter herausgefallen." Er verlässt also nicht bloß seine Rolle, sondern tut es, indem er über ebendieses Phänomen reflektiert. Im Seegefecht des vierten Aktes kann sich der mitspielende Direktor nicht in seine untergeordnete Rolle finden, und Scaramuz hat Angst vor dem „Versinken", bis man ihm die Falltüren erklärt (71ff.).
Auch die Zuschauer kommentieren das Stück nicht nur, sondern wirken durch Zwischenrufe darauf ein: In ihrem Auftrag richtet z.B. der Maschinist ein Gewitter aus, dessen technische Durchführung er dann auch noch erläutert (27). Eine „Verkehrte Welt" also in mehrfacher Hinsicht: Im „eigentlichen" Stück usurpiert eine komische Rolle die Herrschaft Apolls; diese Rolle wird anstelle eines Schauspielers von einem Zuschauer wahrgenommen. Dann zwingt ihm das übrige Publikum seine Wünsche auf. Am Ende tun sich die Personen aus verschiedenen Episoden und verschiedenen Ebenen der „Verkehrten Welt" gegen die Usurpatoren zusammen: Der Poet zieht gemeinsam mit dem Direktor und Apoll zu Felde, der verbannte Admet und der gelehrte Wirt, der gemaßregelte Autor und die geschorenen Schäfer schließen sich ihnen an (79, 91). Dafür gesellen sich die Zuschauer Scaramuz zu und klettern alle auf die Rampe, wie am Anfang einer von ihnen. Am weitesten treibt Tieck das Spiel mit der Theaterillusion im dritten Akt, wenn er ein Stück im Stück (das ja an sich schon ein Binnenstück ist) aufführen lässt und durch ein weiteres Stück im Stück bis zur vollständigen Verwirrung steigert, indem dieselben Schauspieler auf verschiedenen Ebenen entsprechende Rollen wahrnehmen: Die Muse Melpomene z.B. tritt im bürgerlichen Trauerspiel als Emilie, im darin enthaltenen Schäferspiel als

Laura auf. Die Spannung löst sich stufenweise auf, und mit ihr die Illusion: Alle Liebespaare dürfen heiraten, zuletzt sogar die Muse.
Das Publikum des Scaramuz-Apoll-Dramas aber bleibt vollkommen konfus zurück, der Pierrot befürchtet gar, sein Kopf zerspringe (60). Zum einzigen Mal in Tiecks großen Komödien verweisen die Zuschauer explizit auf die Möglichkeit, selber nur „Akteurs" und einem weiteren Publikum ausgesetzt zu sein. An der Stelle dieser vermuteten „Engel" aber sitzen wir. Mit ihrem Gedankengang lenken die Zuschauer, wenn auch auf komisch wirkende Weise, den Blick in eine eventuelle Transzendenz. Der Romantiker Tieck greift das barocke Welttheater auf, aber ohne die Gewissheit der Himmel und der absoluten Transzendenz.[34] Dieser Vorfall steht sicher nicht zufällig an der Schlüsselposition zu Ende des dritten Aktes.
Unmittelbar darauf folgt die zentrale Aussage des „Rondo", das die existentiellen Gedanken des Bühnenpublikums aufnimmt. Die Idee einer unendlichen Folge miteinander verflochtener Begebenheiten und einander beobachtender Personen wird nun ausformuliert und einer Melodie verglichen (61). Wie schon von den beiden ersten musikalischen Einlagen wird die Welt als Schauspiel aus verschieden Gattungen betrachtet. Hervorgehoben ist die Anschauung, dass „das meiste in der Welt" weder kausal noch final zu begründen sei, wenn es auch „auf wunderliche" Weise miteinander verknüpft sei. Als Schlussfolgerung bleibe nur, Denken, Urteil und Nutzanwendung aufzugeben; also genau die aufgeklärte Position.
Im fünften Akt steigert sich das Publikum so ins Spiel hinein, dass es Scaramuz zu Hilfe eilen will und von Apoll daran erinnert werden muss, „dass wir alle nur Schauspieler sind", – also nicht nur die Personen auf der Bühne, sondern auch diejenigen im Zuschauerraum (93f.). Nachdem alle hinter den Kulissen verschwunden sind, muss der beschließende Prologus sich an Grünhelm alleine richten, den einzigen Zuschauer, der die ganze Zeit selber auf den Brettern stand. „Die Verkehrte Welt" ist komplett: Das Theaterpublikum nimmt gegen den Gott der Kunst Partei und wandert auf die andere Seite der Bühne, in der Sphäre des jenseits der Bühne wiedervereinten Theaterpersonals. Grünhelm schlägt als „der einzige Mensch" unterhalb der Bühnenrampe den Weg zu seiner „ordentlichen Frau" ein, zurück in die bürgerliche Welt, und empfiehlt die ganze Angelegenheit einer ‚Untersuchung der Philosophen'.

[34] So auch Voigt, Joachim: Das Spiel im Spiel. Diss. Masch. Göttingen 1954 160f.; Pestalozzi 130f.

§ 8 Auflösung des Stücks

Das Bühnenstück wird zum Teil erst während der Inszenierung konstituiert. Die Truppe stimmt – gegen den Dichter – über den Verlauf ab, und die Zuschauer mischen sich – gegen Dichter und Schauspieler – in die Handlung ein. Ein Schauspieler gesellt sich zum Publikum, ein Zuschauer und der Direktor spielen mit, und nicht nur sie fallen aus der Rolle. Das Bühnenbild wird vor aller Augen aufgebaut (Parnass), die technischen Effekte von Fachleuten erklärt (Gewitter, Versenkung). Das „historische Schauspiel" endet in einem Tumult, das Publikum geht fast vollständig zuerst in das aufgeführte Drama, dann in die Theaterwelt.
Während des Seegefechts fängt Tieck die eventuelle Kritik in der Bemerkung des „Anderen" auf: „Die Einheiten mangeln". Das ist Selbstironie des Autors und eine Ironisierung des Publikums, das klassische Maßstäbe an eine „Verkehrte Welt" anlegt.

§ 9 Poesie der Poesie

Die musikalischen Einlagen und der Epilog stellen in poetischer Form Thesen über die Kunst auf und ziehen Vergleiche mit dem Leben. Schon das „Orchester" nach dem ersten Akt klagt über die Vergänglichkeit zweier Welten, die einander widerspiegeln: „Menschenleben" und „Kunstwerk". Das Fallen des Vorhangs wird dem Tode verglichen. Dementsprechend begeht Grünhelm am Ende „Selbstmord", indem er von der Bühne unter die „seligen Schatten" des Partners springt, – ein handgreiflich gestalteter und zugleich komisch entschärfter Vergleich (90).
Die Apoll-Scaramuz-Fehde verkörpert einen Disput um Sinn und Zweck der Kunst, wobei alle Positionen ironisch beleuchtet werden. Verschiedene Gattungen der Dichtung werden auf verschiedenen Sprachebenen repräsentiert (Idylle, Elegie, bürgerliches Familienstück, antike Mythologie, Harlekinkomödie, Oper). Die Kunst wird sich selber zum Thema, wie es ja auch ganz zu Anfang hieß, das Theater stelle ein Theater vor.
Das Allegro am Ende des zweiten Aktes gibt ein gutes Beispiel für Poetik in poetischer Form: In einer von bunten Bildern sprühende Hymne preist es den Geist der Phantasie, der Freude, des Rausches und der Musik. Es weist den Anspruch zurück, „mit kunstrichterlichem Auge" „in allen Dingen den Zusammenhang" zu suchen, und fordert stattdessen, sich vom Schauspiel

wie von Wein und Festlichkeiten trunken machen zu lassen: „Ihr genießt euch selbst und die hohe harmonische Verwirrung“ (40). Das barocke Fest, das noch in der prächtigsten Entfaltung seiner Nichtigkeit bewusst gewesen ist, wird hier zum Selbstzweck: Es soll den Zuschauer die Welt vergessen oder ebenso heiter betrachten lassen wie das Drama. Das „Orchester“ verkündet schon zu Beginn, dass alleine die gelassene Betrachtung des „funkelnden Regenbogens“ vor der Alternative der Verzweiflung oder des gemeinen Vergnügens rette. Die einzige angemessene Lebenshaltung sei es, sich trotz der Wechselhaftigkeit und Sterblichkeit der Erscheinungen an ihrem Schauspiel zu „ergötzen“. Der Prologus weist noch einmal darauf hin, dass die Komödie das Elend der Welt vergessen macht.

Tieck kann kein Sinnangebot und Lebensrezept bieten wie das mittelalterliche oder barocke Welttheater, nur ein Kunstprogramm des ewigen Wechsels und der ironischen Betrachtung, das er aufs Leben übertragen will. An die Stelle der Metaphysik tritt die Ästhetik.

§ 10 Selbstironie des Verfassers

Der Autor spiegelt sich in der Figur des Dichters, der am Publikumsgeschmack, an den Launen der Truppe und an den Tücken der Technik scheitert. Außerdem wird das ganze Drama von den musikalischen Rahmenstücken eindeutig ironisch herabgesetzt, beispielsweise wenn das „Rondo“ es als verrückt bezeichnet und um geduldiges Ausharren bittet, – nicht ohne seine eigene Urteilsfähigkeit in Frage zu stellen, da es selber nicht aus dem Zusammenhang der „tollen“ Angelegenheit heraustreten könne.[35] Andererseits betont das „Menuetto con Variazioni“, allzu viel „Klugheit“ gehe an der Klugheit des Spiels vorbei (82f.). Tiecks „Verkehrte Welt“ ist der Logik und Moral unserer Gesellschaft nur bedingt unterworfen und lässt sich nicht an deren Gesetzen messen.

Alle gängigen Stile kann Tieck anwenden, und keinen lässt er ungebrochen stehen. Gerade die von den Zuschauern über die „Engel“ und vom Rondo über die Welt als „moderne Oper“ getroffenen Kernaussagen werden ironisch relativiert. Das Stück hält sich selbst für „verrückt“, – aber eben darin liegt sein Wert in einer Welt, die sich in ihrer Beschränktheit todernst nimmt und das eigentliche Ernste vielleicht bloß verdrängt: den Tod, die Transzendenz und das eigene Ungenügen ihnen gegenüber. Die romanti-

[35] Schriften 46.

sche Ironie ist konstitutiv für Tiecks zweite und großartige Komödie, die man als ironisches oder offenes und daher modernes Welttheater bezeichnen könnte.

§ 11 Die Zweitfassung

Für den „Phantasus" erfuhr die frühromantische Improvisation eine Durcharbeitung:[36] Tieck tilgt unter anderem alle Zeitbestimmungen und alle wenn auch bloß komisch aufs Christentum bezogenen Aussagen; gleicht die musikalischen Zwischenspiele ihren Vorbildern weiter an, glättet die Verse, hebt die Sprache und arbeitet den Zusammenhang zwischen Akt III und IV heraus. Was die Satire betrifft, weitet der Verfasser die Zeitsatire aus, lässt aber politische Stellungen zu Revolution und Republik aus, allerdings nur aus Vorsicht, wie man aus der Wiederaufnahme in die Ausgabe der „Schriften" sieht, wo die christlichen Stellen weiterhin fehlen. Ein Beispiel ist die Sprachkritik an den politisch relevanten Bezeichnungen „Vaterland" für „Geburtsgegend", „Vertheidiger des Vaterlandes" für „Soldaten" und „Sitz der Gerechtigkeit" für „das Haus, wo die Verhöre angestellt werden" (40).

IV. Prinz Zerbino (1796-98)

§ 12 Satire und Ironie

Die umfangreichste seiner satirischen Komödien verfasst Ludwig Tieck im Laufe des Jahres 1796. Zwei Jahre später überarbeitet er sie dann ebenfalls mehrfach.[37] Die folgenden Ausführungen beziehen sich auf die Fassung der „Schriften" von 1828f.[38]
Die Satire bezieht sich dezidiert auf die literarische Massenproduktion der Zeit. Der Verfasser schlüsselt die Anspielungen im Vorbericht selber auf.[39] Dazu kommen in der Erziehungssatire allgemein als „aufgeklärt" geltende Einstellungen. Die politische Satire hält sich in Grenzen; deutlich kritisiert werden der Eigennutz vorgeblicher Aufklärer (313f.) und inkompetenter Machthaber und Höflinge (II. Akt).

---

[36] Pestalozzi 95ff.
[37] Schriften VI, XXXI.
[38] Schriften VI (1829).
[39] Schriften VI, XXIXf.

Was die Ironie betrifft, so lässt sich nach den oben erarbeiteten Kategorien feststellen, dass im „Zerbino“ Scheinhaftigkeit und Scherzhaftigkeit des Schauspiels und der Welt explizit zur Sprache kommen und formal auf die Spitze getrieben werden.

§ 13 Offene Form

Wie in der „Verkehrten Welt“ fehlt eine Personenliste. Dem klassischen Muster zuwiderlaufend, gibt es, zudem ohne Szeneneinteilung, sechs Akte, und auch diese Zahl wird vom kommentierenden „Chorus“ als willkürlich bezeichnet: Man könnte ohne Weiteres einen siebten oder achten Aufzug anfügen (311).

Der Untertitel deutet an, dass die Kunst sich wieder selbst thematisiert und das Stück die Kontinuität zu den anderen Komödien hervorhebt; es sei gewissermaßen eine Fortsetzung des gestiefelten Katers. Einige der dort eingeführten Personen tauchen hier wieder auf.

Das Schauspiel ist überlang und verschachtelt. Die Episoden werden ohne logische oder chronologische Ordnung aneinandergereiht, die einzelnen Handlungsstränge ziehen sich durchs ganze Stück und werden zunehmend ineinander verflochten.[40] Die Hirtenspiele z.B. laufen neben Zerbinos Reise her und werden erst aufeinander bezogen, als Cleon Lila, Helikanus Cleora und Zerbino den guten Geschmack suchen (163ff., 360ff.). Die unterschiedlichen Sphären sind sprachlich voneinander abgehoben und zum Teil so in sich geschlossen, dass sie sich herausziehen und getrennt aufführen lassen. Tatsächlich bittet Goethe Tieck, die Geschichte von Dorus und Lila der Weimarer Bühne als selbständiges idyllisches Drama zu überlassen.[41] Die Haupthandlung kehrt nach der erlebnisreichen, aber ergebnislosen Reise von Nestor und Zerbino in sich zurück, und das Ganze könnte in Variation von vorne beginnen. Mehr noch als im „Kater“ haben wir hier einen ‚Zirkel, der in sich selbst zurückkehrt’, an beliebiger Stelle einsetzen oder sich anders aneinanderknüpfen könnte.

---

[40] Schema bei Thalmann. Marianne: Provokation und Demonstration in der Komödie der Romantik. Berlin 1974, 55.

[41] Thalmann, Marianne: Der Manierismus in Ludwig Tiecks Literaturkomödien (1964). In: dies.: Romantik in kritischer Perspektive. Zehn Studien. Heidelberg 1976. 185 und 192. (zitiert: Thalmann (Manierismus))1955, 99.

Der als „Chorus“ auftretende Jäger stellt von Anfang an klar, dass es sich um eine Theateraufführung handelt, die einer bunten, lebhaften Jagd gleicht, und warnt vor allzu hohen Ansprüchen und tiefsinnigen Auslegungen: „So haltet unser Spiel für nichts als Spielwerk“ (6). Doch werden die Illusionen diesmal nicht durch Schauspieler, Bühnenarbeiter oder Zuschauer zerstört, und auch die mechanische Verwandlung der Dekoration und das Eingreifen des „Verfassers“ erfolgen erst gegen Ende.

Vielmehr fallen die Rollen selber aus der Rolle, – das Stück wird von innen her untergraben. Die Figuren beziehen sich auf den Leser oder Zuschauer (317, 332) und reflektieren ihre eigene Scheinhaftigkeit und Zufälligkeit, wenn sie sich mit ihren Bleisoldaten vergleichen:

„Wie traurig wird’ ich, wenn ich erst bedenke,
Dass wir nun vollends gar nicht existieren. [...]
O jammervoll Geschick dramat’scher Rollen“ (148).

Die Hauptfigur macht sogar Anstalten, aus dem Drama auszubrechen. Sie ist sich selber bewusst, sich als „Held gegen den Verfasser empört“ zu haben, dem Setzer, Leser und Kritiker zu Hilfe eilen müssen: „O Unglück. Wenn der Held dem Verfasser über den Kopf wächst“ (335).

Die Flucht Zerbinos aus der ihm zugedachten Rolle spiegelt sich in den Marionettenaufführungen des vierten Aufzuges: Eine Puppe beginnt mit dem als „Schicksal“ angeredeten Puppenspieler über ihren weiteren Werdegang zu diskutieren (207). Damit hat sie – innerhalb der Dramenwelt – den Übergang vom Spiel zur Wirklichkeit vollzogen: für uns zwar nur ein Unterschied im Grad der Scheinhaftigkeit, aber doch ein Anstoß, über die Bühne hinaus unsere eigene Position zu reflektieren.[42] Außerdem tritt in verwirrender Verdopplung der Marionettenspieler Polykomikus selber wieder als Marionette auf, so dass sich die Frage aufdrängt, welches Schicksal ihn an unsichtbaren Fäden bewegt. Sowohl das Heer der Bleisoldaten als auch die Marionetten zeigen den Spielcharakter der Bühnenwelt und damit auch der wirklichen Welt auf. Wieder wird der Gedanke des ‚*theatrum mundi*‘ ausgesprochen, zugleich aber durch die komische Darstellung zurückgenommen und nicht auf einen festen Punkt bezogen, wie es im Weltbild des Barock möglich ist.[43]

---

[42] Voigt 75.
[43] Voigt 76ff.

§ 15 Auflösung des Stücks

Die Zeit wird von Zerbino mittels einer Maschine zurückgedreht, erscheint also ebenso als inszeniert wie zuvor nur das Bühnenbild mit seinen Effekten. In der „Verkehrten Welt" deuten fehlende Zeitbegriffe und –zusammenhänge sowie die Vertauschung von Epilog und Prolog auf die Reversibilität der Zeit hin, hier scheint sie vollzogen. Prinz Zerbino will das Stück aber nicht allein zurückdrehen, sondern gänzlich aufheben, ja sich selber damit auslöschen (336f.) Das Drama kann nur gegen seinen Helden zu Ende geführt werden, wie auch schon der Prototyp des kleinen Marionettenstücks. Zerbino muss zum Weiterspielen gezwungen werden und landet im Gefängnis (354). Die „Reise nach dem guten Geschmack" war vergeblich, ja der Suchende bekehrt sich sogar zum Vernunft- und Zweckdenken und gibt damit seine Identität auf. Der Schluss ist tragisch und komisch in einem.[44] Das ganze Schauspiel stellt Anforderungen, wie sie von der Bühne eigentlich nicht zu bewältigen sind, so wenn Polykomikus sich in verschiedene Tiere verzaubert oder das gesamte Bühnenbild in Sekundenschnelle wechselt (330f.). Die tatsächliche Aufhebung des Bühnenstücks ist erreicht: Es entzieht sich der Aufführbarkeit. Die Reflexionen richten sich denn auch nicht nur an den „Zuschauer" (332), sondern auch an den „Leser" (149). Tiecks andere Dramen sollen alle aufführbar sein, für den „Gestiefelten Kater" und die „Verkehrte Welt" betont er dies eigens,[45] und nur auf der Bühne kommen diese Stücke richtig zur Geltung.[46]

§ 16 Poesie der Poesie

Der Jäger übernimmt als Prologus, Chorus und Epilogus die Theorie der Poesie und den Vergleich mit dem Leben. Er steht zwischen Leser und Drama, jedoch nicht wie dieses ernsthaft und unfreiwillig komisch, sondern seiner Rolle bewusst.[47] Auch der Alte König und Hanswurst reflektieren ihre eigene Scheinhaftigkeit wie beschrieben, und sogar die lebendig gewordene Marionettenfigur lässt sich über den Widerstreit von Ethik und Ästhetik im Drama aus; möglicherweise gehört aber auch ihr Ausbruch zu der ihr

[44] Thalmann 1974, 55.
[45] Schriften I, XX; XXV.
[46] Thalmann 1974, 26 und 50; Immerwahr, Raymond M.: The Esthetic of Tieck´s Fantastic comedy. St. Luis (USA) 1953, 61.
[47] Thalmann 1974, 59.

vom Puppenspieler zugedachten Rolle. Die Handlungsstränge gehören verschiedenen Literaturgattungen an. Die Titelhandlung thematisiert die Dichtung; gegensätzliche Kunstbegriffe werden in der Mühle und im Garten der Phantasie ins Bild gesetzt. Ein „Poet" stellt eine sozusagen antipoetische Poetik auf, die ganz auf Nützlichkeit gemünzt ist und alles Poetische als Mangel erscheinen lässt (320). Auch der Hofgelehrte hütet sich vor dichterischen Enthusiasmus: „O Glück. O Wonne. Wie muss ich mich hüten, nicht vor Rührung in schwülstigen Hyperbeln auszubrechen." (352)
Die ersten drei Marionettenspiele parodieren wieder den zeitgenössischen Theatergeschmack, indem das Thema der Treue zum Vaterland heroisch und bürgerlich variiert wird; als viertes Schauspiel folgt, gleichfalls in ironischer Brechung, ein märchen- und opernhaftes Stück, das der romantischen Poetik entsprungen sein könnte.[48] Im „Garten der Poesie" entfaltet sich die ganze romantische Ästhetik: Die „Göttin der Phantasie" vereint die Natur in wunderbarer Harmonie (251); die Einheit von Natur und Kunst, von Klang und Farbe wird nicht allein postuliert, sondern in den singenden Pflanzen, sprechenden und Farbeindrücke hervorrufenden Musikinstrumenten auch praktiziert (291f., 251, 257ff.). Die Vorbilder der Frühromantik sind im Gespräch vereint, die größten unter ihnen als „Heilige Vier" hervorgehoben: Dante, Cervantes, Shakespeare und Hans Sachs. Auch zu diesem Zauberreich werden Gegenbilder aufgebaut: in den aufgeklärten Möbeln (285ff.), der prosaisch dürren Heide (320f.) und der produktiven Mühle, die selbst die größten Meister für den Hausgebrauch des Bürgers zu mundgerechten Körnern mahlt (155ff.).

§ 17 Selbstironie des Verfassers

Die Kritik an seinem eventuell langwierig und langweilig, zusammenhanglos und willkürlich erscheinenden Drama legt Tieck der Rahmenfigur des Jägers und einzelnen Figuren innerhalb der Handlung in den Mund; doch wird dies für uns gewissermaßen auf den am Ende auftretenden „Verfasser" zurückprojiziert, der ja auch die Instanz für Zerbinos Proteste ist. Mit dem romantischen Marionettenspiel parodiert das romantische Theater sich selbst.[49] Darüber hinaus ironisiert Tieck ein anderes seiner Werke namentlich, und zwar nicht ein komödienhaftes, sondern ausgerechnet den „Stern-

[48] Voigt 74.
[49] Voigt 74.

bald“. Gerade den Ruf des Waldhorns als Signal des Fernwehs, der Franz’ Reise zu sich selbst begleitet und am Ziel der Sehnsucht dreimal binnen weniger Zeilen ertönt, weist Nestor im Phantasiegarten zurück, so dass der Überschwang der Musikinstrumente plötzlich als Übertreibung dasteht (286).[50]

Die romantische Ironie bricht also auch noch den Inbegriff des romantischen Enthusiasmus auf den letzten Seiten des „Sternbald“:

„[...] das Waldhorn phantasierte in herzdurchdringenden Tönen.“[51]

V. Übersicht über die Ebenen der drei Komödien

Tiecks große Dramen sind komplex verschachtelt und zunehmend komplizierter aufgebaut. Schon auf der Bühne entfalten sich, abgesehen von den vielfältigen Handlungssträngen und Stilleben, verschiedene Ebenen als Handlung, inszenierte Binnenhandlung und kommentierender Rahmen. Dazu kommt die ganze Theaterwelt mit dem Theaterpersonal auf der einen und dem Publikum auf der anderen Seite, die die Realität von Autor Tieck bzw. auch einer Theatertruppe und Zuschauer, bzw. Leser spiegelt. Was man hier nicht sieht, ist aber das Entscheidende: Erstens werden die Abgrenzungen fortwährend durchbrochen, sowohl innerhalb der ‚fiktiven’ Dramenrealität als auch zur ‚realen’ Bühnenwelt hin, deren fiktiver Charakter damit entlarvt wird und auf die Theater- und Scheinhaftigkeit unserer ‚Realität’ verweist. Zweitens ist überhaupt oft unklar, auf welcher Ebene die Personen jeweils agieren, das heißt, inwieweit sie dem vom Bühnendichter vorgegebenen Stück folgen oder dieses außer Kraft setzen. Im „Gestiefelten Kater“ ist nicht festzumachen, wo genau die Schauspieler ‚aus der Rolle fallen’.

In der „Verkehrten Welt“ weiß der Zuschauer nicht, ob auch die entscheidenden musikalischen Zwischenstücke vom ‚Dichter’ stammen. Im „Zerbino“ hat die Bühnenrealität keine Macht mehr über die Dramenrealität, die sich in Gestalt der Marionette und des „Helden“ stufenweise zu verselbständigen scheint. So tritt umgekehrt komisch-unheimlich die Wirklichkeit der Kunst in Erscheinung.

---

[50] S. u. S. 30.

[51] Tieck, Ludwig: Franz Sternbalds Wanderungen. Ditzingen 1986, 583.

Schon die kleine Frage „Ein Prolog“[52] von 1796 thematisiert die Scheinhaftigkeit der Theaterwelt und die Theaterhaftigkeit der wirklichen Welt in den Unterhaltungen eines Publikums, das vergeblich auf den Beginn einer Aufführung wartet. Ein Prolog des Prologs stellt zuvor schon klar, dass man hier kein „durchgeführtes Stück“ erwarten dürfe (240). Auch den Zuschauern geht allmählich auf: „Ein Stück wird vor dem Theater aufgeführt. Von uns“ (247). Sie deklarieren dies als philosophische Hypothese, um weiter Erörterungen über Schicksal und eigene Tat, Schein und Wirklichkeit anzuknüpfen. Einer von ihnen, „Rüpel“ genannt, stellt auch die Existenz seiner selbst und seiner Nachbarn in Frage (261f.). Damit nimmt er die Bedenken des Königs im „Zerbino“, der mit Bleisoldaten spielt, vorweg. Die Geschehnisse bewegen sich aber nur auf einer Ebene, eben der des Bühnenpublikums. Die Handlung ist gänzlich vor den Vorhang verlegt. Auf komische Weise bringt Tieck zur Sprache, wie er das Leben als Traum empfindet und an der Unmöglichkeit eindeutiger Erkenntnis leidet, – auf so derb komische Weise, dass man es kaum für tiefsinnige Philosophie halten kann, und auf so deutlich erläuterte Weise, dass es schon kaum noch komisch wirkt.[53] Bereits in dem vielleicht schon 1795 entstandenen Marionettenstück „Hanswurst als Emigrant“[54] enthüllt sich das Theater als Theater, wenn die Puppen das Material erwähnen, aus dem sie zusammengefügt sind, das Versmaß diskutieren und das Stück ziemlich armselig finden (91, 125, 78f.). In „Das jüngste Gericht“[55] (1800) wird der Verfasser des „Zerbino“ der Satire angeklagt, darüber hinaus aber der satirischen Darstellung des Jüngsten Gerichts. Die fiktive Welt bricht scheinbar in die reale Ebene des Schreibens und Lesens ein. Der Dichter in der Dichtung entzieht sich dem schrecklichen Gericht durchs Aufwachen. Damit wird die Fiktion, die eben noch mit scheinbarer Realität überraschte – und gerade darin ihre Fiktivität verriet –, zur doppelten Fiktion: zur Geschichte eines Traumes.

1798 verfasste Tieck ein Libretto für eine Märchenoper: „Das Ungeheuer und der verzauberte Wald“.[56] Die einander nahestehenden Gattungen Musik, Poesie und Märchen haben hier zueinandergefunden, um gegen prosai-

[52] Schriften XIII, 239-266; im Folgenden, wie immer, mit Seitenzahlen zitiert.
[53] Immerwahr 50.
[54] Köpke I, 76-126; Datierung I,XII.
[55] Schriften IX, 339-359; Brummack 77ff.
[56] Schriften XI, 145-268.

sche Welt des aufgeklärten Bürgertums zu protestieren. Die Fragen nach sein und Schein, Traum und Wirklichkeit wird dem Zuschauer bzw. Leser drastisch vor Augen geführt, wenn eine Diskussion über die Existenz des Ungeheuers mit dem Erscheinen desselben ein jähes Ende findet. Anspielungen auf Oper und Drama führen aber nicht zu einer Unterbrechung oder Auflösung des Spiels.[57] In die Sammlung „Phantasus" nahm Tieck neben dem „gestiefelten Kater" und der „Verkehrten Welt" drei weitere satirische Märchenspiele auf: Blaubart (1797), „Rotkäppchen" (1800) und „Däumchen" (1811). Die Gemeinsamkeiten zwischen Märchen und Komödie – gegen klassische Maßstäbe, wie z.B. logische und psychologische Zusammenhänge, werden ausgenutzt und in den Dienst der Satire gestellt[58], die sich wieder gegen das zeitgenössische Theater und gegen eine Aufklärung „ohne Sinn für die Tiefe und Geheimnis" richtet.[59] Wie schon im „Gestiefelten Kater" ist die Satire wichtiger als der Märchenstoff. Im „Däumchen" sind dann sogar die Standpunkte vertauscht: Das Phantastische wird von der Vernunft aus verspottet, wie es auch schon bei Holberg ursprünglich war.[60] In allen drei Stücken wird die Handlung durchgeführt, und die Aufführung wird nie selber zum Thema.[61] Der satirische Impuls manifestiert sich nicht in der ironischen Struktur wie in den drei großen Theaterkomödien. Die Märchenspiele „Kaiser Octavianus" (1801/02) und „Fortunat" (1815/16) sowie die dramatisierte Legende „Die heilige Genoveva" (1799) weisen weder satirische Züge noch Tendenzen zur Selbstauflösung auf. Inszenierung und Rezeption werden nicht angesprochen, der Handlungsablauf nicht unterbrochen oder abgeändert, die eigene Fiktivität nicht von den Figuren zur Sprache gebracht. Die Ausnahme einer Komik und Satire unfreiwillig streifende Figur, die sich in ihre Leidenschaft hineinsteigert, wird von Tieck selbst genannt: Golo in der „Genoveva".

Zwar legt im Prolog zum „Octavian" ein Dichter eine ähnliche Weltsicht dar wie in den anderen Dramen:

„Ewig bleibt stehn in seinem Lied gedichtet,
Was die Natur schafft und Rausch vernichtet. [...]
Nur Phantasie schaut in das ew´ge Weben,
Wie stets dem Tod erblüht verjüngtes Leben" (I,11).

---

[57] Immerwahr 72.

[58] Thalmann 1955, 98.

[59] Schriften VI,XXXII.

[60] Immerwahr 77 mit Anm. 151.

[61] Thalmann 1955, 118.

Doch relativiert sich die Kunst hier nicht als Bestandteil der wechselhaften Welt, wie es in den musikalischen Kommentaren der „Verkehrten Welt“ der Fall ist, sondern sie stellt sich ihr als dauerhaft gegenüber. Die Phantasie geht über Vision und Spiel hinaus und reicht in die Ewigkeit. Die Buntheit und Vergänglichkeit des Lebens wird in diesen Märchen und Legenden nicht mehr in eine lose Folge von Episoden oder ein Ineinander verschiedener Sphären umgesetzt, die sich gegenseitig oder sich selbst zurücknehmen oder zerstören.

Im Octavianus“ und in der „Genoveva“ glaubt Tieck feste Punkte gefunden zu haben, von denen aus sich das Leben betrachten lässt: „Glaube“ und „Liebe“. Die Kunst als Kind kann nun ihre Einheit in Inhalt und Form wahren.[62] In seiner zweiten Schaffensphase, die um 1820 einsetzte, schreibt Ludwig Tieck überhaupt keine Dramen mehr, obgleich er inzwischen selber am Theater tätig und weiterhin als großartiger Vorleser bekannt ist.

VII. Tiecks Erzählungen und Märchen

Tiecks frühe Erzählungen, zum großen Teil als Auftragsarbeiten für die bunte Sammlung „Straußfedern“ angefertigt, bieten ebenfalls mehrere Ebenen auf, um einen komischen und satirischen Effekt zu erzielen.

In „Der Naturfreund“ von 1796[63] beispielsweise verkörpern die beiden Hauptpersonen die Seichtigkeit, Habgier und Verlogenheit der Gesellschaft und die realitätsferne Gefühls- und Naturschwärmerei des philosophischen Außenseiters. Die Selbstironie des Romantikers ist dabei nicht zu überhören:

„Kielmann hatte während dieser Betrachtungen einen See, der links an der Straße lag, zu bewundern vergessen; er ließ daher den Kutscher still halten, und stieg aus, um das Versäumte nachzuholen. [...] er betrachtete nun jede Gruppe von Bäumen sehr genau, und suchte sie seiner Phantasie einzuprägen; er empfand ungemein viel, und stieg nur erst wieder in den Wagen, als ihn das Gehen ermüdet hatte. Als er wieder im Wagen saß, freute er sich auf den Anblick einiger Ruinen, die in einer halben Stunde erscheinen würden, und bei denen er schon in der Vorstellung einen kleinen Schauder empfand“ (208f.).

---

[62] Gunkel 180.

[63] Schriften XV.

Die Kunst als Ausdruck und Quelle dieses Überschwangs wird auch in einzelnen Beispielen verspottet, so wenn die Verehrte über Klopstocks Versen vor Langeweile ein Gähnen verbeißt und der Vorleser über die vermeintlichen Tränen der Rührung entzückt ist (221f.). Indem der Autor die Briefe beider Personen gegenüberstellt, erhöht er nicht nur die komisch-satirische Wirkung, sondern unterbricht den Erzählfluss zusätzlich durch die Erläuterung dieses Stilmittels (211). In gewisser Weise ist hier ebenfalls eine Aufhebung der Illusion gegeben: Der Verfasser wendet sich über die Köpfe der Figuren hinweg an den Leser, um über den Erzählprozess zu reflektieren. Noch deutlicher wird dies in „Fermer, der Geniale" (1796) oder im „Peter Leberecht" (1795/96) herausgearbeitet, wo die Erwartungen der Leserschaft aufgeführt und dann zurückgewiesen werden, z.B. bezüglich der äußeren Gestalt des Helden oder des Fortgangs der Handlung.[64] Doch finden wir solches auch in auktorialen Romanen von Wieland oder Goethe, es kommt nicht zur romantischen Selbstaufhebung wie in später in Brentanos „Godwi" oder eben Tiecks Komödien. Der Schlusssatz des „Naturfreundes" hat wieder einen philosophischen Anklang, der an die Musikeinlagen der „Verkehrten Welt" erinnert.

„Aber ist nicht all unser Wissen in dieser Welt nur ein Irrtum? – Er tröstete sich mit diesem Gedenken."[65]

Der ganze „Fermer" ist eine Satire auf die unaufrichtige und überspannte Gesellschaft und die populäre Literatur – von Schauerromanen und Rührstücken bis zu den von Tieck selbst verehrten Klassikern. Das komplizierte und künstliche Verhalten der Personen nährt sich auch aus der Kunst. Tieck steigert geschickt die komische Wirkung, wenn er den Studenten zunächst auf offener Straße eine pathetische Rede deklamieren lässt, sie durch ein „u.s.w." abbricht, ihre Herkunft aus den „Räubern" offen legt und endlich klarstellt, dass sie eigentlich auf die Situation passe. Die Mischung verschiedener Erzählgattungen – Briefe, dramatische Dialoge, epische Passagen – entspricht bereits dem romantischen Prinzip der Universalpoesie. Manchmal ironisiert Tieck seine eigene literarische Vorlage, indem er „nur den Ton, aber nichts an den Thatsachen änderte."[66] Den „Abraham Tonelli" z.B. empfand er als „ohne alle Ironie" für ein anspruchsloses Publikum ge-

---

[64] Z. B. im Peter Leberecht: Schriften XVI, 187 und 227.
[65] Schriften XV, 222.
[66] Schriften XV, 222.

schriebene Abenteuergeschichte[67], die er nun durch ironische Brechung zugleich ab- und aufwertet.

Die Erzählungen aus Tiecks zweiter Schaffensphase sind teils wieder komisch-satirischer Natur, wie z.B. „Musikalische Leiden und Freuden[68]; teils humorvoll-heiterer Natur ohne satirische Schärfe, wie beispielsweise „Die Gemälde“ und die bekannteste Novelle „Des Lebens Überfluß“[69]; teils auch ohne jegliches ironische Element, wie „Der Schutzgeist“[70]. Zu einer Selbstreflexion oder gar Selbstaufhebung kommt es nicht. Für die historischen Romane gilt das Gleiche. Auch Ludwig Tiecks romantische Märchen wie „Der blonde Ekbert“ und „Der Runenberg“ halten sich von Komik, Satire und Selbstironie fern. Hier dominiert die Ironie des nichtkomischen Typus: Stimmungen in Natur und Gemüt wechseln, Heiteres und Schreckliches gehen ineinander über. Die Aussage bleibt in der Schwebe: Hat der wahnsinnig gewordene dem Runenberg nicht doch die Erkenntnis abgewonnen, die den anderen Menschen verschlossen bleibt? War Ekberts ganzes Leben ein Traum, war also ein Traum Wirklichkeit, und wo ist in alledem die Wahrheit?

VIII. William Lovell

Der Roman von 1795/96 besteht aus einigen hundert Briefen unterschiedlichen Charakters.[71] Manche Figuren sine durchweg komisch gezeichnet, kommen sich aber sehr ernsthaft vor, z.B. Willy und Thomas (53) und der Agent Jackson (114, 245). Willy wird sich aber zwischendurch bewusst, dass er „kurios“ und „närrisch“ beschaffen sei (333). Anderer Personen triefen geradezu vor Satire und Selbstparodie, was in ihrer skeptischen Grundhaltung wurzelt, wie Karl Wilmont (9ff., 107ff., 148ff.) und Mortimer (30ff., 317) Oder die Satire ist in ihrer pädagogischen Absicht begründet, wie z.B. bei Rosa (157, 264). In den letztgenannten Beispielen tauchen immer wieder Anspielungen auf den Enthusiasmus der Dichtung auf, auch mit konkreten Nennungen. Sogar der ernste William Lovell, der sich fast nie der Ironie bedient, kühlt die leidenschaftliche Schilderung seiner Geliebten mit der Erkenntnis ab: „O weh. Ich bemerke, dass ich wörtlich wiederhole,

[67] Schriften VI, XXX.
[68] Schriften XVII, 281-343.
[69] Schriften XXVI, 3-70.
[70] Schriften XXV, 3-72.
[71] Zitate aus der Ausgabe von Münz, also nach der Erstausgabe.

was schon die abgeschmacktesten Dichter gesagt haben." (263) In Aussagen dieser Art steckt auch eine gehörige Portion Selbstironie des Autors, vor allem wenn die Begriffe „Roman" oder „romantisch" auftauchen (69ff., 149, 264).

Die Relativierung der Standpunkte erfolgt auch auf nicht komische Weise, entweder, indem ein Schreiber seine Haltung kurz darauf korrigiert, wie William Lovell (18, 93, 201, 204) oder indem er einen anderen zurechtweist, wie Emilie Burton oder Lovell sen. an William (59, 63, 129); oder indem durch tragische Ironie ein Irrtum entlarvt wird, wie William über Louise Blainville (67, 79), über sich selbst (313, 223) und Amalie über Emilie (249, 253). Die Ironie soll also in diesem Werk auflockern und erheitern, aber durch den Kontrast auch die Tragik hervorheben, die Personen charakterisieren, Überzeugungen zurücknehmen, die Kunst satirisch beleuchten und zuletzt den Verfasser (und den Leser) parodieren. Alle Spielarten kommen zum Zuge: Komik, direkte Satire, romantische Ironie sowie tragische Ironie. Ein weiterer Grundsatz romantischer Dichtung ist im Wechsel der Sprachebenen und Kunstgattungen verwirklicht: Epische und lyrische Passagen wechseln mit dramatischen Dialogen (83f., 139f.), Lyrik (17f.) mit Volksliedern (278f.), philosophische Monologen mit und ohne Gegenüber: Lovell sen. (304ff.), Burton sen. (395ff.), Andrea Cosimo (608ff.). Immer wieder wird die Welt als Musik, die Seele als Kunstwerk geschildert (239, 312, 328), das Leben als buntes und nur vordergründiges Gemälde oder Gewebe (50, 300, 350f.). Vor allem zieht sich die Metapher des Theaters durch den ganzen Roman: Die Jugend sei eine „Symphonie" (15) und ein „Konzert" (329), das Netz der Intrigen eine „Komödie" (255, 260), das ganze Dasein ein Marionettenspiel" aus „Schatten" und „Maschinen" (286, 235, 81), ein „langweiliges Schauspiel" (207), ein trauriges „Possenspiel" (311), ein verlogenes „Spielwerk" (190), eine schlechte „Komödie" (299). Die Grundstimmung ist eine andere als die gelassene in der „Verkehrten Welt", wo sich Heiterkeit und Ausgelassenheit mit Resignation mischen: Ringsum lauert das Nichts als abgeschmackte Wiederholung, als Irrtum oder Beschränktheit, als boshafte oder zufällige Zerstörung, als Sinn- und Ziellosigkeit, als Unfähigkeit zur Kommunikation, als Wahnsinn und Tod.

Die offene Form des Briefromans ohne Einleitung, Rahmen und übergeordneten Erzähler, ohne Identifizierung des Autors mit bestimmten Standpunkten lässt auch die Aussage in gewissem Maße offen, vielmehr liegt sie gerade darin, dass keine Erkenntnis möglich ist und jede Aussage fehlgeht. Sowohl inhaltlich wie formal ist alles Relative aufgehoben, allerdings ohne Hoffnung auf etwas Absolutes. Einen relativen Halt kann etwas Positives wie Freundschaft und Treue dennoch bieten, nur gerät Tieck dieses Gegengewicht zu schwach, wie er selber bekennt. Mortimer und Wilmont helfen sich außerdem mit einer Ironie, die zwischen Zynismus und Heiterkeit changiert und wohl doch in die ersehnte Gelassenheit und Selbstbeschränkung einmündet. William Lovell dagegen vermag nicht über dem Abgrund zu schweben: Er wird hinabgezogen. Der Roman verkörpert das Prinzip der romantischen Ironie in ihrer negativen Ausprägung: Alle Erscheinungen sind relativ, und dahinter ist das Nichts.

IX. Franz Sternbalds Wanderungen

Tiecks Bildungsroman „Sternbald" von 1798 vermittelt eine ganz andere Stimmung: Die „altdeutsche" Welt erscheint harmonisch, fromm beinahe verklärt.[72] Der junge Künstler glaubt an die Kunst, an seinen Meister Dürer, an die Freundschaft, an das künftige Glück mit seiner Geliebten, an den christlichen Gott. Die Handlung schreitet in Form einer Reise voran. Aber auch hier ist eine zunehmende Verwirrung und Auflösung zu beobachten: Standpunkte stehen sich ohne Ausgleich gegenüber, Stimmungen schwanken heftig, Personen scheinen ineinander überzugehen, Landschaften lösen sich in einen Bilderfluss auf. Vieles wird vage und fraglich, wenn auch Franz' Überzeugungen ihm erhalten bleiben. Satirische Ironie findet sich nur in Spuren, so als Sternbald über dem Briefchen der schönen Nonne ins Träumen gerät (363). Die Selbstironie der romantischen Bewegung zeigt sich, als die Vernunft den Phantastus bändigt.[73] Anklänge von Nihilismus aber sind gegen Ende der Dichtung nicht zu überhören, vor allem als Sternbalds Verfassung in Verzweiflung kippt und er das Leben für sinnlos hält, Kommunikation und Kunst für vergeblich, das Gemüt für einen „unergründlichen Strudel [...] ohne Stillstand" oder für „ein rauschendes, tosendes Rätsel, eine endlose, endlose Wut des erzürnten, stürzenden Elements." (357)

---

[72] Vgl. hierzu: Hölter, Achim: Ludwig Tieck. Literaturgeschichte als Poesie, Heidelberg 1989, 307 ff.

[73] S. u. S. 81.

Auch im „Sternbald“ relativieren sich Positionen, bleiben aber fast durchweg auf einen absoluten Rahmen bezogen. Die einzelnen Eindrücke lösen sich auf, und mit ihnen der Mensch; was bleibt, ist aber nicht ein grauenhaftes und absurdes Nichts, in dessen Nischen der Einzelne sich eine Zeitlang einrichten kann, sondern das Kontinuum des Wunderbaren, eine Welt, die sich zu erleben lohnt und die in aller Fragwürdigkeit und Furchtbarkeit Ewiges durchscheinen lässt.
Ironie im Sinne der Komik, Satire, Illusionsdurchbrechung, Selbstironie spielt im „Sternbald“ also kaum eine Rolle, wohl aber im umfassenden Sinne der fortlaufenden Relativierung von Aussagen. Auch Friedrich Schlegel wandte die Kategorie der romantischen Ironie auf den „Sternbald“ an.[74] Diese Form der romantischen Ironie wird im Kapitel „absolute Kunst“ näher untersucht werden. Bemerkenswert ist die Tatsache, dass der im engeren Sinne nicht selbstironische „Sternbald“ vom Verfasser sofort mit „Zerbino“ aufs Korn genommen wird, uns zwar der besonders ernstgemeinte Schluss, wo der junge Künstler endlich der Geliebten wiederbegegnet:
„Waldhorn: hörst, wie spricht der Wald dir zu, Baumgesang –
Nestor hält ihm den Mund zu: Um Gotteswillen, schweige doch nur,
denn du bist mir das fatalste von allen diesen Instrumenten. Da ist ein Buch kürzlich herausgekommen, mich dünkt, Sternbalds Wanderungen, da ist um ´s dritte Wort vom Waldhorn die Rede, und immer wieder Waldhorn. Seitdem bin ich deiner gänzlich satt.“ (X,285ff.) Selbst das Schlüsselmotiv der romantischen ‚Sehnsucht nach dem Unendlichen’ bleibt von der romantischen Ironie nicht verschont.

X. Romantische Ironie vor der Romantik: Vorbilder Tiecks

§ 18 Parekbase: Antike Tragödie und Komödie

Den Begriff der Parekbase oder Parabase, der das Herausgehen aus dem Gang der Handlung bedeutet, übernimmt Friedrich Schlegel aus dem Theater der griechischen Antike. In der Tragödie kommentiert der Chor das Geschehen, um eine philosophische Zusammenschau zu vermitteln und die tragische Ironie zu ermöglichen, indem der Zuschauer das Schicksal überblickt, in das die Personen verstrickt sind. Die Szenen erhalten einen Rahmen, bleiben aber in sich geschlossen. Die Handlung wird unterbrochen,

[74] S. u. S. 22f.

nicht durchbrochen, das Bühnengeschehen nicht von inne heraus als solches bloßgestellt. Die Komödie stellt durch politische und literarische Satire einen direkten Bezug zum Publikum her. Aristophanes erweitert dieses Element, indem er das Theater über sich selber scherzen lässt, gegenüber den Zuschauern als inszeniert bloßstellt und ironisiert. In allen seinen Komödien reden die Figuren das Publikum direkt an, erwähnen es oder lassen sich über die Spielbedingungen aus. Die „Frösche" z.B. beginnen mit der Frage, ob man die Zuschauer gleich mit einem Witz zum Lachen bringen solle, und der Chor beschwert sich über seine minderwertigen Kostüme; im „Frieden" bittet jemand den Maschinisten um Vorsicht beim Herumschwenken der Bühne.[75] In den „Thesmophoriazusen" gibt es in Ansätzen schon Theater im Theater und Verwechslungen von Rolle und Schauspieler.[76] Doch bleibt es immer bei einer momentanen Verwirrung, um eine komische Wirkung zu erzeugen, nie wird das Theater sich selbst eines ganzen Stücks, und nie wird die Handlung ernsthaft gestört.[77] Die Selbstironie ist neben die Komik und die Satire getreten, aber in deren Dienste. Ludwig Tieck schätzt Aristophanes sehr und nennt ihn als Vorbild für die drei großen satirischen Komödien.[78] Den Zeitgenossen fiel die Parallele von allein ins Auge, so A. W. Schlegel vor der Bekanntschaft mit Tieck.[79] Wie weit er aber während der Niederschrift schon mit dem attischen Komödiendichter vertraut ist und wann er Schlegels Essay zur Kenntnis nimmt, ist nicht mehr auszumachen.[80] Tiecks Vorliebe für Aristophanes bezieht sich vor allem auf die Selbstironie des Theaters, wie er im Rahmengespräch des „Phantasus" betont; die politische Satire dagegen beeinträchtige diese eher.[81] Damit liegt er auf einer Linie mit Friedrich Schlegel.[82]

§ 19 Spiel im Spiel: Das elisabethanische England und Holberg

Das Spiel im Spiel erreicht bald nach seiner Einführung in Spanien und England um 1600 seine größte Beliebtheit.[83] Eines der populärsten Beispie-

[75] Immerwahr 83.
[76] Pestalozzi 112.
[77] Immerwahr 84.
[78] Schriften V, 280f.; Friesen II, 123.
[79] Pestalozzi 107.
[80] Pestalozzi 113.
[81] Schriften V, 280; I, XII.
[82] S. u. S. 39.
[83] Voigt 173; Pestalozzi 114.

le ist die Aufführung im „Hamlet“, von Tieck für die „Verkehrte Welt“ aufgegriffen. Im Unterschied zur Einlage im „Sommernachtstraum“ wirkt das Stück auf die Haupthandlung zurück.[84] In Thomas Middletons „A Mad World, My Masters“ benutzen Gauner eine Komödie, um das Publikum auszurauben, den auftauchenden Wachtmeister – kurzerhand ins Spiel einbezogen – zu verhaften und zu fesseln, um sich aus dem Staub zu machen, während die Übertölpelten noch lachen.[85] Auch hier bedingt also eine Theateraufführung den Fortgang der Handlung. Weiter gehen Ben Jonson und die Mitautoren Francis Beaumont und John Fletcher, wenn sie die Bühnenwelt als Rahmendrama eines inszenierten Stückes etablieren, um dem Publikum seinen eigene Karikatur vor Augen zu führen. Sie knüpfen an die Sitte an, dass vornehme – zu jener Zeit auch schon bürgerliche – Zuschauer tatsächlich auf den der Bühne Platz nahmen, und mit spontanen Applaus oder kritischen Ausrufen, auch lauten Unterhaltungen, die Aufführung allzu oft stören.[86] Ein Missstand, der sich zur Goethe- und Tieck-Zeit nicht wesentlich anders darbietet.

In mehreren Komödien Ben Jonsons diskutieren Kritiker über die Qualität und Gattung des Stücks, sowohl in Zwischenakten als auch in Zwischenrufen, greifen aber nur vereinzelt in die Bühnenhandlung ein, und dann auch nur temporär.[87] Beaumont und Fletcher setzen diese Tendenz in „The Knight of the Burning Pestle“ fort, wenn sie Krämersleute ihren Lehrling auf die Bühne schicken lassen. Fortan wird die vorgesehene Handlung ständig mit den Wünschen der Zuschauer konfroniert, aber nicht entschieden gestört, da die Schauspieler sich nicht aus dem Konzept bringen lassen: *„Sir you must pardon us, the plot of our Play lies contrary, and `twill hazard the spoiling of our Play“.*[88]

Am Ende beschweren sie sich doch ihrerseits, als der von seiner Pflegemutter fortlaufend mit „Sugar-candy“ unterstützte Held einen theatralischen Tod sterben soll, um von der Bühne herunterzukommen:

Citizen: “I do not like this, peace boys, hear me one of you, every bodies part is come to an end but **Ralph´s**, an he´s left out.“

Boy: „[...] we have nothing to do with his part“ […]

Citizen: „[...] come away quickly and die boy.“

[84] Pestalozzi 113.
[85] Alewyn 84f.
[86] Voigt 80.
[87] Pestalozzi 112f.
[88] Beaumont, Francis/Fletcher, John: The Works .Bd. VI. Cambridge 1908. S. 187.

Boy: „`Twill be very unfit he should die sir, upon no occasion, and in a Comedy too.“[89]
Der Zusammenprall unterschiedlicher Lebenswelten und Sprachebenen – im Titel angedeutet – parodiert vor allem den Publikumsgeschmack: Wie bei Cervantes handelt es sich um ausufernde Rittergeschichten. Besonders witzig ist im „Knight“, dass das Publikum der zum Teil selbstgeschaffenen Illusion erliegt und um Ralphs Wohl fürchtet.[90] In der Tat fällt das um 1610 entstandene Stück durch, da das Publikum sich angegriffen fühlt.[91]
Im 18. Jh. wagt Ludwig Holberg sich in „Ulysses von Ithaka oder eine deutsche Komödie“ noch einen Schritt weiter: Über die (inhaltliche) Satire auf das zeitgenössische Theater mit seinen Haupt- und Staatsaktionen hinaus spielt das Theater mit sich selbst: Eine Person stellt wiederholt die reale Zeit der gespielten Zeit gegenüber und lässt so die Bühnenwelt in die Dramenwelt einbrechen. Als die Kostümverleiher ihr Eigentum zurückfordern, muss schließlich die Inszenierung sogar vorzeitig abgebrochen werden.[92] Erstmals kommt ein Theaterstück dadurch zur Geltung, dass es das ‚eigentliche Stück', auf das die Publikumserwartungen gerichtet sind, zerstört. Ein halbes Jahrhundert vor dem „Gestiefelten Kater“ ist hier sein Grundprinzip verwirklicht. Besonders im Rahmengespräch zwischen dem „Gestiefelten Kater“ und der „Verkehrten Welt“ lobt Tieck Holbergs „Ulysses“[93], dazu die italienischen Komödiendichter Gherardi und Gozzi. In der Vorrede zum ersten Band seiner Schriften nennt er als Anreger neben diesen Autoren auch Ben Jonson, Beaumont und Fletcher.[94] Von Gherardi und Gozzi übernahm Tieck sowohl komische als auch märchenhafte Züge. Seine Figuren orientieren sich teilweise an den Typen der Commedia dell'arte, durch deutsche, englische und französische Typen ergänzt.[95] Auch den von Gottsched verbannten Hanswurst setzt er wieder in seine Rechte ein. Von Gherardi behauptet Tieck im „Phantasus“ sogar, dass er „in seinen Possen die ganze Welt [...] anmuthig parodiert“[96] und somit eines seiner eigenen poetischen Ziele also erreicht habe.

---

[89]Beaumont/Fletcher 229.
[90] Voigt 83.
[91] Voigt 79f.; Pestalozzi 113.
[92] Pestalozzi 112.
[93] Schriften V, 159.
[94] Schriften I, VIIIff.
[95] Pestalozzi 115; Thalmann 1955,111.
[96] Schriften V, 159.

§ 20 ‚Mundus Inversus': Bilderbögen und Christian Weise

Der aus der Antike überlieferte Topos des *‚mundus inversus'* war im 17. Jahrhundert in Bilderbögen verbreitet, die den Dramatiker Christian Weise zu seinem „Lust Spiel von der Verkehrten Welt" (Leipzig, 1683) anregen. Tieck weist in den Rahmengesprächen des „Phantasus" durch den fiktiven Autor Manfred auf beide Quellen aus der Barockzeit hin, wo
„der Schlächter geschlachtet und der Fischer geangelt wird."[97]
Nicht nur die direkte Vertauschung der gewöhnlichen Gegebenheiten hat Tieck von Weise übernommen, so wenn die Schafe die Schäfer scheren, sondern auch die Idee einer Verschwörung gegen Apoll, die die Verkehrte Welt" erst auslöst.[98] Der Topos hat neben der komischen Funktion, wie sie schon bei Aristophanes vorkommt, eine zeitkritische, z.B., wenn in den barocken Bilderbögen „der Lay der Pfaffen predigte [...] der arme dem Reichen gab."[99]
Auch in den römischen Saturnalien dürften beide Aspekte eine Rolle gespielt haben: Lebenslust und Herrschaftskritik schaffen sich hier ein Ventil. Weiterhin hat der Topos einen jüdischen Ursprung als Zeichen der Endzeit: Die Ordnungen des Kosmos und der Mensch kehren sich um.[100] In Tiecks Version finden wir den lachen machenden, den gesellschaftskritischen und den eschatologischen Aspekt kombiniert: Komik, Satire und Ironie entfalten sich aus einem Hauptmotiv heraus.

§ 21 ‚Theatrum Mundi': Das geistliche Drama und Calderón

Das erste ausgeprägte Spiel im Spiel taucht in ganz anderem Zusammenhang auf: in dem anonymen geistliche Spiel „Marieken van Nijmwegen" um 1500. Auch hier bestimmt die Aufführung den Ausgang des Rahmendramas, indem sich nämlich eine Zuschauerin im Angesicht der Höllenstrafen bekehrt.[101] Das im Laufe des Mittelalters aus der Liturgie entwickelte geistliche Drama erlebt in der Barockzeit eine neue Blüte. Das berühmte „Gran Teatro del Mundo" des Priesters Pedro Calderón de la Barca

[97] Pestalozzi 103.
[98] Pestalozzi 103.
[99] Pestalozzi 104.
[100] Pestalozzi 104.
[101] Voigt 173f.

(1675) zielt auf die gleiche Wirkung, wenn der Weise am Ende den Zuschauern verkündet:

„Und so schließ sich heut das Schauspiel,
Morgen spielt der andre Akt –
Und ihr, bessert euch für morgen,
Die ihr heut uns irren saht.“[102]

Die ganze Welt wird zum Schauspiel erklärt, und zwar nicht mehr nur mit Worten und symbolischen Requisiten, sondern mit ungeheurem Aufwand an Dekoration und Maschinerie: Die Allegorie wird Illusion. Die Kulissen täuschen räumliche Tiefe vor und wandeln sich in einem Augenblick. Die Elemente werden aufgeboten und technische Präzision ermöglicht, ihre Gewalt losbrechen zu lassen.[103] Der Weg ‚Vom Himmel durch die Erd' zu Hölle' ist hier noch sinnliches Erlebnis. Alle Künste werden eingesetzt, um alle Sinne zu berauschen. Das barocke Gesamtkunstwerk findet nicht in der Architektur seine Vollendung, sondern er in Musik, Tanz, Liturgie und vor allem auch Theater. Die Architektur ist ebenfalls dynamisch und dramatisch, beispielsweise wenn sie die Decke scheinbar zum sichtbaren Himmel und von dort aus in den jenseitigen Himmel öffnet, oder die Altäre mit gestikulierenden Figuren und auswechselbaren Kulissen bevölkert. Doch dient die quasi naturalistische Abbildung der Welt dem entgegengesetzten Ziel wie im Naturalismus späterer Epochen: es geht weniger darum, dass das Publikum sich die Theateraufführung als Teil der Realität in Raum, Zeit und Kausalität vorstellt, sondern das Ziel ist die Realität als Theateraufführung zu entlarven, die Welt als vergängliche Schöpfung einer unvergänglichen, eigentlichen Welt sichtbar zu machen und die Geschichte als Heilsgeschichte zu deuten. Das Theater verkörpert die barocke Sicht der Welt vollkommen: mannigfaltig und wandelbar, flüchtig und nichtig, sinnenhaft und scheinhaft.[104] Kunst, Wissenschaft und Technik treten in den Dienst der Theologie, die über die Grenzen der Welt hinausweisen will.[105] Der Schein wird inszeniert, um Gott zu erfreuen und die Menschen zu prüfen, wie Gott in Calderóns Prolog der „Frau Welt“ und damit auch dem Publikum erläutert:

[102] Calderón de la Barca, Pedro de: Das große Welttheater. Übersetzt von Joseph von Eichendorff. Stuttgart 1971. 41.

[103] Alewyn, Richard: Das große Welttheater. Die Epoche der höfischen Feste. München 1985. (Nachdruck 1989). 74f.

[104] Alewyn 88f.

[105] Alewyn 76f.

„Ich selbst verteil die Rollen
Nach eines jeglichen Natur und Richtung,
Doch, dass des Festes Dichtung,
Wie sich's gebühret, auch mit allen Prachten
Der Szenerie und mit dem Schmuck der Trachten
Ergötzlich blende,
So rüste du verschwenderisch und behände
Die holden Scheine,
Dass jeder Wirkliches zu schauen meine.
Und nun ans Werk. Dieweil ich dirigiere,
Sei du die Bühne und der Mensch agiere."[106]

Calderóns „Welttheater" deutet die biblischen Bilder ästhetisch um: Der Schöpfer wird zum Autor, der König und Richter zum Regisseur, die Erde zur Bühne und der Himmel zum Publikum. Die ganze Aufführung ist ein Spiel und ein Fest; irdisches Leiden wird als angemessene Rolle, ewige Verdammnis als Strafe für unzulängliches Spielen integriert. Weise ist, wer den irdischen Schein durchschaut und sich aufs Ewige ausrichtet. Am Ende erklingt das ‚*Tantum ergo*'; das Sakrament ist Mittelpunkt des geschlossenen Kosmos. Dieses Weltbild ist für Tieck, wie man am gemeinsam mit Wackenroder verfassten „Konversionsbrief"[107] sieht, faszinierend, aber fremd. Wo für den barocken Menschen Gott den Mittelpunkt und den Horizont der Welt ausmacht, die geheime Ordnung und den zielgerichteten Ablauf des Lebens garantiert, bleibt dem modernen Menschen nur ein verworrener Tummelplatz mit offenem Horizont, ohne festen Standpunkt und ohne sicheren Zielpunkt. Wo immer das Spiel im Spiel beherrschend ist, verweist es auf die Scheinhaftigkeit der Bühnenwelt und damit der wirklichen Welt; mehr oder weniger deutlich wirft es die Frage nach einer Macht auf, die die Kausalzusammenhänge dieser Welt umgreift und übersteigt.[108] In den angeführten geistlichen Dramen ist dies mit explizitem theologischen Gehalt gefüllt. Calderón ist einer der Autoren, die Tieck besonders schätzt.

Die barocke Illusion bleibt immer eine bewusste, die die Sinne des Zuschauers verführt und ihn zugleich über die wahren Verhältnisse von Sein und Schein nicht im Zweifel lässt: Der Träumende bleibt sich der Täuschung bewusst.[109] Man könnte von spielerischer *Inlusion* statt völliger Illu-

[106] Calderón 6.
[107] S. u. S. 55f.
[108] Voigt 169 und 174; Fazit seiner Dissertation.
[109] Alewyn 81 und 87.

sion sprechen.[110] Die romantische Theaterillusion dagegen zielt auf die Vermischung der Wirklichkeitsebenen und auf die Verwirrung des Publikums.[111] Die Grenzen von Leben und Kunst, Welt und Traum, Erde und Himmel verschwimmen. Ludwig Tiecks Komödie „Die Verkehrte Welt" kann auf anderer Ebene als moderne Version des geistlichen Dramas gelesen werden, als Konzept eines vielleicht gottgelenkten, vielleicht absurden Welttheaters; die Topoi *,mundus inversus'* und *,theatrum mundi'* sind sozusagen zu einem ,Verkehrten Welttheater' zusammengeführt.

§ 22 Illusionsdurchbrechung im Roman: Cervantes, Sterne Brentano

Tieck findet auch im zeitgenössischen, ebenfalls an Aristophanes und Shakespeare orientierten Theater Vorbilder für Literatursatire, für das ,Spiel im Spiel' und die Selbstreflexion des Theaters.[112] Auch in der Prosa vor der Romantik war die Unterbrechung der Handlung üblich, indem sich der auktoriale Erzähler kommentierend, ironisch und selbstironisch über die Charaktere erhob. Diderots „Fataliste", Wielands „Amadis", Goethes „Meister" bieten Beispiele dafür.[113] Schlegel bezeichnet „Wilhelm Meisters Lehrjahre" als Musterbeispiel für das mit Cervantes angesetzte romantische Zeitalter und als „ironische Poesie weil Poesie der Poesie."[114] Ebenso wie in der dramatischen Tradition reichen die Wurzeln der Selbstreflexion und Selbstironie des Romans bis in die Antike zurück, wie man an Apuleius' „Goldenem Esel" sehen kann.[115]

Der von Tieck 1799 übersetzte „Don Quixote" von Miguel de Cervantes verwirrt bereits 1605/15 die erzählte und die erzählende Ebene vollständig: Der Erzähler gibt sich als Übersetzer aus und erklärt bestimmte Kapitel für apokryph. Im zweiten Teil wird diese Kritik dann in die Geschichte zurückprojiziert, indem eine Gestalt das Manuskript des ersten Teiles in die Hände bekommt und es für minderwertig und verfälschend erklärt.[116] Auch in seinem Versepos „Galatea" spielt Cervantes mit seinen Geschichten, indem er sie kompliziert ineinanderflicht. Der ebenfalls von Tieck hochgeschätzte

[110] So Voigt; Einleitung seiner Dissertation.
[111] Alewyn 87.
[112] Pestalozzi 111 und 114.
[113] Behler 42f.
[114] Behler 33.
[115] Behler 55f.
[116] Behler 51.

Roman „The Life and Opinions of Tristram Shandy, Gentleman" des Pfarrers Lawence Sterne steigert diesen Ansatz zu einer ‚permanenten Parekbase': Das Leben des Erzählers gelangt vor lauter Erzählen gar nicht bis zur Geburt, und das Leben der anderen Personen steht im krassen Widerspruch zu ihren Meinungen. Der Erzähler zieht den Leser nicht nur laufend in einen fiktiven Dialog hinein, sondern ruft ihm sogar, wenn er die Lektüre unzufrieden aufgegeben habe, nach, die Tür zu schließen. Der Erzählprozess tritt gegenüber der erzählten Handlung in den Vordergrund, zerstört die immer neuen Handlungsansätze und spricht dem Leser wird, wie dem Theaterpublikum, seinen Teil daran zu. Vollkommen manifestiert sich in der epischen Gattung das Prinzip der romantischen Ironie in Clemens Brentanos Roman „Godwi oder das steinerne Bild der Mutter, ein verwilderter Roman von Maria". Schon der merkwürdige Titel zeigt, dass die vielen existenziellen Erlebnisse und tiefen Einsichten des Werkes aufs Schärfste ironisch gebrochen werden. Der fiktive Erzähler macht nicht nur den Erzählvorgang bewusst und durch Entschuldigungen lächerlich; sondern er sucht seinen Romanhelden persönlich auf, um den zweiten Teil angemessener zu gestalten. Doch damit nicht genug: Die beiden diskutieren den ersten Teil unter Angabe der Seitenzahlen und beraten über den zweiten Teil, in dem sie sich ja bereits befinden.[117] Hier ereignet sich die gleiche Verwechslung der Ebenen wie in Tiecks „Gestiefeltem Kater", wo der Hanswurst zuerst mit dem Dichter über dessen Märchenstück disputiert und dann mit dem Hofgelehrten über das gesamte Stück „Der gestiefelte Kater", einschließlich des Publikums und damit auch seiner selbst.[118]

Im dritten Teil endlich übernimmt der Held Godwi die Fortsetzung selber, berichtet den Tod des Dichters Maria und schließt mit einer Widmung an den Autor Brentano.[119] Übrigens hat sich der Dichter über der Geschichte zu Tode gelangweilt,[120] was nicht gerade für den Leser spricht, der diese verrückte Sache über Hunderte von Seiten verfolgt hat – oder eben gerade doch. Ein dermaßen virtuoses Verwirrspiel wird auch in der Romantik nur von Tieck erreicht, als Prinz Zerbino gegen seinen Verfasser rebelliert, wie vorher schon die Marionette gegen den Puppenspieler, und ihm das Steuer des Spiels aus der Hand zu nehmen sucht.[121]

---

[117] Prang 48f.

[118] S. o. S. 8f.

[119] Prang 50.

[120] Behler 43.

[121] S. o. S. 20ff.

Der besondere Effekt liegt darin, dass eine übergeordnete, scheinbar reale Ebene eine andere als fiktiv erweist, um dann selber von ihr außer Kraft gesetzt zu werden. Als einziger realer Raum bleibt dem Leser die poetische Fiktion als Ganzes: als utopische Realität oder, anders betrachtet, als Buch mit Seitenzahlen und Widmung. Tieck und Brentano machen zum System, was für Holberg und Cervantes bereits konstitutiv, aber eher beiläufig und satirisch war. „Der Wahnsinn hat Methode", die Welt ist dem Romantiker ein Wechselspiel von (Schein)-Wirklichkeiten geworden, dem er mit entsprechend doppelbödiger Kunst begegnet.

XI. Die Theorie der romantischen Ironie

§ 23 Friedrich Schlegel: Die Komödie – Rausch und Besinnung

In seinem 1794 erschienenen Aufsatz „Vom ästhetischen Werte der griechischen Komödie"[122] würdigt Friedrich Schlegel Aristophanes, der von Aristoteles an bis ins 18. Jahrhundert im Vergleich zu späteren Komödiendichtern durchweg abgewertet wurde, als erstrangigen Autor und führt damit einen Umschwung in der Aristophanes-Rezeption herbei.[123]

Schlegel leitet die antike Komödie aus dem Kult des Dionysos her, feiert sie als „Rausch der Fröhlichkeit, und zugleich ein Erguß heiliger Begeisterung". Die „unbeschränkte Freude" bedeute Lebenskraft und Liebe, verweise auf das Höchste und Schönste dem Menschen und letztlich das „Unbedingte" und „Unendliche" (21f.).

In der überarbeiteten Fassung der „Sämtlichen Werke" begründet der Verfasser die göttliche Qualität von Freude, Fülle, Freiheit damit, dass das „ewige Eine" sich in der „ewigen Fülle" immer schöner entfalte. Höher noch als die „vollendete Harmonie" sei also die „unendliche Fülle" zu schätzen.[124] Schlegels Kritik an Aristophanes bezieht sich zum einen auf seine „Rohigkeit" und „Verderbtheit" (25f.), die aber zum Teil auf das Publikum zurückzuführen seien und die Harmonie des Ganzen nicht schwerwiegend störten, also ehe ethische als „ästhetische Unsittlichkeiten" zeigten (27). Zum anderen bemängelt er die politische und persönliche Satire, die

[122] KA I, 19-33; in diesem Abschnitt ohne Titelangabe zitiert Schlegel, Friedrich: Kritische Friedrich-Schlegel-Ausgabe. Hrsg. Ernst Behler/Hans Eichner, München/Paderborn/Wien 1963ff. (Zitiert: KA.).
[123] Immerwahr 25.
[124] KA I, 19, Anm. 1 (1822).

er bereits für „demagogisch“ und „entartet“ hält, da sie die „reine Poesie“ zerstöre. Komik verstößt für Schlegel gegen Schönheit, Satire gegen Freiheit (28f.). Die Aristophanes bis dahin zum Vorwurf gemacht Unterbrechung der Handlung auch außerhalb der Parekbase legt Schlegel als „besonnenen Mutwillen“ aus, als Ausdruck der freien Fülle, die überfließt und sich gegen sich selbst zurückwendet, ohne sich aber zu verletzen. Eine Zerstörung der Illusion sei hier gar nicht gegeben (30). In der Fassung von 1822 erläutert er dazu, dass es in der attischen Komödie eben nicht auf den geschlossenen Fortgang der Handlung, sondern auf den Rausch der Freude ankomme, die ja in der komisch wirkenden Erwähnung des Theaters nur gesteigert wird.

Der Begriff „Ironie“ taucht nicht auf; und doch ist hier schon 1794 die romantische Ironie in der Komödie andeutungsweise charakterisiert. In der neueren Griechischen Komödie und in den Lustspielen seiner Zeit sieht Friedrich Schlegel eine Dekadenzerscheinung, denn die Vermischung des Komischen mit dem Tragischen, die er wenige Jahre später für die romantische Universalpoesie fordern wird, lehnt er zu jener Zeit noch ab. Auch im Athenäums-Fragment 246 schätzt Schlegel den attischen Dichter noch aufgrund seiner „Magie, Karikatur und Materialität“. Allmählich wendet er sich aber der romantischen Konzeption des Dramas zu, die gerade die Verschmelzung von Komik und Tragik fordert. Der Terminus „romantisches Drama“ verwendet er erstmals 1798; nur vier Jahre später bekennt er sich zu diesem Weg als dem Einzigen, „und das sogar für die Komödie.“[125]
Auch August Wilhelm Schlegel modifiziert die Thesen seines Bruders, indem er die ungezügelte „Freude“ durch den spielerischen „Scherz“ ersetzt und die politische Satire gerade als Bestandteil der Freiheit anerkennt.[126] Die Parekbase erkennt er, wie zuvor Friedrich, als Ausdruck der Vielfalt und Freiheit der Kunst; dazu kommt bei ihm das inhaltliche Moment der politischen Stellungnahme, die er ausdrücklich befürwortet.[127] Von Zerstörung der Illusion ist aber nicht die Rede, und selbst bei der Erörterung von „The Knight of the Burning Pestle“ gebraucht A.W. Schlegel den Begriff „Ironie“ nicht.[128] Über die Vorzüge der Vermischung von Komischem und Tragischem ist August Wilhelm sich unsicher: Im „Lustspiel“, z. B. bei Molière, Iffland und Kotzebue, verwirft er sie, im romantischen Drama, vor al-

[125] Immerwahr 28 mit Anm. 31 und 32.
[126] Immerwahr 31f.
[127] Immerwahr 32, 40.
[128] Immerwahr 44, s.o. S. 32.

lem bei Shakespeare, preist er sie gerade als Spiegel einer ironischen Lebenshaltung und als Verschmelzung aller Gegensätze.[129] Die Entgrenzung zur Totalität der Welt und zum Unendlichen, von Friedrich zunächst in der reinen Komödie dionysischen Ursprungs gesucht, sehen die Schlegels bald darauf also gerade in der romantischen Vereinigung der Gattung und im ironischen Schweben über den Gegensätzen. 1794 bereiten die Gegensätze von Schönheit und Hässlichkeit, Komik und Tragik noch Schwierigkeiten; der Sprung zwischen den Ebenen des Theaters ist aber bereits selbstverständlich, die Wendung des Dramas gegen sich selbst anerkannt. Dies ist die Vorstufe zur 1797 geforderten Selbstzerstörung der Dichtung.

§ 24 Friedrich Schlegel: Romantische Ironie und progressive Universalpoesie

Kunst entspringt einer ekstatischen Begeisterung – so legt Schlegel bereits in seinem Aufsatz über die griechische Komödie dar und bestätigt es 1797 in den Lyceums-Fragmenten. Beide, die „Erfindung und Begeisterung“ und die „Selbstbeschränkung“ und „Besonnenheit“, seien der Kunst notwendig, und beide dürfen nicht übertrieben werden. Nur wo „Selbstschöpfung und Selbstvernichtung“ sich die Waage hielten, könne wahre Kunst entstehen. In der Ironie nun werde die so gesetzte Begrenzung wieder aufgehoben, indem der Dichter sich von seiner eigenen Dichtung distanziere und damit eine höhere Stufe der Besonnenheit erreiche. Der bedingten Stellungnahme trete die „unbedingte Willkür“ an die Seite.[130] Das endliche Kunstwerk werde in der Reflexion und Relativierung seiner selbst zum Unendlichen entgrenzt. Die Ironie könne die Unzulänglichkeit der Dichtung nicht beheben, aber wenigstens zur Sprache bringen, und eben damit aufs Unendliche verweisen:

„Sie enthält und erregt ein Gefühl von dem unauflöslichen Widerstreit des Unbedingten und des Bedingten, der Unmöglichkeit und Notwendigkeit einer vollständigen Mitteilung.“[131]

Dieser Vorgang wird als unendlicher vorgestellt, denn nur indem er sich wiederholt und vervielfacht, kann er dem Unendlichen näherkommen. Jede Position ist relativ und erfordert ihre Negation, um auf das Absolute jen-

[129] Immerwahr 39 mit Anm. 48; Immerwahr 43.
[130] Lyceums-Fragment 37; KA II/I,150.
[131] Lyceums-Fragment 108; KA II/I,160.

seits jeder Position (und Negation) zu verweisen.[132] Diese Methode bezeichnet Schlegel statt Ironie auch Allegorie: „Die Unmöglichkeit, das **Höchste** durch Reflexion positiv zu erreichen, führt zur Allegorie d. h. zur [...] Kunst."[133]

Im Athenäums-Fragment 116 von 1798 zieht Friedrich Schlegel die bekannte Schlussfolgerung: „Die romantische Poesie ist eine progressive Universalpoesie."[134] Ihre Universalität besteht in der Vereinigung aller poetischen Gattungen, dazu von Dichtung, Philosophie und Leben; ihre Progressivität in der „poetischen Reflexion", die sich „wie in einer endlosen Reihe von Spiegeln" potenziert:

„Die romantische Dichtart ist noch im Werden; ja das ist ihr eigentliches Wesen, dass sie ewig nur werden, nie vollendet sein kann [...]".[135]

Der Schluss des 116. Fragmentes erhebt die solchermaßen durch Selbstironie und Universalität bezeichnete „romantische Dichtart" zum Inbegriff der Dichtung überhaupt. Das 238. Athenäums-Fragment nennt die romantische Poesie auch „Transzendentalpoesie", die das „Verhältnis des Idealen und des Realen" vorstelle[136] und ihre „absolute Identität" herbeiführe:

„So wie man aber wenig Wert auf die Transzendentalpoesie legen würde, die nicht kritisch wäre, die auch das Produzierende mit dem Produkt darstellte [...] sollte wohl auch jene Poesie [...] in jeder ihrer Darstellungen zugleich sich selbst darstellen und überall zugleich Poesie und Poesie der Poesie sein."[137]

Das „Gespräch über die Poesie" von 1799/1800 stellt wiederum den Bezug zwischen Ironie und Allegorie her, mittels derer sich die Kunst dem Unendlichen annähert: Jedes Gedicht soll die „Tendenz nach einem tiefen, unendlichen Sinn" in sich bergen. Besonders die Ironie gewähre, dass „das ganze Spiel des Lebens auch wirklich als Spiel genommen" werde.[138] Zwischen „Schein und Wahrheit", „Spiel und Ernst" fallen die Grenzen, wie es im „Brief über den Roman" von 1800 heißt. Schon im Lyceums-Fragment 48 stellt Schlegel fest: „Ironie ist die Form des Paradoxen."[139] Das ironische Subjekt verwirklicht sich als freies Wesen, indem es sein eigenes Werk und

[132] Frank 364.
[133] KA XIX,25; Frank 367.
[134] KA II/1, 182f.
[135] KA II/1, 182f.
[136] So auch die Definition von „transzendental" im 22. Athenäums-Fragment.
[137] KA II/1, 204.
[138] KA II/1, 204.
[139] KA II/1, 204.

damit einen Teil seiner selbst zerstört. Die Selbstvernichtung ist schon wieder Teil der Selbstschöpfung.[140] Das höchste Gesetz der Dichtung ist die Willkür des Dichters,[141] auch die „Unvernunft oder Übervernunft" muss „schlechthin notwendig und vernünftig" sein.[142] Ironie ist die Anschauung des ewigen Chaos,[143] das sich auf die Berührung der „Liebe" und der „Phantasie" hin zu einer „dramatischen Welt" entfaltet.[144] Im Romanfragment „Lucinde" von 1799 versucht Schlegel selber als Poet ein Beispiel für den „ewigen Wechsel von Enthusiasmus und Ironie", „von Chaos und System" zu geben, wie er es in der „Rede über die Mythologie" formuliert. Die Rede vom „vernünftigen Chaos" zeigt, dass die Kunst über ein totales Chaos hinausgehen muss.[145] Die Ironie ist „klares Bewusstsein [...] des unendlich vollen Chaos".[146] Als Gestaltungsmittel der Ironie nennt Friedrich Schlegel die „permanente Parekbase"[147] und das zur „transzendentalen Buffonerie" erhobene Buffo.[148] Er verleiht also Stilmitteln aus der antiken bzw. italienischen Tradition einen neuen philosophischen Gehalt, indem sie Endliches relativierend aufs Unendliche beziehen.
Der poetische Philosoph treibt das ganz auf die Spitze, indem er in einem Essay „Über die Verständlichkeit", 1800 im „Athenäum" erschienen, auch noch sein Ironiekonzept ironisiert.[149] So bestätigt sich seine Theorie auf die einzige angemessene Weise: indem sie sich widerlegt.

§ 25 Adam Müller und K.W.F. Solger

Friedrich Schlegels unsystematisch verstreute Äußerungen zur Ironie werden von Adam H. Müller zusammengefasst und von Karl Wilhelm Ferdinand Solger noch einmal vertieft.[150] Ihre Arbeiten liegen nach den hier besprochenen Frühwerken Tiecks, helfen ihm aber, seinen Ironiebegriff nach-

[140] Nivelles, Armand: Frühromantische Dichtungstheorie. Berlin 1970. 141.
[141] Lyceums-Fragment 108.
[142] Lyceums-Fragment 37.
[143] Philosophisches Fragment (Zweite Epoche I, 1799/1800) 41.
[144] S. u. S. 95f.
[145] Eichner im Kommentar zu KA II/1, Eichner, Hans: Kommentar zur Kritischen Friedrich-Schlegel-Ausgabe (KA) BD. II/1 und IV.
[146] (KA) BD. II/1 und IV.
[147] Philosophisches Fragment (Erste Epoche II, 1797) 668.
[148] Lyceums-Fragment 42; KA II/1, 152.
[149] KA II/1, 363-372.
[150] Prang 22; 26.

träglich zu klären.[151] Beide Philosophen betonen, dass nur ein Ineinander von Spiel und Ernst, von Schmerz und Lust, von Hohem und Niedrigem die Welt in ihrer dialektischen Grundstruktur widerspiegeln kann.[152] Darüber hinaus stellen sie den Rückbezug zum Jenseits der Welt her: Universalpoesie und Selbstironie erfüllen sich im Verweis auf das, was die Welt und die Kunst übersteigt.

In seiner „Lehre vom Gegensatze" (1804) setzt Adam Müller den Prozess dar, wie Kunstwerke sich in ihre Gegensätze zerlegen, um neue zu erzeugen. Er zeigt, dass dieser Prozess der äußersten Selbstschöpfung und Selbstvernichtung mit den Vorgängen in der Natur parallel ist: „Wie die Natur vom Leben zum Tode und vom Tode zum Leben mit so unendlicher Leichtigkeit und Ironie fortschreitet, dass sie euch wie ein einziges Reich des Lebens und des Todes zugleich erscheint."[153]

In Vorlesungen über das griechische Drama definiert Müller die Ironie als „Bewusstsein der inneren Freiheit".[154] Ähnlich wie später Tieck, setzt er sie gleich mit „Liebe", „Herz", „Gott".[155] Er definiert den Menschen über seine Freiheit, die ihm Gott ähnlich macht, und bringt sie in Verbindung mit der Liebe, die ebenfalls der Inbegriff des eigentlich Menschlichen und des Göttlichen gilt; eine seltsame, logisch nicht herzuleitende Verknüpfung, zumal schöpferische Liebe und Vernichtung zusammengehören. Wie Schlegel und Tieck unterscheidet Solger das „heilige Spiel" der Ironie vom „Spott" der Satire und spricht das scharfe Urteil der Frühromantik aus:

„[...] lachst du mit Freiheit oder genötigt und mit Bitterkeit, lachst du mit reiner Ironie oder mit schmutziger Satire?"[156]

K.W.F. Solger definiert im zweiten Teil des „Erwin" 1815 die Ironie im gleichen Bild wie Tieck 1828: „und diesen über allem schwebenden, alles vernichtenden Blick nennen wir **Ironie.**"[157] In seinen Vorlesungen über „Ästhetik" (1829) erläutert er die „Aufhebung der Idee durch sich selbst" ausführlicher, ja stellt sie als „das Wesen der Kunst, die innere Bedeutung derselben" dar. Auch er spannt die äußersten Begriffe zusammen, so wenn der ‚moderne' Künstler bei ihm „das Bewusstsein hat, sein Kunstwerk sei

[151] Frank 316; Prang 35.

[152] Thalmann 1974 Provokation und Demonstration in der Komödie der Romantik. Berlin 1974. (Zitiert: Thalmann 1974), 22.

[153] Prang 18 (Müller, Adam: Kritische Schriften II,23f., Wien 1812).

[154] Prang 20 (Müller, Krit. Schr. I, 240f.).

[155] Prang 19f.

[156] Prang 21f. (Müller, Krit. Schr. I, 238).

[157] Prang 23; Tieck s. o. S. 3.

etwas Göttliches, aber zugleich etwas Nichtiges".[158] Das Entscheidende in Solgers Gedankengängen ist, dass nicht bloß die Wirklichkeit der Erscheinungen vernichtet wird, um das Wesen oder die Idee aufscheinen zu lassen, sondern sogar die Idee selbst, denn auch sie gilt ihm nicht als Sein, sondern als Schein.[159] Das eigentliche Sein ist ohne Bewusstsein, ohne Beziehung, wird also zum Nichtsein, sobald es ausgesprochen wird. Jedes „Bewusstseyn" bedeutet „Nichtseyn", nämlich Zerfallenheit; das „Seyn" allein ist die absolute Identität.

Die Erscheinung setze sich selbst in der Zeit, hebe sich wieder auf und lasse in diesem unendlichen Prozess das unsichtbare Absolute in der unerreichbaren Ewigkeit ahnen.[160] Dieses Absolute ist für Solger das Göttliche, die Kunst seine Epiphanie, die er im Bild des Blitzes beschreibt:

„In diesem Moment des Vergehens, zündet sich das göttliche Leben an. Es ist eine Anschauung, die sich selbst aufhebt, an deren Stelle das Absolute selbst tritt."[161] Ästhetik ist hier eine *philosophia negativa.*[162]

XII. Ironie bei Tieck im Urteil der Zeitgenossen

§ 26 Äusserungen Tiecks über Komödie, Satire und Ironie

Neben seinen literarischen Werken und Übersetzungen verfasst Ludwig Tieck kritische Schriften zu eigenen und fremden Werken. Dazu kommen theoretische Stellungnahmen in seinen Briefen und solche, die in seine Werke eingeflochten sind. Doch entwickelt er dabei kein System von Definitionen und Schlussfolgerungen, so dass der gleiche Begriff in ganz verschiedenen Bedeutungen vorkommen oder ein Sachverhalt mit verschiedenen Begriffen umschrieben werden kann.[163] Für den Terminus ‚Ironie' ge-

---

[158] Prang 23; Tieck s. o. S. 3.
[159] Frank 318.
[160] Frank 330f.
[161] Frank 318.
[162] Prang erwähnt S. 13 ebenfalls die Parallele zwischen Schlegels Philosophie der Ironie und Cusanus' *coincidentia oppositorum*. Schon die mittelalterliche *theologia negativa* umkreiste das Absolute, indem sie alle Aussagen darüber als unzulänglich erklärte. Die Mystik suchte Gott jenseits der gegensätzlichen Begriffspaare, bis hin zu Sein und Nichtsein.
[163] Strohschneider- Kohrs 128; Immerwahr 85; Thalmann Provokation und Demonstration in der Komödie der Romantik. Berlin 1974, (zitiert: Thalmann 1974) 23.

steht er sogar ein, keine Definition geben zu wollen und zu können.[164] Außerdem liegen oft Jahre, wenn nicht Jahrzehnte zwischen seinen Dichtungen und den theoretischen Äußerungen darüber, oder Letztere sind selber in eine Dichtung hineingeflochten, so dass unsicher ist, wie weit sie die Haltung des Autors wiedergeben. Mit ‚Ironie' bezeichnet Tieck oft jenes Merkmal der Dichtung, das wir oben mit dem post-romantischen Begriff der ‚tragischen Ironie' belegt haben.[165] Hier geht es ja in gewisser Weise auch darum, dass Verfasser und Leser oder Zuschauer über dem Werk stehen, aber eher durch inhaltliche Bezüge als durch ein Formprinzip.[166]

Weiterhin unterscheidet Ludwig Tieck zwischen einer ‚höheren' und einer ‚niederen Ironie'. Die Letztere definiert er als das Auseinanderklaffen von Gesagtem und Gemeintem, „die Umkehrung der Sache". Diese niedere Ironie ist für ihn von minderem Wert, er nennt sie auch „grobe", „gemeine" oder „ganz einfache" Ironie. Als Beispiele gibt er unter anderen Swift und Heine an.[167]

Die „höhere Ironie" sieht er vollendet im Werk Shakespeares verwirklicht, aber auch bei Aristophanes, Plato und anderen. Entweder gibt er dazu Beispiele, die deutlich machen, dass es sich wieder um tragische Ironie handelt,[168] oder er übernimmt Ideen und Formulierungen aus Schlegel und Solger, unter Berufung auf diese, und charakterisiert mit ihnen das Phänomen der romantischen Ironie. Auf sehr umfassende Weise schildert er zum Beispiel die „höhere geistige Ironie" als „Äthergeist", der über dem Werk schwebe und es „bis in seine Tiefen hinab mit Liebe durchdrang".[169] Er lässt sich sogar unter Bezugnahme auf Solger zu der Aussage hinreißen, die Ironie sei „das Höchste" und „das Göttlich-Menschliche" in der Poesie" und mit dem Erleben dieses Phänomens entfalle die Notwendigkeit einer Definition.[170] Der Schöpfer steht über seinem Stoff, gewährt keinem Wort letzte Gültigkeit, lässt aber eben darum alles gleichermaßen gelten. Tieck legt viel Wert darauf, dass die Ironie nicht bloß etwas Negatives, sondern etwas „durchaus Positives" sei, dem der „tiefste Ernst" und die „tiefste

---

[164] Köpke II, 238.

[165] Köpke II, 217f.; Strohschneider-Kohrs 133f.; s.o. S. 3.

[166] Strohschneider- Kohrs, Ingrid: Die romantische Ironie in Theorie und Gestaltung. Tübingen 1960. 137.

[167] Schriften VI, XXIf.; Strohschneider-Kohrs 137.

[168] Aufgeführt bei Strohschneider-Kohrs 132f.

[169] In der Vorrede zur zweiten Lieferung der Schriften.

[170] Köpke II, 238.

Überzeugung" des Autors zugrunde lägen.[171] Die Satire dagegen betrachtet er eher als etwas Negatives, Destruktives. Ihr Standpunkt ist wieder nur eine relative Position, während er der Ironie die absolute Position zuspricht, als Kehrseite der absoluten Negation. Umgekehrt umschreibt Tieck die Tatsache der romantischen Ironie, ohne sie beim Namen zu nennen. Über Cervantes z.B. sagt er, er verknüpfe Poesie und Leben im Scherz, um ihren Gegensatz – im Bewusstsein ihrer Disharmonie – zu überwinden. Poesie und Parodie durchdrängen sich bei ihm gänzlich.[172]
Bereits in seinem Aufsatz „Shakespeare's Behandlung des Wunderbaren" charakterisiert Tieck eine dramatische Gestaltungsweise, die sich unter dem Begriff der romantischen Ironie fassen lässt: Die rasche Abfolge extremer Kontraste überwältigte den Zuschauer, so dass er sich dem Spiel von Gefühl und Phantasie und damit der Illusion überlasse.[173] Nicht nur die komische Vermischung der Theaterebenen, die den Anschein gibt als zieht hier das Publikum in die wunderbare Welt der Poesie, sondern auch der unmotivierte Wechsel der unterschiedlichsten Stimmungen und Verhaltensweisen sind hier von Relevanz. Die Charaktere und die Handlung werden in dieser Art von Theater verflüchtigt oder befreit, vergleichbar mit Tieck.[174] Von seinen eigenen Komödien heißt es in den Rahmengesprächen des „Phantasus" (1811), „dass das Theater das Theater parodieren wolle, und man also ein Spiel mit dem Spiele treibe", um darin zugleich „über die Welt zu scherzen".[175] Tieck kann in der Rückschau über sein Schaffen in einem Atemzug von der ‚Heiligkeit des Spiels' in der Kunst und vom ‚scherzhaften Spiel' der Welt sprechen.
Das „Rondo" der „Verkehrten Welt" schildert die Welt als „Schauspiel", und zwar als musikalisches und universalpoetisches bzw. ironisches, das keiner Gattung und keiner Aussage sei:
„[...] meisten scheint es mir noch an die modernen Opern zu gränzen, an jenes poem unlimited, welches jetzt alle Welt so sehr entzückt. Tragödie ist es unmöglich, Comödie ebenso wenig."[176]
Sofort nimmt sich auch das Rondo, gemäß dem Grundsatz der Ironie, als beschränkt und verrückt zurück, und bekräftigt paradoxerweise eben damit

[171] In der Vorrede zur zweiten Lieferung der Schriften.
[172] Krit. Schr. I, 207f.; II, 184.
[173] Frank 373 zu Krit. Schr. I, 55f.
[174] Frank 372f.
[175] Schriften V, 159 und 280.
[176] Die Verkehrte Welt 61.

seine Aussage: „O liebe Unwissenheit [...] ein toll gewordener musikalischer Satz.“[177] Alle Werte würden „in kühner Umkehrung“ relativiert, wenn das Erhaben im Geringen erscheine und umgekehrt.[178] Der Scherz ziehe auch den Ernst nach sich, doch sollten beide ohne „zuviel Absicht und Vorsatz“ wechseln.[179] Konsequent definiert Tieck folglich die Gattung der Komödie: „Aus jenem Muthwillen, der das Leben und seine Anstalten geringe achtet, der das Würdige verspottet und im Rausche der Freude und des Gelächters weder Menschen noch das Heilige verschont und in kühner Umkehrung im Großen und Feierlichen das abgeschmackte und Thörichte wahrnimmt, wie er das Geringe mit Adel umkleidet; aus dieser Stimmung ist die Komödie erwachsen.“[180]

Die Bühnenwelt oder Bildwelt spiegele die wirkliche Welt gerade darin, dass „kein Zweck und Zusammenhang“ und keine „Bedeutung“ zu finden sei.[181] Einmal nur bringt Tieck eine Beschreibung des Vorgangs, bei dem sich die Dichtung von sich selber distanziert, sich selber zurücknimmt und gerade dadurch steigert, zusammen mit der Bezeichnung „ironisiren“, und fügt hinzu, Shakespeare habe eine „Störung der Illusion“ hierbei nicht befürchtet.[182] Wie Schlegel siedelt er also das Stück gleich auf der Meta-Ebene der Theaterwelt an.[183] An anderer Stelle, ebenfalls über Shakespeare, behandelt er Illusion als mögliches Grundprinzip einer Dichtung, ohne aber von „Ironie“ zu sprechen: „ob nicht Kunstwerke existieren, bei denen die Täuschung die erste Bedingung, das Hauptgesetz ausmacht.“[184]

So sehr Tieck die Satire innerhalb eines „Strudels der Wonne“ befürwortet, so sehr lehnt er „sogenannte Satiriker“ ab, die das Lächerliche mit dem Verächtlichen mischen, um andere Menschen anzugreifen.[185] Die Satire darf nach Tieck weder in Polemik ausarten noch den einzigen Zweck eines Werkes bilden. Das Kunstwerk dürfe nicht für einen außerhalb seiner selbst gelegenen Zweck geschaffen werden. In den „Schildbürgern“ verspottet Tieck seine Zeitgenossen, für die ein Theater nur Anbau ihres Krankenhauses sein

---

[177] Zum gleichen Phänomen bei Schlegel s.o. S. 42.
[178] Schriften V, 285.
[179] Schriften V, 280.
[180] Schriften V, 280.
[181] Schriften IX, 193.
[182] Köpke II, 143.
[183] S o. S 39.
[184] Köpke II, 37f.
[185] Köpke II, 37f.

kann, um ihre inneren Schwächen zu heilen.[186] Ein neues Begriffspaar entwickelt Ludwig Tieck im „bedingten“ und „unbedingten Satiriker“.[187] Der bedingte Satiriker greift die jeweiligen Verhältnisse mit moralischer Absicht an und unterwirft sich ihnen damit. Der unbedingte Satiriker hingegen bewegt sich frei „in einer selbstgeschaffenen Welt“ und verleiht seinem Werk so Gültigkeit.
Der Terminus der ‚unbedingten Satire' dürfte also der ‚höheren Ironie' im Sinne der romantischen Ironie entsprechen. Allerdings ist hier wieder nicht von Selbstreflexion und Selbstrelativierung die Rede.
Auch an anderer Stelle den Gegensatz scharf heraus, ohne dass der Begriff ‚Ironie' mit oder ohne Attribut fällt: „dabei haßte ich aber vom frühesten Besinnen an die sogenannten Satyriker eben so sehr, die die Geißel schwingen, Thorheiten und Laster durch Lachen und Schelten bessern wollten, und was der hohlen Redensarten mehr sind [...] Schon sehr früh schwebte mir die Ahndung vor, dass es Lust, Scherz, Witz geben müsse, die nur um sich selbst da seien, und diese medizinischen Anwendungen des Hellsten in uns erschienen mir ekelhaft.“[188]
Überhaupt zeigt Tieck in seinen Entlehnungen poetologischer Gedanken von Schlegel und Solger, dass er ihn gar nicht immer richtig verstanden hat. So weist er die Auslegung zurück, „Solger fordre, das poetische Werk solle sich durch diese Ironie selbst wieder aufheben“[189], doch genau darauf kam es Solger an. Neben dem Ideal einer Posse, die ‚ganz Schaum und leichter Scherz' sein soll, tritt schon in den „Phantasus“-Dramen die Vorstellung einer umfassenden Bühnendichtung, die alle Gattungen der Poesie in sich vereint und endlich die Bühne selber überschreitet, indem sie zum Lesedrama wird, ein Ideal, das im „Zerbino“ Gestalt angenommen hat.[190]
Durch den unscharfen Gebrauch theoretischer Termini trug Tieck, der ‚König der Romantik', zur Begriffsverwirrung um die Ironie bei.[191] Nach Erscheinen des „Erwin“ hatte Solger den Dichter durch Briefe angeregt, das Ironische vom Satirischen und vom Komischen zu unterscheiden,[192] was aber nicht zu exakten Definitionen führte. Tieck handelte eben nach seinem

[186] Schriften IX, 54f.
[187] Köpke I, 39f.
[188] Solger/Tieck 156.
[189] Schriften VI, XXIX; Strohschneider-Kohrs 144.
[190] Schriften IV, 360.
[191] Strohschneider-Kohrs 146.
[192] Frank 371.

Grundsatz, über Poesie dürfe man nicht poetologisch, sondern allein poetisch reden. Jedenfalls lässt sich festhalten, dass laut Tieck die Satire weder politisch noch polemisch werden darf und als ‚niedere Ironie' immer der ‚höheren Ironie' im Sinne der tragischen und romantischen Ironie untergeordnet werden muss.

§ 27 Tiecks eigene Kommentare zur Ironie seiner Werke

Für die Entstehung des „Gestiefelten Katers" nennt Tieck einen konkreten Anlass: Böttigers Buch über Iffland[193]. Im Rahmengespräch des „Phantasus" – Kreises hebt er aber hervor, dass eine „feindselige gehässige Anklage" seiner Meinung nach nicht gestattet sei, da sie die „heitere Stimmung" störe.[194] Das eigentlich Wichtige sei, dass das Theater sich selbst und zugleich die ganze Welt parodiere und in sich kreise: Der „Kater" sei „ein Zirkel, [...] der in sich selbst zurückkehrt."[195]

Obwohl Tieck das Stück auch aus politischen Gründen nicht bald zur Aufführung bringen konnte[196], lehnt er selber alle „politischen und moralischen Beziehungen" ab[197]. Der Dichter stehe überhaupt außerhalb vorn „theologischem und politischem Streit".[198] Später nimmt er eventuelle politische Aspekte nochmals ausdrücklich zurück, indem er „die Macht des Königs die natürlichste, begründetste und wohltätigste von allen politischen Einrichtungen"[199] nennt. Zwar hatte er einen König als komische Hauptfigur gebracht und ihn dann mit Parolen der Französischen Revolution entmachten lassen, doch ist dies nach Tieck nur „das komische Gegenbild eines Königs".[200] Sicher eine spätere Umdeutung des Jugendwerkes, aber auch eine treffende Festlegung der universal-ironischen Priorität.

Sein Schlüsselbegriff ‚bedingter und unbedingter Satiriker' entwickelt Ludwig Tieck ebenfalls am „Gestiefelten Kater". Zur Frage der Ironie meint er merkwürdigerweise, im ‚Kater' herrsche die ‚direkte' (niedere) Ironie, noch nicht die ‚höhere' wie nachher im „Blaubart" und im „Fortunat".[201] Zu-

---

[193] Schriften I, XVI.
[194] Schriften V, 159; 280.
[195] Schriften V, 280f.
[196] Beyer 188.
[197] Köpke II, 39.
[198] Schriften XI, LXVIII.
[199] Krit. Schr. IV, 377.
[200] Krit. Schr. IV, 377.
[201] Köpke II, 174.

gleich behauptet Tieck in diesem Gespräch, erst durch Solger habe sich seine dunkle Vorstellung von Ironie geklärt, die sich an Shakespeare entwickelt und in seinem eigenen Frühwerk „mehr unbewusst aber doch entschieden“ ausgedrückt habe. Als Beispiel führt er außer den genannten Dramen den Golo neben der unironischen Genoveva und „vor allem“ den „Lovell“ an. Dort handelt es sich um eine ironische Figur, hier aber um eine ironische Struktur. Leider erläutert Tieck die Praxis der höheren Ironie nicht genau genug. „Die Verkehrte Welt“ ist in die meisten dieser Stellungnahmen miteinbezogen. Zur Struktur merkt Tieck an, sie sei „philosophischer gebaut“ als der „Zerbino“. Über die Intention dieser beiden Komödien äußert er sich nicht ausführlich. Der Begriff „ironisiren“ findet außerhalb der „Phantasus“ – Diskussion über den „Kater“ keine Anwendung.

§ 28 Die Rezeption der Komödien durch das Publikum

Der „Gestiefelte Kater“ kann 1796 aus inhaltlichen Gründen noch nicht aufgeführt werden, da der königstreue Iffland Direktor des Berliner Theaters ist.[202] Erst ein halbes Jahrhundert später bringt Tieck den „Kater“, der als Buch sofort erfolgreich gewesen war, in Berlin auf die Bühne. [203] Allerdings zeigt sich das Publikum nicht begeistert, vermutlich auch wegen der satirischen Angriffe, vor allem aber aus Mangel an Einsicht in die ironische Struktur des Ganzen: Nach dem pompösen Opernschluss des dritten Aktes verließen die meisten das Theater, ohne den Epilog abzuwarten. Der Autor kommentiert, das Publikum habe sich so gezeigt, wie es in der Posse geschildert worden sei.[204] Eigentlich hat sich auch hier die romantische Ironie bewährt, indem sie vom „aufgeklärten“, also unpoetischen Publikum unbegriffen bleibt. Zu einer erfolgreichen Inszenierung kommt es bezeichnenderweise erst 1921, so dass die Berliner Volksbühne damit auf Tournee gehen kann.[205] In der zweiten Hälfte des 20. Jh. gibt es schon eine Reihe von Aufführungen und Überarbeitungen.[206] Größer ist die Wirkung im 19. Jh. auf die Literatur, besonders auf Satiren aller Art, die ebenfalls auf das Thea-

[202] Beyer, Hans Georg: Ludwig Tiecks Theatersatire „Der gestiefelte Kater“ und ihre Stellung in der Literatur- und Theatergeschichte. Diss. masch. München 1960. 188.
[203] Krit. Schr. IV, 377.
[204] Krit. Schr. IV, 377.
[205] Immerwahr 61.
[206] Kreuzer, Helmut: Nachwort zum „Gestiefelten Kater“. Stuttgart 1964. 80.

ter und die Literatur zielen.[207] Als Tieck, der als exzellenter Vorleser bekannt ist, einem Kreis seine „Verkehrte Welt“ vorträgt, verharrt die Versammlung in „steinhartem, unbezwinglichen Ernst“, wie der Verfasser erstaunt und enttäuscht anmerkt.[208] Dies könnte man sozusagen als ein Fall von tragischer Ironie in Tiecks Leben bezeichnen. Nach diesen Erfahrungen verzichtet der später am Theater tätige Dichter wohl darauf, seine großartigste Komödie selber zu inszenieren. Eine „Uraufführung“ zu Tiecks Lebzeiten erfolgt nur in der Literatur: Eduard Mörike parodiert mit ihr im Künstlerroman „Maler Nolten“ das Theaterpublikum. Auf die „wirkliche“ Bühne gelangt das Stück erst in einer Schüleraufführung 1963.[209] A.W. Schlegel warnt Tieck nach Erscheinen des „Katers“, die Deutschen hätten wohl weniger Humor als die alten Griechen[210] und der Autor selbst stellt nach den ersten Erfahrungen resigniert fest, Scaramuz werde wohl noch lange auf unseren Bühnen herrschen, doch eben darum behielten die „Verkehrte Welt“ und der „Gestiefelte Kater“ ihre Gültigkeit als Satire.[211]

§ 29 Die Rezeption der Komödien durch die anderen Romantiker

Der „Gestiefelte Kater“ erfreut sich großer Beliebtheit unter den literarischen Kollegen. A.W. Schlegel, noch gar nicht mit Tieck bekannt, verfasst sogleich eine Rezension, in der er die Treffsicherheit und „fröhliche Gutmüthigeit“ der Satire, die mutwillige Durchbrechung der Kontinuität und die Parodie des Theaters durch das Theater lobt[212]. Er schlägt den Begriff „Schauspiel eines Schauspieles“ vor. Die Bezeichnung „Ironie“ taucht aber nicht auf, da sie für A.W. Schlegel das Zusammenspiel von Scherz und Ernst bedeutet.[213]

Friedrich Schlegel freut sich an dem „Kater, der gleichsam auf dem Dache der dramatischen Kunst herumspaziert“.[214] Allerdings findet er ihn „nicht reich, nicht frech und nicht poetisch genug“. Die mittlere Eigenschaft be-

---

207 Strohschneider-Kohrs 293.
208 Schriften I, XXIII.
209 Immerwahr 76.
210 Immerwahr 104 mit Anm. 8.
211 Schriften I, XXV.
212 Immerwahr 103 mit Anm. 7.
213 Immerwahr 104.
214 Athenäums-Fragment 307, KA II/1.

zieht sich wohl auf die Satire, die anderen beiden auf das im Entstehen begriffenen Konzept der Universalpoesie.[215]

K.W.F. Solger dagegen sieht gerade in Tiecks erster großer Komödie „die alberne Gegenwart durch das Märchen veredelt, und die Satire zur reinsten Ironie erhoben", und zwar gegenüber dem weitschweifigeren Nachfolgestück in „vollendeter Rundung".[216] Er spielt offensichtlich sowohl auf die romantische Universalpoesie an, indem er das Naive und ‚Wunderbare' auch im „Kater" ernst nimmt, als auch auf die romantische Ironie, deren Gestalt die Satire hier angenommen hat. Auch Eichendorff stellt fest, dass die Ironie „die poetische Seele des Ganzen wird, wo alles Ordinäre in der Welt unbewusst sich selbst vernichtet [...] durch die unauslöschliche Lächerlichkeit seines eignen Pathos".[217] Immermann betont, dass Tieck sich nicht mit Einzelschilderungen begnügt habe, sondern die „komische Muse [...] über die ganze Breite der Welt und der Zeit" habe lächeln lassen.[218] Das meint zwar noch nicht das Bauprinzip der Ironie, aber den universalen Anspruch der Satire, wie sie dann im zweiten großen Drama herausgearbeitet wird. Die „Verkehrte Welt" wurde von Tiecks Verleger Nicolai als „excentrische Imagination"[219] abgewiesen. Bei seinen Gesinnungsgenossen findet sie jedoch Anklang: Friedrich Schleiermacher und Friedrich Schlegel, E.T.A. Hoffmann und K.W.F. Solger sparen nicht mit Lob und identifizieren sich oder andere mit Scaramuz und Grünhelm.[220] Eichendorff spricht von einer ‚Revolution gegen die aufgeblasene Weltprosa', und Mörike bringt sie innerhalb eines Romans zur ‚fiktiven' Aufführung. Mit der Romantik aber legt sich auch die Begeisterung für die „Verkehrte Welt" Heine würdigt die Komödien wegen ihres mangelnden politischen Impulses keines ausführlichen Kommentars.[221] Schon die Nicht-Romantiker Schiller und Hegel hatten sie wegen ihres ironischen, über allen Standpunkten schwebenden Charakters abgelehnt.

Der „Zerbino" schätzten die beiden Schlegels hoch. Wilhelm erkennt ihm das Prädikat „Universalpoesie" zu[222]; Friedrich befürwortete die Verbin-

[215] Immerwahr 107

[216] Tieck, Ludwig/Solger, Karl Wilhem Ferdinand: Tieck and Solger. The Complete Correspondence. Hrsg. Percy Matenko. New York/Berlin 1953. 306 (1816)

[217] Kreuzer 79

[218] Thalmann 1974, 24

[219] Pestalozzi 133

[220] Pestalozzi 135

[221] Pestalozzi 136; Thalmann 1974, 61

[222] Thalmann 1974, 53

dung von ‚aristophanischem Witz' und ‚romantischer Poesie', womit er Komik und Satire sowie Ironie und Universalpoesie gemeint haben könnte. Die meisten anderen Kritiker, so auch Solger, sind von dem umfangreichsten Bühnenwerk, das ja laut Tieck nur „in der Phantasie eine Bühne für die Phantasie erbaut“[223] ist, weniger eingenommen, da es inhaltlich und formal zu sehr zerfalle. Dies ist offenbar ein Zug, der den Schlegels gerade zusagte.[224] Goethe hätte das Idyll von Dorus und Lila gerne separat inszeniert, eine Idee, die der ironischen Intention des Stückes gerade zuwiderläuft und von Tieck abgewiesen wird.[225] Tatsache ist, dass weder Friedrich Schlegel als Begründer des romantischen Ironie-Postulates, noch sein Bruder oder Tieck selbst es je direkt auf die Komödien beziehen.[226] A.W. Schlegel spricht aber umschreibend vom ‚Schauspiel eines Schauspiels' für den „Kater“ und von ‚Universalpoesie' für den „Zerbino“.Solger und andere Zeitgenossen preisen die Komödien als Beispiele für (höhere) Ironie.
Anders verhält es sich mit Ludwig Tiecks „Sternbald“, den Friedrich Schlegel sofort als Musterbeispiel des romantischen Romans, der potenzierten Poesie und der umfassenden Ironie preist, ohne dass dort eine poetische Fiktion durchbrochen würde wie im Tieckschen Theater.[227] Nicht die Durchbrechung der Bühnenillusion ist konstitutiv für die romantische Ironie, sondern der wie auch immer durchgeführte ironische Wechsel der Standpunkte und Stimmungen.

[223] Schriften IV, 360f.
[224] Thalmann 1974, 53
[225] Schriften I, XXII
[226] Immerwahr I; Beyer 92
[227] S. u. S. 86

B. Absolute Kunst

XIII. Definition von absoluter Kunst, Autonomie, Abstraktion

Vor allem für die bildende Kunst innerhalb der Romantik sind die rückwärtsgewandten Tendenzen bekannt, die Anlehnung an frühere Epochen: Franz Sternbald als Dürers Freund und Verehrer oder die Nazarener und ihre spätromantische Folge mit Historienbildern in altmeisterlicher Manier. Doch neben dem Kult um Dürer, Raffael, Michelangelo und ihre Kollegen gab es ein zweites innovatives, ja revolutionäres Kunstideal. Man verstand sich als Vorreiter einer neuen Epoche. Die Ablösung vom klassizistischen Formenkanon, dem die Zeit verhaftet war, und von der traditionellen christlichen Formensprache gehen Hand in Hand. Franz Sternbald im Roman von 1798 fertigt ein Altarbild von ungewöhnlicher Ikonographie, in dem Landschaft und Licht religiös-allegorische Funktionen übernehmen. C.D. Friedrich entsprechend gelagertes Altarbild „Das Kreuz im Gebirge" löste 1809 einen Skandal aus, obgleich das zentrale christliche Symbol im Mittelpunkt steht. Eigentlicher Bedeutungsträger ist jedoch die romantisch empfundene, beseelter Landschaft. Ähnlich ging Ph. O. Runge vor, wenn er Elemente der Natur zu einer eigenen allegorischen Sprache zusammenfügt. Die Offenbarung des Unendlichen geht in der Romantik von der Heilsgeschichte auf die Natur, von der kirchlichen Verkündigung auf die künstlerische über. In einem weiteren Schritt entfernt sich die Malerei – immer an der Musik orientiert – auch von der Landschaft als Bildinhalt und dem Christentum als Bildaussage, abstrahiert weitgehend von gegebenen Anblicken zu malerisch gestalteten Flächen. Sternbald möchte bloß noch ‚Flecken' malen, ohne die Naturformen hervortreten zu lassen. Friedrich reduziert den Bildgegenstand tatsächlich so weit auf Farbflächen, dass er verfremdet erscheint und die zeitgenössischen Betrachter befremdet. Ein abstraktes Bild ohne jeden Gegenstand, allein von einem Gefühl oder Klang oder Farbeindruck ausgehend, wird von Tieck und Wackenroder postuliert und vom spätromantischen Maler W.M. Turner erstmals geschaffen. Bei Tieck und seinen Kollegen kommt allerdings die Praxis der Theorie nicht nach: Tieck und Wackenroder schildern weniger neuartige Bildschöpfungen mit Sternbalds und Berglingers Gemälden als vielmehr ihre Ahnungen davon und treten selber als Maler oder Musiker nicht hervor. Ph.O. Runge deutet in seinen Aufzeichnungen mehr an, als er auf die Leinwand bringen kann und C.D. Friedrich gelangt in der Abstraktion am weitesten, ohne eine entsprechende Theorie zu erstellen. Die Spitze der romantischen Revolution der Malerei bewegte sich hauptsächlich auf dem Papier, – auf dem Schreibpapier.

Anders sieht es mit der Dichtung aus, die ebenfalls der Musik nachfolgen und sich von ‚Inhalt' und ‚Bedeutung' – Gegenstand und Botschaft – befreien soll. Hier geht Tieck über die Schilderung von musikalischen und bildenden Kunstwerken hinaus, schafft mit einer in Klang und Bedeutung schwebenden Sprache selber Texte, die sich dem Ideal des absoluten Kunstwerks nähern. Die Musik gilt Tieck also als reinste Kunst, als eigene Welt über der Welt im freien Spiel der Töne und Empfindungen. Die Malerei soll ihre bisherigen Prinzipien – oder Fesseln – ablegen: Diese sind

1. Bedeutung
2. Raumillusion
3. Gegenständlichkeit

Mit dem ersten Punkt wird die Historienmalerei vom Thron gestürzt. Mit den weiteren wird auch die Übergangskunst der Landschaftsmalerei der Auflösung ausgesetzt:

1. Entgrenzung
2. Verschmelzung
3. Abstraktion

Das alles verbindende Licht löst die Gegenstände und den Tiefenraum in ein stimmungsgeladenes Helldunkel oder Farbenspiel auf. Tiecks Visionen gehen an die Grenze der gegenstandslosen, ja gestaltlosen Malerei. Sie werden wenig später bei C.D. Friedrich und W.M. Turner gemalte Wirklichkeit. Ph.O. Runge dagegen hält sich bei aller Freiheit der Erfindung, wie teilweise auch C.D. Friedrich, an eine strenge Komposition. Die neue Kunst bedeutet eine Absage an:

1. die kulturelle Tradition
2. den ästhetischen Kanon
3. die mimetische Funktion.

Damit werden die Maßstäbe der gesamten neuzeitlichen Kunst außer Kraft gesetzt, die den Körper um Raum abbildet und am meisten gilt, wenn sie eine religiöse oder politische Aussage vermittelt. Diese Veränderungen gehen ineinander über und können als ein Prozess beschrieben werden. Die ersten beiden Punkte könnte man unter dem Begriff ‚Emanzipation' zusammenfassen, den letzten als ‚Abstraktion' vom Gegenstand bezeichnen. Auf ihn soll es hier vor allem ankommen, doch ist er nicht von den anderen zu trennen. Als neue Ausgangspunkte für das künstlerische Schaffen setzt der junge Tieck eben solche, die eine Abstraktion als Emanzipation von der Mimesis bedeuten:

1. Empfindung
2. Klang
3. Farbe und Form.

Die Kriterien für das Kunstwerk sind also verlagert in den Prozess des Schaffens und Empfangens, damit auch subjektiviert oder doch psychologisiert und ästhetisiert: Sie liegen

1. im Künstler selbst
2. im Kunstbetrachter
3. in den künstlerischen Mitteln.

Statt ein Stück Welt abzubilden oder nachzubilden, besteht das Kunstwerk als freie Schöpfung, als eigene Welt, die über der ‚wirklichen' Welt schwebt. Doch gerade das bunte unabschließbare Kunstwerk spiegelt die Totalität der Welt im offenem Horizont wider. Im subjektiven Empfinden stellt sich eine tiefere Verbundenheit mit dem Weltganzen oder auch dem Transzendenten her; im Wechsel der Widersprüche deuten sich die unerschöpflichen Möglichkeiten der Welt an, nicht harmonisierbar, aber vielleicht in einer höheren Harmonie aufgehoben.

Vor allem in seiner Lyrik setzt Ludwig Tieck seine Grundsätze mit den Mitteln der Sprache in Kunstwerke um: Die Verse leben aus wechselnden Stimmungen, synästhetischen Naturbildern, bloßen Lautmalereien; sie befreien sich von Botschaft, Logik, Form, ringen sich von Strophe und Versmaß frei, verweigern sich endlich jedem Rhythmus und „Inhalt".

Ludwig Tieck geht in seinen ästhetischen Aussagen weiter als Wilhelm Wackenroder, der weitgehend dem religiösen Historienbild der Renaissance verhaftet bleibt und Friedrich Schlegel, der zu diesem eng begrenzten Ideal zurückkehrt. Anfangs hat Schlegel die Arabeske als neue Allegorie oder freies Spiel der Phantasie gefordert, gleichermaßen für Dichtung und Malerei. Was die poetische Theorie und Praxis betrifft, bleibt Wackenroder bei einem traditionellen, gefühlsbetonten Erzählstil, während Schlegel die Vereinigung der Gattungen, fortlaufende Unterbrechung und Selbstironie, Willkür und offene Form fordert und in seinem Romanfragment „Lucinde" umsetzt. Ludwig Tieck ahnt die verschiedenen Richtungen der romantischen Malerei voraus, wie sie sich bei Philipp Otto Runge, Caspar David

Friedrich und den Nazarenern darbieten. Zudem trägt es selber durch lautmalende Lyrik und ironische Selbstaufhebung zur Kunst der neuen Zeit bei. Unter dem Begriff „absolute Kunst" sollen also in den folgenden Erörterungen die Aspekte zusammengefasst werden:

1. autonome (nicht an Normen und Zwecke gebundene) Kunst
2. abstrakte (tendenziell gegenstandslose oder gestaltlose) Kunst
3. aufs Absolute (ironisch, allegorisch oder abstrakt über sich hinaus aufs Unendliche verweisende) zielende Kunst („Arabeske", „Hieroglyphe").

XIV. Herzensergiessungen eines kunstliebenden Klosterbruders (1796/97)

§ 30 Zuschreibung: Briefe aus Rom als „Ästhetische Religion"?

Die Freunde Wilhelm Heinrich Wackenroder und Ludwig Tieck, beide 1773 geboren, verfassen nach ihren gemeinsamen Reisen durch Franken eine Reihe von Aufsätzen, Erzählungen und Briefen zum Thema Kunst. Die „Herzensergießungen" erscheinen im Herbst 1796 bei Unger in Berlin unter dem Datum 1797 – anonym.[228] Da Wackenroder bereits Anfang 1798 stirbt, schreibt man das Büchlein lange Zeit hauptsächlich Tieck zu. Sein Anteil ist aber gering: In der ‚Nachschrift' des „Sternbald" beansprucht Tieck 1798 die Verfasserschaft für vier Tagebuchblätter oder Briefe über Künstler in Italien. In der ‚Vorrede' zu Wackenroders Nachlass „Phantasien über die Kunst, herausgegeben von einem Klosterbruder" (1812) gibt er zu, dass er seine Gedanken im „Brief eines jungen deutschen Malers" selber nicht mehr von denen seines Co-Autors unterscheiden könne. Er habe nur einiges hinzugefügt oder weggelassen. So nimmt er den Text unter Wackenroders Werken auf. Dazu kommt, dass Wackenroder ein entsprechendes Bekehrungserlebnis im Bamberger Dom erfuhr, und zwar ohne Tiecks Beisein.[229] In der wohl ebenfalls von Tieck verfassten ‚Vorrede' entschuldigt sich der Erzähler für seinen Stil, der ‚nicht im Tone der heutigen Welt' abgefasst sei. Tieck projiziert seine Ablehnung des ‚kalten, kritisierenden Blickes' auf die Kunst; er nennt den Kritiker Ramdohr, um der ‚gottlosen' Beurteilung eine

[228] Im Folgenden ohne Titel- und Seitenangabe zitiert aus der Reclam-Ausgabe Hrsg. Richard Benz, Stuttgart 1997

[229] Anger 489

religiöse Verehrung glaubwürdig entgegenstellen zu können. Diese bezieht sich, wie im Folgenden ausgeführt wird, sowohl auf die christlichen Inhalte der Kunst als auch auf die Kunst als religiöses Phänomen. Der Klosterbruder hat eine sakramentale Auffassung von Kunst; zugleich ästhetisiert er die religiöse Rede.[230] In Tagebuchzeilen formuliert er seine „Sehnsucht nach Italien" und rühmt „das gelobte Land der Kunst". Er drückt das Verlangen aus, das Leben der „heiligen Kunst" zu weihen (12). Das lyrische Ich des folgenden Gedichts fühlt sich verstoßen, da es erst in Italien seine „Heimat" finden könne (13). Der „Brief des jungen florentinischen Malers Antonio" schildert dann Kunsterfahrungen in Italien: Raffaels Werke machen den Betrachter „himmlischtrunken", „reiner und heiliger", lassen ihn „fast ohne Bewusstsein" arbeiten (26). Antonio vermischt ästhetische und religiöse Gefühle mit der Liebe zu seiner Braut Amalia (so hieß auch Tiecks Verlobte). In Raffaels Madonnen kommt für Tieck alles zusammen. Darin weist „Jacobos Antwort" ihn zurecht. Der ältere Freund fordert eine klare Rangfolge: zuoberst die Religion, die Kunst als „himmlische Geliebte" in der Mitte, dann erst die irdische Geliebte (28). Er warnt vor allzu großer Subjektivität des Künstlers, der doch nichts als Werkzeug zur Verherrlichung des Himmels sein dürfe (27). Der „Brief eines jungen Malers in Rom an seinen Freund in Nürnberg" stellt Italien als Natur- und Kunstparadies der Heimat gegenüber (81f.), vergleicht die „irdischen" Gestalten Dürers mit den „himmlischen" Raffaels (82f.). Dann eröffnet der junge Künstler seinem Freund, dass er sich mit einem römischen Mädchen verlobt habe und dem katholischen Glauben zugeneigt sei (83). Zur Erklärung schildert er sein Bekehrungserlebnis im Pantheon: Ein festlicher Gottesdienst in dem „herrlichen Tempel" erregt seine Sinne und bereitet sein „Inneres" für etwas Besonderes vor. Die „allmächtige Musik" ist es dann, die seine „Seele ganz aus ihrem Körper heraus" zieht, „immer höher empor" hebt, ihn „trunken" macht (84). Die Gebete und Gebärden des Volkes, die himmlische Kuppel und die Heiligenfiguren auf den Altären bewegen ihn, niederzuknien und endlich zum katholischen Bekenntnis zurückzukehren. Schon der romantische Dichter Eichendorff vertrat 1851 die Meinung: „Dieser Katholizismus der Romantiker war also wesentlich nur eine ästhetische Religion."[231] Diese Meinung setzt sich durch, wobei der Brief aus den „Her-

---

[230] Bollacher 111f.

[231] Anger, Alfred: Anhang und Nachwort zu „Franz Sternbalds Wanderungen", Stuttgart 1979, 533

zensergießungen“ als Prototyp der Bekehrungen und Konversion gilt. Dem ist entgegenzuhalten, dass die protestantische Überzeugung des Verfassers auch durch die Reden seiner Verlobten ins Wanken gebracht wurde (83f.), und dass er sich dem "heiligen Geschehen" des Gottesdienstes zuwendet (86), sich also von der Kunst Glaubensinhalte vermitteln lässt. Nicht allein die Kunst, viermal als „allgewaltig“ oder gar „allmächtig“ apostrophiert (83-86), verehrt er, sondern auch ein „unsichtbares Wesen in unserem Herzen“, das von ihr angezogen werde (83), eine „unbekannte Macht“, die hin vor der Hostie zu Boden ziehe (85). In der „allmächtigen Musik“, die ihm seine Adern und sein Gebein durchdringt (84f.), verkörpert sich ihm eine höhere Macht, so wie das „allmächtige Kuppelgewölbe“ für ihn zum „allumfassenden Himmel“ wird und seinen EntSchluss segnet. „Ästhetische Religion“ heißt in diesem Text nicht Glaube *an* die Kunst, sondern Glaube *durch* die Kunst der Offenbarung der christlichen Religion. Das Entscheidende an der Kunst ist dabei ihre Wirkung auf Sinne und Gefühl, und von daher kann auch die Wendung zur katholischen Kirche begründet werden.

Zwei ähnliche Texte aus Wackenroders schmalem Werk bezeugen uns, dass der Grundgedanke auf ihn zurückgeht. In der Berlinger-Novelle schildert er, wie der junge Mann in der bischöflichen Residenz – es könnte sehr wohl Bamberg gemeint sein – bis ins Innerste von der Musik ergriffen wird.[232] In der Reisebeschreibung Bambergs an seine Eltern vom 23.7.1793 hält er sich zwar – möglicherweise aus Rücksicht auf die Adressaten – in der Schilderung des Hochamtes im Dom zurück[233], versucht seine Teilnahme an religiösen Gebärden zu rechtfertigen und kann seine Ergriffenheit doch nicht verbergen. „Ich fiel aufs Knie, denn ich hätte mich gewiß dem Unwillen der Leute ohnedies ausgesetzt; auch würde es mir in der Tat schwergefallen sein, so isoliert stehenzubleiben, da eine ganze Welt um mich herum niedersank, und mich alles zur höchsten Andacht stimmte; mir würde hier gewesen sein, als gehörte ich nicht zu den Menschen.“[234]

Bemerkenswert ist das in allen drei Texten aufgegriffene Motiv des Posaunen- oder Trompetenschalles, das die „innere Andacht“ einleitet.[235] Zur Prozession am folgenden Tage merkt er ausdrücklich an, man hätte ihn genö-

---

[232] Herzensergießungen eines kunstliebenden Klosterbruders. Hrsg. Richard Benz. Stuttgart 1979. (Nach der Erstausgabe von 1797.) 105

[233] Wackenroder 533ff.

[234] Wackenroder 536

[235] Berglinger: Herzergießungen 105; Brief aus Rom: Ebd. 85; Brief aus Bamberg: Wackenroder 536

tigt, den Hut vor der Hostie abzunehmen; zugleich gesteht er noch mehr als religiöse Gefühle und erfährt an sich selbst den religiösen Eifer eines Katholiken.Diese Parallelen und die klare Unterordnung der Kunst unter die Religion in den Rom-Briefen der „Herzensergießungen" lassen darauf schließen, dass Tieck sich noch stark von Wackenroder leiten ließ oder überhaupt nur seine Entwürfe überarbeitete, wie er es für den letzten und wichtigsten Brief später selber zugibt.[236] Tieck, zu jener Zeit verlobt, fügt wohl die Liebesgeschichten in die ästhetisch motivierten Bekehrungserlebnisse ein. Hauptsächlich ist der „Klosterbruder" und damit die von ihm vertretene Ästhetik aber Wackenroders Schöpfung. In jedem Falle muss man sich vergegenwärtigen, dass die beiden Autoren, wie sie selber es ausdrücken, „unsre gegenseitigen Meinungen miteinander mischten und in eine Masse kneteten."[237]

§ 31 Künstlerviten und Essays: Kunst und Natur als Religion

Unter der Maske des Klosterbruders entwickelt Wilhelm Heinrich Wackenroder seinen Kunstbegriff an Gemäldebeschreibungen und Lebensgeschichten Dürers und italienischer Renaissancemaler, denn er will Kunstgeschichte auch als Künstlergeschichte schreiben (102). An vielen Beispielen, zum großen Teil von Vasari übernommen, illustriert er, was er in den theoretischen Ausführungen in der Mitte zusammenfasst: das Verhältnis der Kunst zur Religion, zur Natur, zum Leben. Am verehrten Meister des „Klosterbruders", Albrecht Dürer, treten viele Züge hervor, die wir später in Tiecks „Sternbald" wiederfinden: Seine „vaterländische" Kunst sei „redlich" und „kräftig", eher realistisch gegenüber der „idealischen" Raffaels (57). Die Betrachtung seiner Bilder sei einer „geistlichen Betrachtung" vergleichbar (54). Die schlichten, glaubwürdig frommen Gestalten Dürers stächen die äußerlich blendende Schönheit der gegenwärtigen Künstler aus (53). Der Meister habe die „Seele der Kunst [...] auf einmal" erfasst, die durch alle „Außenwerke der Kunst" nur ergänzt werde (55). An der italienischen Renaissance zeigt Wackenroder, dass ein Kunstwerk nie aus seinen Elementen

[236] Bollacher, Martin: Wackenroder und die Kunstauffassung der frühen Romantik. Darmstadt 1983. Erhält den „Brief aus Rom" (S. 17). Benz schreibt gerade die katholisierende Tendenz ausschließlich Tieck zu (S. 132). Nehring spricht vom in Wechselwirkung entstandenen „Gemeinschaftswerk" (S. 164f.). Da Wackenroders Anteil, angesichts des Briefes aus Bamberg nicht auszublenden ist, dürfte das die treffendste Bezeichnung sein.
[237] Wackenroder 383 (Brief an Tieck 1792)

entstehen kann, sondern nur aus der Idee des Ganzen (22), wie sie sich in Raffaels Traum von der Madonna verkörpert (10f.). Die Kunst ist auch für den Meister nicht erlernbar, bleibt „Geheimnis", Inspiration, und zwar für wenige Auserwählte (24), wenn sie sich auch mit Wissenschaft verbinden kann wie bei Leonardo (36). Wenn Wackenroder Gemälde schildert, handelt er eigentlich von Gemütszuständen, von den Gefühlen der dargestellten Personen und des Betrachters im Bild oder vor dem Bild: Maria und Johannes bestaunen das Jesuskind (42f.), ein junger Künstler die alten Meister (87ff.). An den rein malerischen Qualitäten ist Wackenroder wenig interessiert, im Gegenteil, sie können die Aussage verdecken. Die Gefahr des zeitgenössischen Geschmacks liege ja gerade in der Täuschung durch Licht und Schatten, Farbe und Glanz, kunstreiche Komposition (53). Sache des Künstlers sei es allein, seine innere Vorstellung umzusetzen, die er durch Glaube und Gefühl als Inspiration empfing. Den Weg des Schaffenden – Demut, Gebet, Einfühlung – müsse auch der Betrachter zurücklegen; Kunstschaffen sei ebenso Gebet wie Kunstgenuss (102, 72f.). An den alten Zeiten rühmt der Klosterbruder, sie hätten „die Malerkunst zu treuen Dienerin der Religion" gemacht, ohne den „eitlen Farbenprunk" und ohne zu „klügeln und zu kritisieren" 100f.), – Seitenhiebe gegen den Schimmer des Rokoko und den Rationalismus der Aufklärung. Das eigentliche Mittelalter kommt gar nicht vor, die Kunst beginnt erst mit Giottos Lehrer Cimanbue (97). In der Reisebeschreibung Bambergs von 1793 hatte Wackenroder die „sehr alten" Heiligenbilder als „sehr häßlich" charakterisiert.[238] Andere Kunstgattungen als das religiöse Historienbild bleiben außer Betracht, andere Epochen als die Renaissance zählen nicht. Nur der Eindruck des Katholizismus bricht in den Briefen aus Rom durch. Die Nachtseite der Romantik meldet sich im Lebensbild der Piero di Cosimo. Seine „Phantasie" (66) und „Melancholie" (70) hätten seine Aufmerksamkeit auf „monströse" und häßliche Naturbildung gerichtet; in „befleckten, buntfarbigen Mauern" oder Wolken hätte er Schlachten und „Gebirgslandschaften" mit Städten hineingesehen (66) und er hätte bevorzugt „Bacchanale" und „Ungeheuer" gemalt (70). Diesen ungebärdigen Geist erkennt der Klosterbruder nicht an, die „finsteren Wolkenregionen der Luft" sind ihm unheimlich (70). Hier tritt der Autor in seiner inneren Zerrissenheit hinter seinem fiktiven Erzähler hervor. Als Klosterbruder definiert Wackenroder die Aufgabe des Künstlers folgendermaßen:

[238] Wackenroder 538

„Der Künstlergeist soll, wie ich meine, nur ein brauchbares Werkzeug sein, die ganze Natur in sich zu empfangen, und, mit dem Geiste des Menschen beseelt, in schönerer Verwandlung wiederzugebären." (70) Das Kunstwerk existiert in einer religiösen Sphäre (72f.). Der Mensch kann in sie eintreten, sich aber nicht über sie erheben, wie Wackenroder mit zwei Hervorhebungen in einem kurzen Satz zusammenfasst: „Die Kunst ist über dem Menschen" (75). Die Größe der Meister liegt, außer in ihrer Frömmigkeit, in ihrer Originalität: „Sie schöpfen die ganze neue Herrlichkeit aus sich selber". (80) An die Stelle der klassischen Kriterien des Kunsturteils „schön und vortrefflich" treten die auf die Persönlichkeit des Künstlers bezogenen Begriffe „richtig und wahr" (77). Noch über Michelangelo und Dürer wird der „göttliche" Raffael gewürdigt, der das „ganze Wesen der Kunst" neu erfasst habe (79). Der Aufsatz über die „Toleranz" verwirft jegliche normative Ästhetik als „Systemglauben" (49). Jedes Kunstwerk habe seine eigene Schönheit, jede Zeit ihren Stil (48f.). Jede Stimme in Natur oder Kunst sei gottgewollt, und „dem ewigen Geiste löst sich alles in Harmonie auf" (46), zur „allgemeinen, ursprünglichen Schönheit" (50). Der Essay über die „zwei wunderbaren Sprachen" setzt Natur und Kunst ebenfalls zueinander in Beziehung und stellt sie über die Sprache der Worte, welche nur das „Gehirn" berührt, nicht die „Sinne" oder vielmehr das ganze Wesen (63). Worte können nur das Irdische fassen, nicht „das Unsichtbare, das über uns schwebt" (60). Die Natur erweckt im Menschen „dunkle Gefühle" und ist damit gerade das „deutlichste Erklärungsbuch" der Heiligen Schrift (61). Die Kunst schmilzt das Unsinnliche ins Sinnliche hinein (62) und zeigt das Göttliche in menschlicher Gestalt (63), auch sie wirksamer als moralische Systeme und „geistliche Betrachtung" (63). Die Kunst ist eine zweite, von begnadeten Menschen vollzogene „Schöpfung" (63), wie die Welt Gottes „Kunstwerk" ist (64). Die freie Landschaft wird dem Klosterbruder zum Andachtsraum wie seine Kirche mit dem Bilde Christi (64). Wilhelm Wackenroder möchte Naturfrömmigkeit und christlichen Glauben zu einer sinnlichen Religiosität vereinen – daher die Mittelfigur des katholischen Geistlichen.

Die Ästhetik der „Herzensergießungen" ohne Berglinger-Novelle und Rom-Briefe, lässt sich folgendermaßen zusammenfassen:

1. Das Renaissance-Ideal (vor allem Raffael und Dürer) ist Vorbild, aber nicht Norm.
2. Jede Epoche und jeder Künstler müssen ihrer Eigenart folgen.

3. Frömmigkeit und Genialität bilden die Grundlage des Kunstschaffens und damit den Maßstab des Kunsturteils.
4. Kunstfertigkeit kann Inspiration nicht ersetzen. Das Ganze des Kunstwerks ist mehr als seine Elemente.
5. Das Genie kann das Maß des Frommen und Schönen sprengen, das Dunkle und Chaotische in die Kunst hineinziehen.
6. Malerische Methoden sind sekundär, bleiben an Bildinhalt und -aussage gebunden.
7. Das Naturgefühl wird in den christlichen Glauben eingegliedert.
8. Die Welt der Kunst ist eine zweite, höhere Schöpfung im Bereich des Religiösen.

§ 32 Berglinger-Novelle: Ambivalenz und Abstraktion

In dieser Künstlergeschichte zeichnet Wilhelm Wackenroder ein anderes Bild der Kunst als in den Lebensbildern der alten Meister. Er schließt die „Herzensergießungen" damit und öffnet sie zugleich nach vorne, indem er der Kunst ahnungsweise eine neue Perspektive eröffnet. Wackenroder wählt die Musik als geistigste der Künste aus und baut von Anfang an eine Spannung zwischen ihr und dem alltäglichen Leben auf. Der junge Joseph Berglinger will der häuslichen Armut und dem aufgezwungenen Medizinstudium ins schwerelose Zauberreich der Musik entfliehen. Sie erweckt in ihm Bilder und Worte, Empfindungen und Erleuchtungen (106ff.), spricht – je dunkler, desto klarer – Wahrheit aus (108). Er gibt sich mit Leib und Sele in sie hinein, wird selber „ganz ein Spiel der Töne" (107). Nachher ziehen ihn Arbeit und Elend umso mehr zu Boden. Es bleibt offen, ob seine Sehnsucht gerechtfertigt ist, ob der ‚poetische Taumel' oder das ‚prosaische Leben' sein Weg sei. Kunst und Leben erscheinen als zwei getrennte und unvereinbare Sphären. Die Musik bietet Erhebung über die Erde, – ob als Erlösung oder Flucht, überlässt der erzählende Klosterbruder dem Leser zu Entscheidung. Das „Zweite Hauptstück" lässt Joseph Berglinger selber sprechen, der inzwischen als Kapellmeister zu Erfolg gelangt ist und an seinem Lebensziel verzweifelt ist. Drei Hindernisse haben sich zwischen ihn und die Musik gestellt. Zuerst hatte er im Studium die Enttäuschung verwinden müssen, dass auch die gefühlsmächtige und scheinbar überirdische Tonkunst auf „mathematischen Gesetzen" und technischen Apparaten beruht, dass das musikalische Schaffen auch mühsam auf logischem Wege erlernt werden muss (116). Als Komponist stößt er ein zweites mal auf die Tatsache, dass auch die Kunst ein weltlich Ding ist. Das Publikum in der bischöflichen Residenzstadt ist eine eitle, vergnügungssüchtige und vernünftelnde Gesellschaft. Es will sich die Kunst dienstbar machen und versteht nichts von der Empfindung, die der Künstler in sein Werk gelegt hat. Auch das Verhältnis zwischen Kunst und Künstler wird von zwei Seiten beleuchtet. Der Komponist will die Zuhörer bewegen, sich seinem Wesen hinzugeben (116); zugleich weiß er sich als Werkzeug der Kunst, der die eigentliche Verehrung gebührt (118). Wieder kommen Geniekult und Kunstkult zusammen. Joseph Berglinger gerät auf die Idee, ein Künstler müsse nur „zu seiner eigenen Herzenserhebung und für einen oder ein paar Menschen, die ihn verstehen", und der kommentierende Pater stimmt ihm bedingt zu (120). Damit sind die Konflikte zwischen Empfindung und Berechnung, zwischen künstlerischem und rationalem Menschen gelöst. Aber das Reich der reinen Musik hält dem Anprall der irdischen Wirklichkeit nicht stand: Die Verelendung seiner Familie, die er verlassen hatte, treibt Berglinger in die Verzweiflung. Seine letzten Kräfte legt er in die Passionsmusik. Sofort nach der Uraufführung bricht er zusammen, um in der Blüte seiner Jahre an einem Nervenfieber zu sterben, – wie bald darauf Wackenroder selbst, dem die musikalische Laufbahn durch sein Jurastudium versagt geblieben war. Der trauernde Klosterbruder stellt daraufhin die Überlegung an, ob der künstlerische Mensch seine Kreativität nicht in den Kunstgenuss und ins tägliche Leben einbringen könne, ja ob diese Fähigkeit nicht eine größere Kunst sei als diejenige, ein gesondertes Reich der Kunst zu begründen (123). Auch er selber hat ja so gehandelt, als es sich von seinen künstlerischen Versuchen abwandte, hielt sich allerdings nicht für hochbegabt (5). Er schließt seine Blätter mit einem Vorbehalt gegenüber der Künstlerexistenz: „Und muss der Immerbegeisterte seine hohen Phantasien doch auch vielleicht als einen festen Einschlag kühn und stark in dieses irdische Leben einweben, wenn er ein echter Künstler sein will?" (123)

Noch einen weiteren Punkt geht die Novelle über die Ästhetik der übrigen „Herzensergießungen" hinaus: An einer Stelle wünscht sich Berglinger, er könne sein Gefühl von einem Kunstwerk „mit einem Striche auf eine Tafel hinmalen, wenn's eine Farbe nur ausdrücken könnte" (117).

Hier wird die Möglichkeit ausgesprochen, Klang in Gefühl und dann in Farbe zu übersetzen. Im Unterschied zu Wackenroders sonstigem Begriff von Malerei ist hier nicht an einen religiösen Inhalt, nicht an eine Figur,

überhaupt nicht mehr an einen Gegenstand gedacht. Merkwürdigerweise taucht mitten in der einzigen einem Musiker gewidmeten Geschichte die Malerei auf, und damit für uns die Frage, ob eben die abstrakte Musik Wackenroder auf diese Idee brachte oder sein Freund Tieck, der sie im „Sternbald“ wiederaufgreifen sollte. Eine weitere Andeutung der Abstraktion findet sich sonst nur im Lebensbericht des Piero di Cosimo, der in Flecken und Wolken Dinge und Landschaften hineinsieht (66).
Der „Berglinger“ kann nicht restlos Wackenroder zugeschrieben werden, noch weniger der „Brief von Rom“ Tieck. Für alle Teile der „Herzensergießungen“ gilt ohnehin, dass die beiden Freunde alles ausführlich miteinander besprechen und ihre Gedanken schon so weit miteinander entwickeln, dass eine Scheidung nicht möglich ist, – wie wir sehen, nicht einmal für sie selbst. Es scheint aber so, dass Wackenroder die Kunst der kirchlichen Religion und damit überlieferten Kunstdealen unterstellt, während Tieck sie von beiden emanzipieren will. Erst in den ‚Phantasien über die Kunst' tritt seine eigene Haltung hervor.

XV. Phantasien der Kunst (1799)

§ 33 Ausgaben und Verfasserschaft

In der Vorrede der 1799 bei Berthes in Hamburg erschienenen Fortsetzung der „Herzensergießungen“ schreibt Tieck die meisten Aufsätze dem verstorbenen Wackenroder zu. Auch weist er auf den kräftigen Stil und die „kühnere Vorstellungsart“ des Freundes hin (5). Man hat versucht, die Zuordnung Tiecks anzuzweifeln, zumal er ihr entgegen der „Brief Berglingers“ 1814 unter Wackenroders Werke aufgenommen hat, das Gedicht aus dem „Morgenländischen Märchen“ dagegen 1821 unter seine eigenen Gedichte.[239] Als Hauptargument gilt der verzweifelte Ton der Texte, den man dem heftigen und zerrissenen Charakter Tiecks, nicht aber dem angeblich harmonischen Wackenroder zutraut. Dabei geht man von einem festen Bild Wackenroders aus, das aber schon durch andere eindeutig aus seiner Feder stammende Schriften widerlegt ist, vor allem die Berglinger Novelle.[240] Im Folgenden wird daher grundsätzlich an Tiecks Zuschreibung festgehalten.

---

[239]Nehring, Wolfgang: Nachwort zu den „Phantasien über die Kunst“. Stuttgart 1983. 143f.
[240] Nehring 144.

Die Kontinuität zu den „Herzensergießungen“, der in der vermittelnden Person des „Klosterbruders“ sichtbar ist, unterstreicht Tieck durch den erweiterten Titel: „Phantasien über die Kunst. Von einem kunstliebenden Klosterbruder“ (Berlin 1814). Dieser Band enthält alle von Tieck Wackenroder zugeschriebenen Texte beider Schriften.

§ 34 Wackenroder: Das Reich der Kunst – Erlösung oder Illusion

Der erste Aufsatz ist wieder der Idealfigur Albrecht Dürer gewidmet. An seinem fleißigen und frommen Lebenswandel will der Autor den erstrebenswerten Zusammenklang der beiden Größen Kunst und Religion demonstrieren: „ daß, wo Kunst und Religion sich vereinigen, aus ihrem zusammenfließenden Strömen der schönste Lebensstrom sich ergießt“ (16). Diese beiden führen den Menschen, spiegeln die ganze Welt und offenbaren das Wesen der Dinge. Ähnlich werden in der Schilderung der Peterskirche Kunst und Religion als Manifestationen „göttlicher Kräfte“ ausgelegt, deren Werkzeug der Mensch ist: Der Petersdom ist das steingewordene Idealbild der „frommen Kunst“ (38). Demgegenüber werden Vergänglichkeit und Elend des Menschenlebens gegenübergestellt: Was bleibt vom Arbeiter, der an dem Zeichen der Ewigkeit mitwirkte, was nützt es dem Armen? Hier werden diese Vorwürfe im Namen von Kunst und Religion zurückgewiesen (39f.). Sofort wird aber auch die Ewigkeit der Kunst angezweifelt: Auch ein Weltwunder verschwindet vor der ganzen Welt und dem Weltall (40). Der zweite Teil der „Phantasien“ – Joseph Berglinger zugeschrieben (58) – beschäftigt sich vorwiegend mit der Musik. Er setzt ein mit dem „Wunderbaren morgenländischen Märchen von einem nackten Heiligen“. (63) Ein Einsiedler fühlt sich ans dröhnende Rad der Zeit gefesselt und wird davon in den Wahnsinn getrieben. Zwei Liebende im Boot, in die Mondnacht und in ihre Musik aufgelöst, bringen ihm Erlösung:
„Mit dem ersten Tone der Musik und des Gesanges war dem nackten Heiligen das sausende Rad der Zeit verschwunden“ (63). Zugleich ist er „aus seiner irdischen Hülle befreit“ und verliert sich selber in klingende Firmament, zum „Genius der Liebe und Musik“ geworden. (63) Die Musik unterbricht den unerbitterlichen Lauf der Zeit und enthebt in die Ewigkeit. In der anschließenden hymnischen Betrachtung „Die Wunder der Tonkunst“ führt Wackenroder diesen Gedanken aus: Die Musik erlöst den Menschen von allen irdischen Bedrängnissen und tritt dabei als „heilende Göttin“ an die

Stelle der Religion: „oh, so schließ ich mein Auge zu vor allem Kriege der Welt – und ziehe mich still in das Land der Musik als in das Land des Glaubens zurück, wo alle unsre Zweifel und unsre Leiden sich in ein tändelndes Meer verlieren.“ (65) Die Kunst löst nicht die Probleme der Welt, sie erlöst davon; „statt aller Antwort und Offenbarung“ schenkt sie Entrückung und Entzücken (65). Sie wirkt aber doch auf die Welt zurück, indem sie „umfassende Liebe“ (66) und „Heiterkeit“ (68) im Angesicht der wirren Welt verleiht. Das Reich der Musik wird unter denselben Aspekten hinterfragt wie schon in Berglingers Äußerungen in den „Herzensergießungen“: mathematisch-mechanischer Ursprung der Tonkunst (66), Zeitlichkeit, Vergänglichkeit, Nichtigkeit auch der Musik (64), Vermischung der Verehrung des Künstlers als menschlichem Schöpfer mit dem göttlichen Schöpfer (67) und völlige Loslösung von der Welt (65). Doch ist hier alles in Gelassenheit, ja Staunen gewendet, was Berglinger am Ende der Novelle in die Verzweiflung treibt. Die Musik ist aus jeder Bindung an einen Zweck oder an eine religiöse Botschaft befreit. Sie bildet ihre eigene Traumwelt, die aber die menschliche Welt abspiegelt und den Menschen nur entführt, um ihn auch mit seinem „wirklichen“ Dasein wieder zu verwöhnen:

„Ist nicht das ganze Leben ein schöner Traum? Eine liebliche Seifenblase? Mein Tonstück desgleichen“ (64).

Die Behauptung, die Musik lasse einen geheimen Zusammenhang aller Dinge aufleuchten (68), wird im Aufsatz „Von den verschiedenen Gattungen in jeder Kunst“ gesteigert: Auch in den verworrenen Klängen der Welt sieht der Künstler wie der Priester das Antlitz des Schöpfers (71). Die Harmonie ist hier wieder explizit religiös gedeutet. Das Schiff auf dem „offenen Meer des Gefühls“ wird vom „himmlischen Hauch von oben“ gelenkt (70). Innerhalb jeder Kunst ist der „gottgeweihete Bezirk“ (71) der ehrwürdigste. Im „Fragment aus einem Briefe Joseph Berglingers“ stellt sich die Sache wieder anders dar. Die Welt ist hier ein „Schauspiel“ (76) oder „Brettspiel“ (77), trümmerhaft und todgeweiht. Ihr steht die Kunst als Reich der Ewigkeit gegenüber, erhaben und beständig (77). Will der Mensch weder dem ergebnislosen „eintönigen Wechsel“ der Weltläufe noch der Erkenntnis und damit der Verzweiflung anheimfallen, bleibt ihm nur, sich an der Kunst festzuhalten, „die uns vom Himmel herab die leuchtende Hand bietet, dass wir über dem wüsten Abgrunde in kühner Stellung schweben, zwischen Himmel und Erde (77). Der Essay „Das eigentümliche innere Wesen der Tonkunst“ stellt die Musik über die Sprache, das Gefühl

über den Begriff (81) und definiert auch die Dichtung als Verdichten der Gefühle (83f.). Das Kunstwerk schmilzt „Gefühl und Wissenschaft" ineinander (80). Entscheidend ist die Aussage, die in der Kunst gespiegelten und von „ihr erweckten Gefühle bewegten sich unabhängig von der Welt" und „[...] die idealistische, engelreine Kunst weiß in ihrer Unschuld weder den Ursprung noch das Ziel ihrer Regungen, kennt nicht den Zusammenhang ihrer Gefühle mit der wirklichen Welt." (83) Hier eröffnet Wackenroder unter der Maske des Komponisten Berglinger der Kunst das autonome Reich, das er ihr in Gestalt der Malerei versagt hatte, – abgesehen von der einen Bemerkung in den „Herzensergießungen", die ebenfalls Berglingers Feder zugeschrieben wurde. Verglichen mit dem Klosterbruder erscheint er als die innovativere Figur der ästhetischen Schriften. Auch die Ambivalenz der Musik kommt in diesem Text voll zu Geltung: Als Spiegel der Seele umfasst die Zufriedenheit und Sehnsucht, Wollust und Melancholie, „mutwillige [...] Laune" und „groteske [...] Nachäffung", wobei die einzelnen Eigenschaften auch in sich zweideutig geschildert werden, z.B. die Zufriedenheit als harmonisch oder beschränkt, die Melancholie als das Leiden schmerzlich erfahrend und in ihm wühlend (84f.). Musik und Schicksal gleichen beide einem „fast wahnsinnigen pantomimischen Tanz" (86):
„Und eben diese frevelhafte Unschuld, diese furchtbare, orakelmäßig zweideutige Dunkelheit macht die Tonkunst recht eigentlich zu einer Gottheit für menschliche Herzen" (86). Man betrachte die drei Gedankenstriche, mit denen der Autor wie oben seine Charakteristik der Musik als Inbegriff der Kunst unterstreicht. Auch hier entschließt er sich am Ende zur Flucht in die Musik und deutet das Gefühl der Erlösung wieder als „Umarmung des allliebenden Himmels" (87). Zweifel und Zweideutigkeit werden zu Gewissheit und Eindeutigkeit, der frevelhafte Tanz der Töne zum heiligen Tanz, in dem die Seele von der irdischen Seeligkeit zur himmlischen hinstrebt. Soll das bedeuten – da die Musik offenkundig dieselbe bleibt –, dass der Mensch die Kunst zur Religion hin durchsichtig macht? Explizit – nicht inhaltlich könnte dies zutreffen, religiöse Musik bzw. Kunst würde so von der illusionären Entrückung zur tatsächlichen Erlösung werden. Die Grenzen sind bei Wackenroder schwer zu ziehen. Alles bleibt in der Schwebe.
Im „Brief Joseph Berglingers", dessen letzte Redaktion wohl Tieck übernommen hat, da er ihn zunächst für sich beanspruchte, ist die Gefahr dieser Kunstauffassung klar formuliert: Aus der Vergöttlichung der Kunst kann eine Vergötzung werden, aus der Zweckfreiheit, Unfruchtbarkeit fürs Leben.

Sie erscheint als trügerische Paradiesfrucht, die zum „selbsteigenen Genuss“ verführt und die „Heerscharen des Elends“ verdrängt, die Offenbarung des Menschengeistes verheißt und bloß Projektionen seines eigenen Wunschbildes bleibt, ja „die ursprüngliche Natur des Menschen frevelhaft verscherzt“ (88f.). Daraus entstehen dem Künstler Mitleid, Scham, Angst, massive Selbstzweifel, auch in Form der Selbstironie:
„Und mitten in diesem Getümmel bleib ich ruhig sitzen wie ein Kind auf seinem Kinderstuhle und blase Tonstücke wie Seifenblasen in die Luft [...]“ (89). Der ästhetische Standpunkt verführt den Künstler in letzter Konsequenz dazu, die Bühne für die wirkliche Welt und die Welt für ihre schlechte Nachahmung zu halten (90). Auch wenn Tieck den Text überarbeitet, lässt sich der Gedanke vom Sündenfall der Kunst auf Wackenroder selbst zurückführen, der auch in anderen Teilen der ästhetischen Programmschriften die Erlösung durch die Kunst als eigensüchtigen Selbstbetrug zu entlarven sucht, als Erlebnis, dem keine äußere Wirklichkeit entspricht. Der Zwiespalt, ob das Reich der Kunst das Paradies sei oder der Sündenfall, bleibt ungelöst. Die Musik schwebt „zwischen Transzendenz und Immanenz, zwischen Religion und Illusion“[241]; sie zeigt die Zerrissenheit des modernen Menschen, während die Malerei die Harmonie der Vergangenheit vermittelt.[242] Ambivalent erscheint bei Wackenroder allein die Tonkunst, integer die Malerei, die nicht als moderne, abstrakte und damit ebenfalls fragwürdig „absolute“ Kunst in Erscheinung tritt wie bei Tieck, sondern ausschließlich als naives und strahlendes Glaubenszeugnis der Vergangenheit.

§ 35 Tieck: Das Reich der Kunst – Versöhnung aller Widersprüche?

Zu den „Phantasien“ hat Ludwig Tieck die meisten Texte des ersten Teiles und den Schluss des Zweiten beigesteuert. Im Wesentlichen schließt er sich den ästhetischen Anschauungen seines Kollegen an.
Im „Hymnus an Raffaels Bildnis“ wendet er sich als Klosterbruder an den „letzten Urquell“, die „Unendlichkeit des Lebens“, bewusst ohne Namensnennung. Die Gottheit erfährt der Mensch mit ambivalenten Gefühlen: Entzücken und Entsetzen (27). Daher offenbart Gott sich in dem Menschen erträglichen Formen: in Religion und Kunst. In der Person Raffaels fällt bei-

[241] Bollacher, Martin: Wackenroder und die Kunstauffassung der frühen Romantik. Darmstadt 1983,104
[242] Bollacher 110f.

des zusammen, er ist Heiliger und Künstler (28); ja er wird als Schutzgeist und Vorbild im Sinne der katholischen Heiligen aufgerufen. Anschließend würdigt der Geistliche Michelangelo, dessen Bilder religiöse allegorische Aussagen vermitteln (32f.). Ebenso könne die Natur als Allegorie erscheinen (31). Die Phantasie wird der Religion insofern untergeordnet, als sie eine Äußerung der Zeit ist und mit dem Jüngsten Gericht vergeht, während die „Religion" ihr Urteil spricht, das offenbar der Ewigkeit angehört (35).
Der Essay über „Billigkeit, Mäßigkeit und Toleranz" beginnt mit einer Schilderung über „Enthusiasmus", der sich gleichermaßen an Kunst oder Natur entzünden könne, um sich aus dem „Einklange mit der sichtbaren und unsichtbaren Welt" heraus bis zum Gebet zu steigern (46). Die Harmonie der Natur bezieht sich also auf die umfassende Einheit von Erde und ‚Himmel'. Die Kunst erscheint als Weg zur Religion über das „glühende Gefühl". In den „Symphonien" setzt Tieck die Kunst mit der „Religion" gleich, mit der „Erlösung" und dem „Land des Glaubens" (106). In den „Tönen" wird die Musik zur „paradiesischen Gegend":
„Wie im stürmenden Ozean eine selige Insel, wie eine Abendröte, die sich plötzlich zum dichten körperlichen Wesen zusammenzieht, uns auf ihren Wolken aufnimmt, uns aus der Nacht hier unten erlöst und uns mit den hellesten Strahlen umzingelt und wir nun auf dem azurnen Boden wandeln und einheimisch sind, unsre Häuser in rotem Glanze finden." (100)
Die Kunst schafft eine ‚neue Erde', erfüllt also ihre eschatologische Verheißung im Vollzug selbst. In den „Farben" leuchtet die Vision eines Gesamtkunstwerkes aus „Ton und Linie und Farbe" auf, als vollkommenere Gegenwelt gedacht: „die Kunst als Gegenstück zur Natur, als höchst verschönerte Natur" (53). Wie für Wackenroder gilt für Tieck die Musik als „dunklere und feinere" Sprache, da sie den Menschen besser ausspreche und erreiche als die der Worte (53, 104). Sie vereint „Gefühl, Phantasie und Kraft des Denkens", sie vermittelt intuitive Erkenntnis ohne die „Labyrinthe" der Vernunftschlüsse (106f.). Die Töne entsprechen den Farben (53, 102); Musik macht das Wesen der Worte aus (110). Sobald Sprache poetisch wird, wirkt sie wie Musik und vermag Gemälde adäquat zu beschreiben (54). Die Dichtung und die bildende Kunst werden also über die Musik definiert. Die Sprache der Worte gilt laut Tieck bloß für eine Übergangszeit zwischen den Goldenen Zeitaltern der musikalischen Sprache (99). Die Musik sei die jüngste und höchste der Künste, in ihr lägen noch die größten Möglichkeiten (108). Sie solle sich in der Vokalmusik gegenüber der Sprache behaup-

ten oder sich in der Instrumentalmusik überhaupt emanzipieren (110f.). Die Musik ist kein „Mittel" des „Geistes", sondern „die Sache selbst" (53f.). Die Kunst und insbesondere die Musik schafft eine „selige Insel", ein schwebendes Gebilde eigener Wirklichkeit (100). Sie, die in der Zeit dahinfließende, übersteigt ihre eigene Schaffenskraft, indem sie nichts feststehen lässt: „[...] nichts zur wahren Wirklichkeit gelangen lässt, denn mit einem hellen Klange zerspringt dann alles, und neue Schöpfungen sind in der Zubereitung." (103) Erst in Selbstschöpfung und Selbstvernichtung vollendet sich das Kunstwerk als autonomes, aber nie abgeschlossenes Reich. Das Wort von der Kunst als „abgeschlossener Welt" (53) ist in diesem Sinn der unabschließbaren Eigenwelt zu verstehen. Tiecks Begründung für die Eigenheit und Schönheit der Welt ist platonisch: Den Klängen liegen Sphärengesänge zugrunde, den Bildern Urbilder (52). Ein großes Kunstwerk ist wie eine große Handlung ewig, nicht fortdauernd, sondern vollkommen:

„Ein vollendetes Kunstwerk trägt die Ewigkeit in sich selbst." (56)

Als Kunstwerk wird eben alles Vollendete definiert. Ihm kommt die Qualität der Ewigkeit zu. Tieck schließt den ersten Teil der „Phantasien":

„Lasset uns darum unser Leben in ein Kunstwerk verwandeln, und wir dürfen kühnlich behaupten, dass wir dann schon irdisch unsterblich sind." (57)

Einerseits beruft Tieck sich also auf platonisches und pythagoreisches Gedankengut, richtet das Ideal von Raffaels Kunst – „Großes und Schönes" – auf (45); andererseits fordert er für das Wort „Schönheit" den Plural, leitet aus den ewigen Ideen statt einer ästhetischen Norm gerade eine mannigfaltige Erscheinung der Kunst ab: „ [...] ewig begründet wie die Welt, auf sich selber ruhend, undurchdringlich bewegt sich jede Schönheit in ihren eigenen Kreisen." (47) Der Verfasser gibt verschiedene Beispiele für besondere Richtungen der Kunst, die keinem klassischen Harmoniebedürfnis entsprechen: „Watteaus Gemälde", denen ein eigener Abschnitt gewidmet ist, zeigen auch fröhliche und flüchtige Begebenheiten, Alltag und Tanzfest (41). Die „Mäßigkeit und Toleranz" fordern, „sogar das Alberne und Abgeschmackte" in der Kunst zu dulden (49). Die „Unmusikalische Toleranz" möchte alle Gegensätze akzeptieren und zusammenführen:

„Trübsal und Freude, das Erhabenste wie das Gemeinste wie notwendige Bedingungen eines zusammengesetzten Schauspiels" (91). Aus der Verwirrung und Verzweiflung über die Vergänglichkeit und Nichtigkeit des Lebens erlöst die Kunst: Sie hebt alle Widersprüche auf, das heißt, sie erhebt sie in eine höhere Sphäre, ohne sie aber aufzulösen. Auch „die lieblichste

Ordnung“ spiegelt nur den disharmonischen Klang des Weltenlaufs (92f.). Die „himmlische Musik“ vermag den Menschen mit einer Seligkeit zu begnaden, die wie in der Liebesvereinigung „jenseits, jenseits hinüberführt“ (94). Das letzte Ziel der Kunst ist es gerade, Frieden in allen unauflösbaren Widersprüchen zu schenken (96f.). Die Musik vereinigt alle Gegensätze in sich da sie „alles in eines verwandelt und durch gegenseitigen Abglanz verschönt“ (101). Der Mensch fühlt sich „erlöst“ und „entrückt“ (100f.), auch nach der Rückkehr in die Welt versöhnt (96f.). Vom Christentum ist hier keine Rede, ganz im Gegensatz zu den Briefen aus Rom, an denen Wackenroders Anteil größer war. Die Musik schwebt in den „Phantasien“ zwischen Nichtigkeit und Ewigkeit, zwischen dem Nichts und Gott.

XVI. Franz Sternbalds Wanderungen (1798)

§ 36 Ausgaben und Verfasserschaft

Der erste und zweite Teil des Fragment gebliebenen Romans erscheint im Frühling und Herbst 1798 in Berlin. Der volle Titel lautet: „Franz Sternbalds Wanderungen. Eine altdeutsche Geschichte herausgegeben von Ludwig Tieck“[243]. In der ‚Nachschrift’ berichtet Tieck, er habe den Plan zusammen mit Wackenroder aus dem „Klosterbruder“ heraus entwickelt und das Buch unter diesem fiktiven Namen veröffentlichen wollen; durch Wackenroders frühen Tod habe er es dann alleine ausführen müssen (191). Die ‚Nachrede’ zur zweiten, überarbeiteten, aber unvollendeten Ausgabe von 1843 bekräftigt noch einmal, dass Wackenroder nichts „daran geschrieben“ hat und das Ganze von Tieck „herrührt“.[244] Köpke behauptet 1855, Tieck hätte den „Charakter“ des Sternbald bereits völlig im „Brief eines jungen deutschen Malers aus Rom“ in den „Herzensergießungen“ angelegt und Wackenroder nur mit Mühe zur Mitarbeit am Roman bewegt.[245] In jedem Falle stammen die inhaltlich und formal gegenüber den ersten Schriften neuen Aspekte der Ästhetik, auf die es hier ankommt, von Ludwig Tieck. Auch die Verlängerung von der Musik als Vertreterin der Kunst auf die Malerei muss die Idee des „Augenmenschen“ Tieck gegenüber dem musikali-

[243] Von hier an ohne Seitenangabe zitiert nach der Reclam-Ausgabe, Hrsg. Wolfgang Nehring, Stuttgart 1997
[244] Tieck, Schriften XVI, 416
[245] Köpke I, 225f.

schen Wackenroder gewesen sein. Nachdem Tieck zu den „Herzensergießungen“ nur wenige schriftliche Beiträge geliefert und die „Phantasien“ schon zum guten Teil bestritten hat, legt er nun die erste große Schrift zur Kunst ganz aus seiner Feder vor: ein Werk, das zugleich Poesie und Poetik zu sein beansprucht.

§ 37 Nostalgie und Avantgarde. Ein historischer Roman als romantischer Roman

Die „altdeutsche Geschichte“ ist als historischer Roman konzipiert, der im Jahre 1520 einsetzt und die Zeitereignisse einbezieht, wie Dürers Besuch bei Lucas van Leyden und Raffaels Tod. Zugleich ist es ein Bildungsroman, nach dem Muster des „Wilhelm Meister“ angelegt, der einen jungen Künstler durch die genannten Vorbilder und eine weite Reise zu sich selber finden lässt. Auf den ersten Blick projiziert der Autor nur seine eigenen Sehnsüchte in eine ferne Vergangenheit zurück, er idealisiert die religiöse Malerei der Renaissance, ihre Wiederentdeckung erhoffend. Da das 19. Jh. in dieser Hinsicht in seine Fußstapfen tritt und uns reichlich Kunstwerke in nachgeahmten alten Stilen hinterlässt, unterschätzen wir leicht die andere Seite des „Sternbalds“: das Bewusstsein von der unnachahmlichen Eigenart jeder Epoche und das grundlegende neue Kunstideal. Teils tritt es uns als typisch „Romantisches“ vor Augen: in Landschaftsansichten, mondbeglänzten Weiten oder schwindelerregenden Schluchten, wie sie Caspar David Friedrich bald darauf heraufbeschwört oder umfassenden Allegorien auf das menschliche Leben, wie Philipp Otto Runge sie entwirft. Darüber hinaus bahnt sich in Sternbalds Phantasie aber ein Grad von Abstraktion an, den weder er noch einer von Tiecks Kollegen auf die Leinwand bringen kann. In romantischer Verwirrung – oder Offenheit – bleiben diese disparaten Kunstbegriffe im Roman nebeneinander bestehen.
Tieck wählt als Formen der Auseinandersetzung:

1. Kunstgespräche, zahlreich und ausführlich, in der bekannten Toleranz der Aussage, wie am Ende eines Disputs ausgesprochen: „[...] haben nicht alle Zungen recht und alle unrecht?“ (180).
2. Schilderungen tatsächlicher zeitgenössischer Meisterwerke oder eigener Gemälde des fiktiven Dürer-Schülers.
3. Eindrücke und Visionen des jungen Malers im Anblick der Landschaft.

4. Umsetzung der Ideale in eine romantische – die Naturelemente zu einer Stimmung verschmelzende und zu einem Farbklang abstrahierende – Lyrik.

Die ästhetischen Entwürfe der Diskussionen werden in den anderen drei Punkten auf verschiedenen Ebenen umgesetzt: zum einen in einer ‚Malerei in Worten', zum anderen in einer ‚Malerei mit Worten'.

§ 38 Tendenz zur Autonomie und Abstraktion auf der Ebene Sternbalds: Kunstgespräche und Bildentwürfe

Im Mittelpunkt der Verehrung als geniale Künstler und nahezu heilige Männer stehen Raffael Sanzio, von allen unbestritten, und Albrecht Dürer, gelegentlich gegen diesen verteidigt. Sternbald hält dafür, dass jedes Volk seinen eigenen Charakter habe und der deutsche Dürer verkörpert sei (100). Er wird mit „redlich", „treu", „ernsthaft", „einfältig", „fleißig" und „fromm" umschrieben. Der Wirklichkeitssinn der deutschen und niederländischen Kunst wird am Beispiel von Dürer und Lucas van Leyden der Verklärung Raffaels, dem Pathos Michelangelos und der Sinnlichkeit Correggios gleichberechtigt gegenübergestellt (210, 396, 368ff.) Franz Sternbald wehrt sich gegen urteilende Vergleiche der Meister: Jeder sei für sich der Beste. Sein Gesprächspartner meint dagegen, nicht etwa sei jeder vollkommen, sondern jeder um unvollkommen (392). Für beide gibt es also keinen letztgültigen Maßstab für künftige Künstler. Beklagt wird die „dürre, vernünftige Leerheit" der bilderfeindlichen Reformation. Theologisch wird sie gewürdigt, ästhetisch als Verarmung der sinnlichen katholischen Religion bedauert (319). Die eigentliche mittelalterliche Kunst erfährt ein zwiespältiges Urteil: Der Baumeister des Straßburger Münsters wird in enger Anlehnung an Goethe hymnisch gefeiert (216f.). Auch der gotische Dom gilt als „erhaben" und auf seine Weise vollendet: Er vereint kunstvolle „Symmetrie" und naturhafte Dynamik („Wald", „Springbrunnen"); er ist „das Endlose und doch in sich selbst Geordnete", er verkörpert die von den Romantikern erstrebte progressive Allharmonie. Allerdings ist die Deutung als Bild vom „Geist des Menschen", ja Geist des Baumeisters, aus dem Sturm-und-Drang-Text übernommen, eine Rückprojektion des 18. Jh. ins jenseitig und kollektiv ausgerichtete Mittelalter. Die alten Altarbilder, wohl hochgotisch gedacht, scheinen Franz dagegen unbeholfen und starr. Dasjenige in seinem Heimatdorf rührt ihn in seiner naiven Frömmigkeit an (69); das entsprechende in der Nonnenkirche stößt ihn schon ab, da die Darstellung ganz der Bedeutung untergeordnet ist und den Figuren sogar „Denksprüche“ aus dem Munde gehen (353). Unzufrieden mit bloßer Ausbesserung und Anpassung, beansprucht er der Äbtissin gegenüber auch für die religiöse Kunst eine gewisse Autonomie des Stils (354). Die Renaissance gilt ihm als Höherentwicklung des Mittelalters, doch nicht als unübersteigbarer Gipfel der Kunst. Dürer selbst wird die Erkenntnis in den Mund gelegt, spätere Zeiten würden ihn wohl über seine Vorstellung übertreffen (121). Der Autor postuliert hier die Möglichkeit und Notwendigkeit einer lebendigen Weiterentwicklung der Kunst und baut jeder leeren Nachahmung früherer Stile vor. Franz Sternbald bewundert die biblischen und mythologischen Historienbilder der Meister, hält aber auch das Alltagstreiben auf einem Dorfplatz (62) oder einem Jahrmarkt (336) für der Darstellung würdig und zieht selber die Landschaft als Sujet vor. Auch in religiösen Themenstellungen rückt die Natur in den Mittelpunkt. Sein erstes Gemälde nach seinem Aufbruch aus Nürnberg, für seine Heimatgemeinde bestimmt, stellt die Verkündigung an die Hirten dar. Doch gestaltet er die Szene auf eine eigene Weise aus (66): Als entscheidende Neuerungen erkennt Dürer selbst die „zwei wunderbaren Erleuchtungen“ (123). Abendrot und Morgenglanz, auch in den beiden Engeln verkörpert, beherrschen den Bildeindruck. Die Botschaft liegt, über die allegorische Bedeutung hinaus, in der dadurch hervorgerufenen Stimmung. Ein ähnlich beschaffenes Gemälde entdeckt Franz beim malenden Einsiedler (257): In den „unkenntlichen Massen“ der Nachtlandschaft taucht ein Kruzifix auf einem Hügel auf, vom „Strahlenregen“ des Mondes umflossen, den es weiterzugeben scheint. Die Quelle von Sternbalds Schaffen ist seine Empfindung. Lucas van Leyden, der auf „Nachahmung“ ausgerichtete Meister, kritisiert die „Entzückungen“ des Schülers, die er „ja doch nicht auf die Tafel tragen“ könne (99). Der einsiedlerische Maler dagegen fordert auch für die religiöse Malerei eine Erschütterung und „Begeisterung“, also eine Verbindung vom Emotion und Inspiration (256). Jeder Künstler, so schreibt Franz an seinen Freund Sebastian, solls ich aus eigenem Antrieb entfalten und natürlich dem Himmel entgegenwachsen wie ein Baum (199f.). Unter solchen Bedingungen kann ein Formenkanon für die bildende Kunst nur abgelehnt werden. Maßstab für die Kunst ist nicht das Werk des Meisters, sondern das Gemüt des Künstlers selbst. Reine Stimmungsbilder ohne historisches Thema finden sich in Roderigos imaginären Gemälden von „einsamen, schauerlichen Gegenden“, todbringenden Gebirgsfaden mit hilfreichem Freund und ruhigem Tal als Gegenmotiven, vom Wasserfall im Mondschein (315). Einige Landschaften, absichtslos mit den Augen der Künstler gesehen, erscheinen wie romantische Bilder, so wenn der Mondschein die feuchten Wiesen und Wälder als „Meer mit unendlichen goldenen Glanzwogen“ ganz „in eine Masse verschmolzen“ hat (342).

Auch die Allegorie – nach Sternbalds Definition Darstellung „allgemeiner Begriffe in sinnlichen Gestalten“ (283) – kommt als Bildform in Frage, jedoch in einem besonderen Sinne. Als Rudolf Florestan seinen Gedankengang von der Landschaft auf die Allegorie lenkt, preist er Letztere als Parallele zur Dichtung, räumt also der eben noch zurückgewiesenen Bedeutung einen hohen Rang ein (282f.). Das anschließend von Rudolf erinnerte Fresko des Trecento versinnbildlicht in zahlreichen Figuren und Szenen „das ganze menschliche Leben“, einschließlich des Todes (284). Auch Roderigos Chimären sollen „die ganze sichtbare Welt aufbieten“, um „Gesinnungen und Leidenschafen“ wiederzugeben (315). Das Straßburger Münster wird als Allegorie des Menschen schlechthin gedeutet, „seine Mannigfaltigkeit zur sichtbaren Einheit verbunden“ (218). Das Gemälde vom Kreuz im Gebirge hat das weltumspannende Thema „das zeitliche Leben und die überirdische, himmlische Hoffnung“ (275). Der alte Maler stellt sogar fest: „Alle Kunst ist allegorisch“, da alles miteinander verbunden ist (257): So hatte Franz es unmittelbar zuvor empfunden: Die Natur ist Harmonie und „Hieroglyphe“, die Kunst vor ihr „unmächtig“ (249f.). Sie kann die Allverbundenheit und Allegorie der Welt, die sich ausspricht (oder ihrem Schöpfer), und unvollkommen nachahmen. Franz Sternbald sehnt sich danach, auch über die Landschaft als Stimmungs- und Bedeutungsträger hinauszugelangen. Er sucht ungewöhnliche Anblicke, die den Gegenstand so weit verfremden, dass er kaum noch zu erkennen ist. Weiterhin will er die Kunst dynamisieren und synästhetisieren. Statt der Bäume am See will er ihr zitterndes Spiegelbild festhalten, doch der Versuch misslingt (51). Er hat das Ziel, die bildende Kunst zu dynamisieren. Bei der Beobachtung des Jahrmarktes möchte er all’ die Bewegungen einfangen (336).[246] Im nächtlichen Wald gelingt es ihm, den Mondschein zu hören und zu malen (91), – im Traum. Aus Sehnsucht nach einer Heimat sieht Franz Mondlandschaften in das Gestirn hinein (92). Sein Freund Rudolf wünscht sich eine Landschaft

[246] Der heutige Leser denkt an ein futuristisches Bild. Allein diese Stelle zeigt, wie Tieck seiner Zeit voraus ist.

ganz aus Wolken und Licht, und zwar als „grelle Farben ohne Zusammenhang“, Rosenrot, Grün, Gold und Azur bietet er auf (280). In den „Phantasien über die Kunst“ hat Tieck eine entsprechende Szenerie, aus der Musik geboren, vor Augen gezaubert.[247] In der Novelle „Der Gelehrte“ greift er das Bild wieder auf, nun in allen Regenbogenfarben prangend:

„Alle Farben tanzen in der Flut empor und tauchten unter und ineinander: vorn ein dunkles Blau, dann Grün, das immer lichter wallte, dazwischen Rot und Violett, Gold und Azur und in der Ferne weit, weit hinab ein zerflossener Perlenschimmer [...]“.[248] Sternbald vollzieht den Prozess der Abstraktion auch an der irdischen Landschaft: Die Eisenhütte in der Mondnacht genügt ihm als Sujet, losgelöst von jeglichem historischen Thema und darüber hinaus, als „Schimmer“ und „Schatten“ vom Naturvorbild. Von der Wirkung her gesehen besteht das Bild bloß aus „Stimmung“, von der Komposition her ist es ein Farbenspiel:

„Diese Stimmung würde dann so wie jetzt Euer ganzes Inneres durchaus ausfüllen, Euch bliebe nichts zu wünschen übrig, und doch wäre es nicht weiter als ein künstliches, fast tändelndes Spiel der Farben. Und doch ist es Handlung, Ideal, Vollendung, weil es das im höchsten Sinne ist, was es sein kann.“ (341)

Das in der Phantasie ausgeführte Gemälde spricht den Künstler aus und den Betrachter an. Dabei drückt es bloß sich selber aus. Die romantische Sehnsucht ist für einen Augen-Blick zur Ruhe gelangt. Das Bild ist vom Abbild zum Bild geworden: eine aus einer Empfindung heraus farblich durchkomponierte Fläche.

§ 39 Tendenz zur Abstraktion auf der Ebene des Erzählers: Landschaftsschilderungen

Was den Künstlerroman aus der Dürerzeit ebenfalls zu einem romantischen Roman macht, sind die zahlreichen Landschaften, in denen Tieck die von seinen Figuren vertretene oder erahnte Malerei umsetzt, wenn es auch nur in Worten geschehen kann. Da die Ebene der von ihm geschaffenen Landschaften innerhalb des Romans die Ebene der erlebten Realität ist, verfällt der Leser leichter ihrer Verführung, da sie nicht im Gewande der Kunst auf-

[247] Phantasien 100; s. o. S. 67

[248] Schriften XXII, 44 zitiert bei Stelzer, Otto: Die Vorgeschichte der abstrakten Kunst. München 1964., 46

treten. Als Beispiele mögen die zwei gegen Ende des Romans aufeinanderfolgenden Naturbilder dienen, die den Maler Sternbald zu Kunstbetrachtungen abstrakter Richtung veranlassen, ihn und den Bildhauer Bolz zunächst aber einfach als „bezaubernder Anblick“ überwältigen. Sie werden dem Leser mit Sternbalds Augen geschildert. Das erste ist die Eisenhütte beim Mondaufgang:

„Der Anblick war schön; die Felsen standen schwarz umher, Schlacken lagen aufgehäuft, dazwischen einzelne grüne Gesträuche, fast unkenntlich in der Finsternis. Vom Feuer und dem funkenden Eisen war die offene Hütte erhellt, die hämmernden Arbeiter, ihre Bewegungen, alles glich bewegten Schatten, die von dem hellglühenden Erzklumpen angeschienen wurden. Hinten war der wildbewachsene Berg so eben sichtbar, auf dem alte Ruinen auf der Spitze vom aufgehenden Monde schon beschimmert waren: gegenüber waren noch einige leichte Streifen des Abendrots am Himmel.“ (341f.)

Das Bild ist beherrscht vom Kontrast zwischen Finsternis und Licht, das von verschieden Quellen ausgeht: der untergehenden Sonne, dem aufgehenden Mond, dem Feuer und dem glühenden Erz. Die Menschen tauchen nur als Schatten auf; sie treten hinter den Elementen zurück, vor allem den sogenannten unbelebten, nämlich den Gesteinen und Gestirnen. Das Licht macht ihre Bewegungen sichtbar; zudem bewegt es sich selbst und belebt dadurch auch die unbeweglichen Dinge. Alliterationen schaffen einen lautlichen und zugleich motivischen Zusammenhang: „schwarz“ – „Schlacken“ – „Schatten“, „Felsen“ – „Finsternis“ – „Feuer“ – „funkenden“.

Das zweite Nachtbild folgt, nachdem Sternbald das erste als möglichen Gegenstand eines Gemäldes ausgelegt hat:

„Der Mond war indes heraufgekommen und glänzte ihnen im vollen Lichte entgegen, durch die Hohlwege, die sie durchkreuzten, über die feuchte Wiese herüber, von den Bergen in zauberischen Widerscheinen. Die ganze Gegend war in eine Masse verschmolzen, und doch waren die verschiedenen Gründe leicht gesondert, mehr angedeutet als ausgezeichnet; keine Wolke war am Himmel, es war, als wenn sich ein Meer mit unendlichen goldenen Glanzwogen sanft über Wiese und Wald ausströmte und herüber nach den Felsen bewegte.“

Wieder ist das Licht das aktive Element, es taucht als ‚Mond’ auf und ergießt sich als ‚Meer’ über dem Himmel, während die ‚Gegend’ und die ‚Gründe’ passiv an seinem Glanz teilhaben. Die ganze Landschaft ist in ein bewegtes Hell-Dunkel verwandelt, das die Elemente und Sphären verbin-

det. Himmel und Erde sind durch Licht und Nacht zu einer wiederum „zauberischen“ Harmonie „verschmolzen“. Die Alliterationen mit „M“, „G“ und „W“ unterstreichen den sanften Charakter des romantischen Bildes.
Auf diese Erlebnisse folgt das „Lied von der Einsamkeit“ (343ff.), das die Schilderung einer Mondnacht nicht nur in unregelmäßigen Versen rhythmisiert und für die Phantasie der Leser mit einer Melodie unterlegt, sondern durch die Erwähnung von Tönen zusätzlich musikalisiert: Der „Bach“ wird nur erwähnt, der ‚Fluss“’ dann ‚geht’ ‚murmelnd’ und ‚sprechend’, bis mit der Bemerkung „Töne fallen von oben in die Welt“ von Menschen erzeugte Musik eingeführt wird (345). „Gelach“ und Seufzer folgen, endlich der Gesang der Nachtigallen. Ganz ineinander gewoben sind die optischen und akustischen Eindrücke in Franz’ Traum vom nächtlichen Wald, wo das „süße Getöne“ der Nachtigallen und der silberne Glanz des Mondes zur „Orgel der Natur“ zusammenklingen (91). Auch der Tastsinn spielt eine Rolle (hier beim „Frost“), an anderer Stelle erregt der Duft den Geruchssinn. Wichtiger als die festen Dinge in der Natur – Formation, Vegetation, dazu Architektur[249] – sind die ephemeren Erscheinungen Licht, Luft, Duft, Klang und Bewegung.[250] Waldesdämmer oder Mondnacht, Morgen- und Abendrot werden dem hellen Tag vorgezogen.[251] Farbe und Klang vermitteln die augenblickliche Stimmung. Die Atmosphäre entstofflicht die Dinge, macht sie zum synästhetischen Erlebnis. Die Landschaft dient als Spiegel des Gemüts oder als Kontrast zu ihm oder sie ruft ihrerseits Stimmungsumschwünge hervor.[252] Wichtiger als die Landschaft selbst sind der Himmel darüber und das Licht darin. Selbst die Berge wirken wie aus Mondlicht modelliert, nicht aus Felsen, ähnlich wie auf Runges Bildern.[253] Besonders liebt Tieck die Sonnenauf- und -untergänge und die Wolken. Sie sind das ideale Material für den romantischen Landschaftsdichter: in Form und Farbe veränderlich, dynamisch, stimmungshaft, elementar, sie verfremden und verunklären die Tektonik der Erde.[254] Das Licht des Morgens oder Abends ist ein

[249] Matzner, Johanna: Die Landschaft in Ludwig Tiecks Roman „Franz Sternbalds Wanderungen“ Ein Beitrag zu den Kunstanschauungen der Berliner Frühromantik und der Dresdner Maler Ph.O. Runge und C.D. Friedrich. Diss. Masch. Heidelberg 1971.127
[250] Matzner 119
[251] Matzner 143ff.
[252] Matzner 128ff.
[253] S. u. S. 110
[254] Thalmann, Marianne: Formen und Verformen durch die Vergeistigung der Farben (1964). In: dieselbe: Romantik in kritischer Perspektive. Zehn Studien. Heidelberg 1976, 152-183. (zitiert: Thalmann (Farben)) 158

farbiges und bewegliches, selbst der Schatten ist bei Tieck farbig[255], – wieder eine der Malerei vorweggenommene Entdeckung. Er bevorzugt wie Runge den Dreiklang Blau-Rot-Gelb oder vielmehr Gold; dazu treten das Grün der Natur und das Silber des Mondes.[256] Der Autor nutzt die vielfältigen Gegenden und verschiedenen Jahreszeiten von Sternbalds Wanderungen nicht, um bestimmte Orte und Zeiten zu charakterisieren. Vielmehr trägt er literarische Vorbilder und eigene Erfahrungen zu einem Fundus von Formeln[257] zusammen, mit denen er einen Landschaftskomplex in Variationen hervorzaubert, einen *locus amoenus* mit wandelbarer Stimmung von der Waldeinsamkeit bis zur Felsenödnis.[258] Die Formeln geben keine genaue Perspektive und Kontur, sondern wenden sich an Gefühl und Phantasie, lassen den Leser das Bild weiterdichten.[259] Er kann sich in sie hineinprojizieren wie der Betrachter im Roman (‚im Bild'). Meist ist der Ausblick noch wie in der Rokoko-Literatur gerahmt, aber in sich bewegt (z.B. Wellen, Lichtreflexe, dazu Vogelgesang); oft wird er auch schon durch eine Bewegung in die Ferne durchbrochen (z.B. Vogelflug), in die unabsehbare Weite der Spätromantik.[260] Letztlich handelt es sich um eine Seelenlandschaft, um den unabschließbaren inneren Raum der Gefühle und der Phantasie. Die verschiedenen Orte und Personen dienen zunehmend nur als Folie für die Hauptperson bzw. den Erzähler, dem Sternbald als Medium dient und der seinerseits den Autor Tieck ausspricht.[261] So wenig wie die meisten einzelnen Figuren eine Individualität besitzen, weisen die Orte einen bestimmten Charakter auf. Die Menschen werden zu Träger von Empfindungen, die Landschaften zu Auslösern von Empfindungen. So verschwimmen Subjekte und Objekte in eine Kontinuum von sinnlichen Eindrücken und schwebenden Gefühlen.

Der Roman entfaltet in Gesprächen, Gemälden, Phantasien und Anblicken eine neue Landschaftsmalerei, nicht nur als Verkündigung einer Idee, sondern als sprachlicher Vollzug. Auf beiden Ebenen nimmt die Abstraktion zu.[262] Der ganze Text kann als stimmungshafte, unbestimmte, unvollendba-

---

[255] Thalmann (Farben) 165

[256] Thalmann (Farben) 163f.

[257] Matzner 89

[258] Matzner 113

[259] Matzner 108

[260] Matzner 145f.

[261] Betzen 54

[262] Franke 66f.

re Landschaft beschrieben werden.[263] Diese wiederum ist lesbar als Projektion des Ich auf der tagträumenden Wanderung zu sich selbst, als „Welttheater der Seele".[264] Welt und Ich durchdringen sich zur Landschaft, wo sich das Wunderbare ereignet[265], einer Landschaft aus Sinneneindrücken und Gefühlsqualitäten, nicht aus Objekten in Raum und Zeit. Einen wesentlichen Anteil daran hat die reichlich eingestreute Lyrik, die diese Tendenz verdichtet.

§ 40 Tendenz zur Abstraktion auf der Ebene des Erzählers: Lyrik

Was der Schriftsteller Tieck für Musik und Malerei – die anderen Künste spielen bei ihm bezeichnenderweise kaum eine Rolle – nur fordern und andeuten kann, versucht innerhalb der poetischen Poetik „Franz Sternbalds Wanderungen" mittels der Sprache zu verwirklichen, vor allem in der ‚Dichtung in der Dichtung'. Zahlreiche Gedichte sind in die Handlung eingefügt, zum Teil als gesungen vorgestellt, auch einige Geschichten. Als Erzähler einer Abenteuergeschichte wehrt sich Rudolf Florestan gegen konkrete Rückschlüsse: Dichtung dürfe frei von historischen Bezügen sein (159). Schon das erste Lied Rudolfs, bei dem Franz ihn kennengelernt hatte, hatte der junge Maler gelobt, obwohl es statt eines klaren Zusammenhanges eine lockere Gedankenfolge zeige (142). Beim Vortrag seines „gottlosen" Weinliedes weist Rudolf das Prinzip zurück, in der Poesie müsse alles einen „Schluss" haben (230), und begnügt sich mit „Stimmungen" und „Scherz" als Ziel derselben (235). Später lehnt Ludoviko überhaupt die Forderung nach „Inhalt" an ein Gedicht ab: *„Warum soll eben Inhalt den Inhalt eines Gedichts ausmachen?"* (316) Wie löst Ludwig Tieck nun in der Gestalt Franz Sternbalds oder Rudolf Florestans das Gedicht vom Inhalt? Als Beispiel seien die Schlussverse des zweiten Teils angeführt, in denen Franz die erste Umarmung der Geliebten verarbeitet:

Sanft umfangen
Vom Verlangen,
Abendwolken ziehen,
Oh, gegrüßt sei , holdes Glücke,

---

[263] Matzner 156; Garmann Gerburg: Die Traumlandschaften Ludwig Tiecks. Traumreise und Individuationsprozeß in romantischer Perspektive. Opladen 1989, 50

[264] Garmann, 87

[265] Betzen, Klaus: Frühromantisches Lebensgefühl in Ludwig Tiecks Roman „Franz Sternbalds Wanderungen". Diss. Masch. Tübingen 1959, 69; Garmann 65

Endlich, endlich meinem Blicke
Längst gepflanzte Blumen blühn.
Abendröte winkt herunter:
Hoffe auf den Morgen munter;
Winde eilen, verkünden's der Ferne,
Blicken auf mich nieder die freundlichen Sterne.

Keiner, der nicht grüßend niederschaute:
Ist es, singen sie, dir gelungen?
Welche Töne rühren sich in der Laute,
Von unsichtbarer Geisterhand durchklungen?

Von selbst erregt sie sich zum Spiele,
Will ihre Worte gern verkünden,
Kennst du, Vertraute, die Gefühle,
Die quälend, beglückend mein Herz entzünden?
O töne, ich kann das Lied nicht finden,
Das Leid, das Glück, das mich bewegt
Und Klang und Lust in mir erregt.
Will ich vom Glück, von Freude singen,
Von alten, wonnevollen Stunden?
Es ist nicht da und fern verschwunden,
Mein Geist von Entzücken festgebunden,
Beengt, beschränkt die goldnen Schwingen.

Geht die Liebe wohl auf deinem Klange,
Ist sie's, die deine Töne rührt?
Und dieses Herz mit strebenden Drange
Auf deinen Melodien entführt?

Mit Zitherklang kam sie mir entgegen,
Mein Geist in Netzen von Tönen gefangen,
Ich fühlte schon dies Beben, die Bangen,
Entzücken überströmte, ein goldner Regen.
Sie saß im Zimmer, wartete mein,
Die Liebe führte mich hinein,
Erklang das alte Waldhorn drein.

Dein voller Klang
Mein Herz schon oft durchdrang,
Meiner Liebe vertraut,
Von deinem Ton mein Herz durchschaut.
Nun verstummen nie die Töne,
Lautenklang mein ganzes Leben,
Herz verklärt in schönster Schöne,
Wundervollem Glanz und Weben
Hingegeben. (316)

Das Gedicht „Sanft umfangen", das Sternbald auf seine Tafel schreibt, ist in acht Abschnitte aufgeteilt, die der Leser auf den ersten Blick für Strophen halten mag. Doch sind sie unterschiedlich lang und unregelmäßig gebaut: Die „Strophen" haben zwischen vier und zwölf Zeilen, die Zeilen zwischen vier und zwölf Silben, Reim und Metrum wechseln ohne System. Verschiedene Gedanken sind in einem Abschnitt zusammengebunden, während ein Gedanke aufgeteilt sein kann, z.B. der Gruß der Sterne auf Strophe 2 und 3. Die Abschnitte scheinen also willkürlich gestaltet, – oder sogar absichtlich den Strom der Worte unterbrechen, um den herkömmlichen Aufbau eines Gedichts zu unterlaufen. Der Rhythmus wird in Strophe eins durch gleichmäßige Reihen von Trochäen bestimmt, die jeweils mit einem betonten Reimwort schließen („ziehn", „blühn"). Diese ruhige Klangfolge wird in Strophe zwei zunächst fortgesetzt, beim Auftreten der Winde aber plötzlich unterbrochen. Der letzte Vers der zweiten Strophe ist nicht mehr in ein Metrum zu pressen. Strophe drei nimmt die Trochäen wieder auf, doch nur um den Leser schon in der zweiten Zeile wieder stolpern zu lassen. Das gleiche Spiel treibt die vierte Strophe, wo der Stein des Anstoßes das Wortpaar „quälend, beglückend" ist. In den Abschnitten 5 bis 7 steigert sich die Unruhe; hervorgehoben werden durch den Rhythmus auch hier Schlüsselworte, die Gefühle und zugleich Bewegungen bezeichnen: „von Entzücken festgebunden"; „mit strebendem Drange"; „Entzücken überströmte". In der Schlussstrophe hat die Verwirrung ihren Höhepunkt erreicht: Die Zeilenlänge und Reimfolgen wechseln mehrfach, eine Einrückung markiert einen Unterabschnitt innerhalb der überlangen Strophe. Die letzten Zeilen scheinen wieder ein vollkommenes Gleichmaß von ganz einfachem Bau erreicht zu haben – vier Zeilen zu je vier Trochäen um Kreuzreim –, doch durchbricht die Schlusszeile noch einmal das Schema und steigert es zugleich, indem sie den Reim noch einmal nachklingen lässt und das ganze Lied in einem Wort zusammenfasst: ‚Hingegeben'. Auch die Syntax zeigt Auflösungserscheinungen: Hilfsverben sind weggelassen, Wortstellungen ohne Reimerfordernis ins Ungewohnte verändert, dadurch Verben der Bewegung betont („Entzücken überströmte"; „Erklang das alte Waldhorn"). Einige Begriffe bleiben durch Alliteration im Ohr („Beengt, beschränkt"; „die Beben, die Bangen"), andere durch Wiederholung („Glück"; „Entzücken"; „Klang"; „erregt"). Der Leitfaden ist die wechselnde Empfindung, die als innere Bewegung erfahren wird und sich in den Regungen der Natur spiegelt: „Und Klang und Lust in mir erregt".

Ohne erkennbaren Anlass schwangt das lyrische Ich zwischen Sehnsucht und Erfüllung, Qual und Lust, Erinnerung und Vergangenes, Bann ins Gegenwärtige und Drang zur Zukunft. Die Gefühle des Sängers verkörpern sich in der Laut, die von selber spielt und deren Lied er nicht deuten kann (Strophen drei und vier). Die ersehnte Geliebte – oder die Liebe selbst – kommt ihm mit „Zitherklang" entgegen (Strophe 7). Das Waldhorn endlich, Leitmotiv des ganzen Romans, verkündet die Begegnung beider (Strophe 8). Es repräsentiert eine übergeordnete Macht, die Liebe oder das Schicksal. Indem sich die Klänge der drei Instrumente verschränken, verbinden sich auch die „verklärten" Herzen der Liebenden. Der Glückszustand wird als endlos und zugleich ewig bewegt vorgestellt: als Musik. Die atmosphärischen Farben sind in diesen Versen auf Abendröte und goldenen Glanz beschränkt, während sie in anderen Gedichten leuchtend und ebenfalls bewegt hervortreten, oft sogar dem Subjekt vorgeordnet, so im Mondscheinlied „Träuft vom Himmel", wo es nur so „schimmert" und „flimmert" (241f.).[266] Diese optischen und akustischen Eindrücke, auch Gerüche und Gefühle, schaffen im Fortgleiten einen Gesamteindruck sinnlicher Erfahrung, losgelöst von den sie hervorrufenden Einzelgegenständen und in dauerndem Wechsel begriffen. Erfüllung war der Frühromantik nur als räumlich und zeitlich entgrenzte Bewegung vorstellbar. Tieck hat sie in Sternbalds Schlusslied in Form und Inhalt heraufbeschworen. Wie im Buch über Shakespeare postuliert, erhebt er den „Wechsel der Empfindung" zum einzigen Gesetz der Dichtung, das zugleich von allen „konventionellen Regeln" befreit[267]. Das Gedicht ruft durch musikalische Motive und klangvolle Fügungen den Eindruck eines Liedes hervor, ist aber nicht nach einer strophi-

[266] Analyse bei Frank 426f.
[267] Frank 399f.

schen Melodie singbar. (Brahms schuf später zu Versen Tiecks durchkomponierte Vertonungen.) Der Strom der Empfindungen erfindet sich im Fortschreiten den jeweils notwendigen Rhythmus und Reim, ohne sich einem überlieferten Schema einzufügen und ohne einem selbst aufgestellten Gesetz zu folgen[268]. Diese Form der „Selbstschöpfung und Selbstvernichtung" könnte man als „höhere Ironie" bezeichnen. Nicht das Lächerliche erstrebte die romantische Ironie, sondern das Heitere, nicht die Zerstörung des Vorbefindlichen als Selbstzweck, sondern die Ermöglichung des unendlich dahinströmenden Wechsels der Sinneseindrücke und Gemütsbewegungen.[269]

Der Sternbald-Roman enthält aber auch Gedichte mit komischen und ironischen Elementen. Ludovikos Wunsch nach einem Gedicht ohne Inhalt beantwortet Rudolf mit dem Nonsens-Lied von der ziellosen Wanderschaft der Vögel und dem „jüngsten Gericht" als großem Fressen (316ff.). Vordergründig wird hier der Anspruch an einen tieferen Sinn jeder Dichtung zurückgewiesen. Zudem könnte man in der sinnlosen Reiselust und dem wirren „Gerede" der Vögel eine Anspielung auf die Romanfiguren und in ihnen auf die Romantiker selbst sehen, so dass auch der Sinn des ganzen Werkes auf spielerische Weise hinterfragt würde. Deutlicher tritt diese Selbstrelativierung in dem Gedicht „Die Phantasie" hervor, das Tieck zu seinem bevorzugten lyrischen Text aus diesem Roman erklärte und das schon durch die Titelfigur „Phantasus" auf den Zusammenhang mit Tiecks gesamtem Frühwerk verweist (348ff.). Das Widerspiel von nächtlicher Phantasie und taghellér Vernunft ist personifiziert vorgeführt, in bunten Bilderfolgen ohne Reim oder Metrum, an der Grenze zur Prosa stehend. Franz Sternbald befreit die Phantasie aus ihren Fesseln und verleiht ihr zauberhafte, auch komische Traumbilder ohne logische Verknüpfung:

„Aus Glas und Kristallen baut er Schlösser,
Lässt oben aus den Zinnen Zwerge kucken,
Die mit großen Köpfen wackeln,
Fontänen gehen unten im Garten spazieren." (350)

Innerhalb des Textes im Text ergreift der Dichter dennoch die Partei der Vernunft, die den Menschen „vor allen Wesen herrlich macht" (351). Da aber das ganze Gedicht vom ersten Leser sogleich dem Phantasus zugeschrieben wird (§52), hebt der Autor auch diese Relativierung der Phantasie durch die Vernunft wieder auf: „Phantasus" hat mit seiner Gegenspielerin

[268] Ebd. mit Notenbeispielen
[269] Vgl. Berglinger, Herzensergießungen 108

„Vernunft“ und mit sich selber Scherz getrieben. Auf typisch romantische Weise unterläuft der Verfasser in seiner Lyrik also nicht nur die formalen Gesetze und inhaltlichen Forderungen der Tradition, sondern nimmt auch jeden von ihm selbst aufgestellten Gefühlswert, Rhythmus oder Reim sogleich wieder zurück. Er verspottet nicht nur die Ansprüche der feindlichen Vernunft, sondern auch das Spiel der eigenen Phantasie. Von den geschilderten Gegenständen löst sich der synästhetische Fluß der Sinneseindrücke ab und von diesem wiederum die schwebende Klangfolge. Was bleibt, ist eine Stimmungslandschaft aus Farbflächen und Lichtwerten, dazu Tönen und Düften. Selbstironie und Abstraktion greifen in Tiecks Lyrik ineinander. Der Inhalt ist nie abhanden gekommen – die Freunde fordern ja auch meist einen anderen Inhalt als den gewöhnlichen –, sondern auf eine andere Ebene verschoben, in Richtung des subjektiven Gefühls, der flüchtigen Naturerscheinungen und der künstlerischen Gestaltungsmittel. Immer sind in der Lyrik Form und Inhalt, Klang und Bedeutung eng verbunden, doch ist das Gewicht bei Ludwig Tieck bereits weit verschoben zugunsten des Wohlklangs und der – explizit genannten oder synästhetischen implizierten – Farbwirkung. Mit den Mitteln des Wortes hat der Dichter erreicht, was er sich für die Musik und die Malerei von anderen Künstlern erhofft: ein vom Gegenständlichen abstrahierendes, also tendenziell absolutes Kunstwerk, und zwar nicht nach einer neuen Gesetzmäßigkeit gestaltet, sondern tendenziell gestaltlos.

§ 41 Das Verhältnis von Dichtung und Malerei und Musik

Typisch für Tieck und die anderen Frühromantiker ist es, dass aus dem Bereich der bildenden Kunst für Sternbald hauptsächlich die Malerei eine Rolle spielt, obwohl der Roman reichlich Anlass gegeben hätte, auf Plastik und Architektur einzugehen. Und nicht einem Gebäude in einem klassischen Stil kommt eine Würdigung zu, sondern einem gotischen Dom. Aus dem Bereich der Dichtung und Musik hebt Tieck die Lyrik und das Lied hervor: Musik in Worten und Worte mit Musik. In beiden vollzieht sich die Synthese der Künste, und beide nehmen farbige Eindrücke reichlich hinein, haben stark malerische Qualität.

Im Traum gelingt es Franz, diese Harmonie der Sinne zu steigern und ins Kunstwerk zu bannen, indem er auch „die Töne der Nachtigallen“ in ein Gemälde hinein komponiert, – „im Takte mit der Musik des Mondscheins“

(91). Er befindet sich ahnungsweise auf dem Weg zum Gesamtkunstwerk, wenn er Musik in Malerei umsetzt; und Tieck fügt die Ebene der Literatur hinzu, wenn er diese Vision in Sprache wiedergibt. Zugleich ist damit offenbar, wie vorläufig diese Ideen noch sind, denn es bleibt bei einem rein sprachlichen Entwurf, ohne dass andere Künste herangezogen würden. Tatsächlich benutzt der junge Maler die Musik zur Anregung, gleichsam Untermalung bei Porträtsitzungen (244), nicht aber zur unmittelbaren Quelle seines Schaffens. Die intensive Synästhesie bleibt passiv, wird nur um Traum kreativ, – bei Sternbald, nicht bei Tieck, der mit Worten malt und tönt. Aus der Weite erreicht sowohl natürliche als auch menschlichen Musik Franz' Ohr: Bäche und Nachtigallen, Waldhörner und Lieder sind die häufigsten Motive, alle eine unbestimmte Sehnsucht aussprechend. Der Zusammenhang der Natur wird als Zusammenklang empfunden, selbst wo keine akustischen Eindrücke vorliegen: Rudolf preist die Wolken als Musik des Himmels (281); Franz hört die Orgel der Natur (249, 91). Mehr noch, die unvollkommene Musik der Welt verweist auf eine höhere Harmonie und damit eine höhere Welt, wie der Maler Francesco Rustici am Ende des Romans wehmütig ausführt:
„Die Musik ist es nicht selbst, die so zu mir spricht, aber ich höre sie wie abgebrochene Laute aus einer ehemaligen verlornen Welt, die ganz und durchaus nur Musik war, die nicht Teile, Abgesondertheit hatte, sondern wie ein einziger Wohllaut, lauter Biegsamkeit und Glück dahinschwebte [...]" (387). Dem Autor scheint sehr viel an diesem Entwurf eines aus Musik bestehenden Paradieses zu liegen, denn er bot die Ausschließlichkeit dreifach mit den Worten „ganz und durchaus nur Musik". Weiterhin wird diese Musik nicht als erhaben und streng-gefügt vorgestellt, sondern als lieblich und „biegsam", strömend und schwebend. Zwar stimmt Franz Rudolf zu, die Musik sei die „erste, unmittelbarste, kühnste der Künste", während die anderen mehr verschwiegen (281). An anderer Stelle räumt er dem Dichter den höchsten Platz ein, doch die Begründung ist seine Unabhängigkeit von der „lästigen Materie" und sein Umgang mit „Luftgestalten" und „Lichtstrahlen" (70). Andererseits schätzt der Kunstliebhaber Vansen die Malerei, weil sie frei schaffen könne, aber auch gerade, weil sie dauerhafter sei als „Poesie und Musik, die so flüchtig vorüberrauschen und uns kaum anrühren" (142f.). Desgleichen urteilt Franz gegen Ende der Geschichte, die Malerei sei greifbarer und dauerhafter als die „Gesänge" der Dichter (370). Hier fordert er auch den Primat der Malerei über die Zeichnung, der

Farbe über Kontur und Volumen. Musik und Dichtung sind immer im Fluß, aber eben darum auch flüchtig. Als sinnlichste und damit gefühlsmächtigste Kunst erscheint hier nicht die Musik, sondern die Malerei. Gegenüber der in den ästhetischen Aufsätzen an die Spitze der Hierarchie gehobenen Tonkunst tritt im „Sternbald" die Bildkunst in den Vordergrund, und zwar durch das Gestaltungsmittel der Farbe. Daneben gelangt die Wortkunst in Gestalt des Liedes zu neuen Ehren. Die Musik hat nicht mehr den Primat inne, aber sie bestimmt die anderen künstlerischen Äußerungen im Idealfalle wesentlich mit. Die Ästhetik des „Sternbald" tendiert zum synästhetischen Gesamtkunstwerk. Der Roman vollzieht das Streben nach einer musikalischen und malerischen Sprache. Dabei verselbständigen sich die künstlerischen Medien Farbe und Klang, sagen sich vom Gegenstand und von jeglichem Gesetz los. Der Roman ist lesbar als großzügiges Landschaftsgemälde, bewusst flüchtig und fragmentarisch, als farbintensive Atmosphäre, Stimmungen vermittelnd, oder als durchkomponiertes Lied, lautmalerisch den Überschwang schwankender Gefühle kündend.

§ 42 Das Verhältnis von Kunst, Natur und Religion

In seinem Plädoyer für die Zweckfreiheit der Kunst charakterisiert Franz Sternbald die Kunst als „Spiel und Ernst gemischt", als Offenbarung der „Hoheit der Menschenseele" und der „Urschönheit", damit auch „Unterpfand der Unsterblichkeit" (176ff.). In seinem mystischen Erlebnis auf dem Berggipfel (dem sicher der von Tieck nie vergessene Sonnenaufgang im Harz zugrundelag)[270] vergleicht er die Kunst der Natur, die den „Weltgeist" zugleich offenbart und lobpreist, sich als „Hieroglyphe" und „Harfenspiel" vollziehend (249ff.). Wie Franz die Kunst als religiösen Prozess auffaßt, so umgekehrt die Religion als künstlerischen Prozess: Als er das Altarblatt für sein Heimatdorf vollendet hat, spürt er, dass das Gebet für ihn das höchste Kunstschaffen ist (69), die Andacht der höchste Kunstgenuss (72). Wenn die Kunstwerke aus Leinwand und Farben längst vergangen sind, bestehen die Kunstwerke der Gebete und „Gedanken an Gott" auf ewig (69).
Der Maler Rustici in Rom vergleicht die Kunst der Alchimie, die die „Geisteratmosphäre" ansaugt und die Hieroglyphe der Natur in deutlichere Aussagen verwandelt (385f.). Die Kunst bringt in der Be-Geisterung etwas zutage, was außerhalb der sichtbaren Welt liegt:

---

[270] S. u. S.127 m. Anm. 458

„Glaube mir nur, mein Bester, dass zu allen großen Dingen eine Offenbarung gehört, wenn sie sich unsern Sinnen mitteilen sollen, ein Geist muss plötzlich herabsteigen, der unsern Geist mit seinem fremden Einfluss durchdringt." (386)

Doch die Kunst ist nicht selbst die ersehnte vollkommene Heimat, auch sie vermag nur darauf zu verweisen, bleibt bruchstückhaft wie die Menschenwelt, denn die bereits angeführte Rede von der Musik als Paradies fährt fort: „[...] lauter Biegsamkeit und Glück dahinschwebte und meinen Geist auf ihren weichen Schwanenfedern trug, statt dass er auch jetzt noch auf den süßesten Tönen wie auf Steinen liegt und sein Unglück fühlt und beklagt." (387) Die in den „Phantasien" umrissene Problematik der Kunst ist hier verlagert: Wenn dort hinterfragt wurde, ob die Musik nicht eine bloß scheinbare Erlösung vermittle, wird hier die Zerrissenheit des Menschen bis in die Musik hineingetragen, ihre religiöse Funktion aber nicht angezweifelt. Kunst und Natur führen im „Sternbald"-Roman nicht nur zur Religion, sie sind Religion: Offenbarung und Anbetung. Beider werden als dynamisch und unvollendbar dargestellt. Die Kunst steht dem Menschen näher, aber nicht unbedingt höher als die Natur, die Gottes eigenes Kunstwerk ist, wie Sternbald von der Höhe des Berges erkennt:

„Die Hieroglyphe, die das Höchste, die Gott bezeichnet, liegt da vor mir in tätiger Wirksamkeit, in Arbeit, sich selber aufzulösen und auszusprechen, ich fühle die Bewegung, das Rätsel im Begriff zu schwinden – und fühle meine Menschheit." (250)

§ 43 Das Verhältnis von Kunst und „wirklichem Leben"

Die Welterfahrung des Künstlers teilt sich auf in die erhabene Natur und das banale Menschenleben. Die Natur erscheint vorwiegend als übermächtige Offenbarung, der Alltag als lästiger Widerstand. Der Künstler muss sich diesem Hindernis entziehen, oder, anders betrachtet, sein Menschsein opfern (313). Die Kunst möge, wie Ludoviko sich wünscht,

„[...] mit luftigem Schritt über den goldenen Fußboden des Abendrots gehen und von dort in die Welt hineingrüßen." (327)

Die Kunst soll zweckfrei und womöglich inhaltsfrei sein, was nicht heißt sinnlos und bedeutungsfrei, aber: nicht politisch oder sonst wie zu verzwecken und nicht mimetisch zu vereinnahmen. Wie problematisch eine „nutzlose" Kunst ist, die auf eine Welt aus Arbeit und Armut trifft, wird dabei nicht ausgeklammert (76f., 263, 333). Allerdings fällt die Kunstkritik gegenüber der Kunstverehrung kaum ins Gewicht, im Unterschied zu den ästhetischen Schriften, an denen Tieck mit Wackenroder zusammenarbeitete. Der ästhetische Standpunkt behauptet sein Recht gegenüber dem sozialen. Wo Sternbald die Ansiedlungen der Menschen überhaupt neben der Landschaft als Bildgegenstand in Erwägung zieht – im Anblick des Jahrmarktes (62) und des Marktplatzes (336) –, geschieht es unter kompositorischen Gesichtspunkten, nämlich um noch mehr Farbe und Bewegung hineinzubringen. Das inhaltliche Motiv, auch den Alltag in die Sphäre der Kunst zu erheben, bringt den Willen zum Ausdruck, die Totalität des Lebens einzufangen, und hat nicht viel mit einer Neigung zum „wirklichen Leben" zu tun, das Franz ja selber mit seinen Freunden als „gemeines prosaisches Leben" Gegensatz zu seinem „inneren poetischen Leben" erfährt. Er fasst den „unbefangenen Haufen der Leute" eher als „Natur" und „Natürlichkeit" auf (62). Da Franz Sternbald die Möglichkeit hat, seinem „poetischen" Charakter mit einer künstlerischen Existenz zu entsprechen, kann er sich vom ‚wirklichen Leben' weitgehend absetzen, um auf einer anderen Ebene der Wirklichkeit seiner Lebensaufgabe nachzugeben. Allerdings steht zu vermuten, dass seine Geschichte auch deswegen Fragment blieb, weil es Tieck nicht gelang, die beiden Bereiche zu integrieren. Nur der Moment der Begegnung mit der Geliebten auf den letzten Seiten bringt wirkliche Erfüllung, da er das eigentliche Leben des Tagtraums in empirische Realität überführt.[271] Die Kunst gehört einer anderen Sphäre an als das menschliche Leben und die umfassende Natur. Sie ist der alltäglichen Erfahrung und der verstandesmäßigen Erklärung nicht zugänglich. Die Kunst ereignet sich auf einer höheren Ebene als das übrige Leben, wie die Natur nach eigenen Gesetzen und als religiöser Vollzug. Sie ist Mimesis, lässt sich nicht analysieren und nicht funktionalisieren, entzieht sich sowohl dem Leben als auch der Natur. Am deutlichsten spricht Franz seine Erkenntnis am Schluss seiner Naturvision aus: „Die höchste Kunst kann sich nur selbst klären, sie ist ein Gesang, deren Inhalt nur sie selbst zu sein vermag." (250)

§ 44 Die Rezeption des „Sternbald" durch die Zeitgenossen

„Franz Sternbalds Wanderungen" war zur Zeit seines Erscheinens ein vielgelesener Roman. Die Bandbreite der Bewertung mag man an den zwei an-

[271] Garmann 86

onymen Rezensionen von 1799 in der „Allgemeinen Literatur-Zeitung“ Jena und der „Neuen Allgemeinen Deutschen Bibliothek“ ablesen.[272] Der erste Kritiker stellt den „Sternbald“ dem „Wilhelm Meister“ an die Seite, der letztere bezeichnet die Nachahmung als misslungen. Wo der eine den „liebenswürdigen, warmherzigen“ Franz lobt, schilt der andere ich als „bald kleinmüthig, bald hochfahrend“. Besonders angegriffen werden Tiecks „Plaudereyen“ und „Reimereyen“, der Mangel an Spannung und Klarheit, an Historizität und und „Sittlichkeit“. Die hier bemängelte „leere Ausdehnung“ war es aber gerade, auf die es Tieck ankam, und wenn es auch stimmt, dass er nur an ganz wenigen Stellen eine überwältigende Sprachkraft entfaltet, kann man ihm doch nicht dichterische Unfähigkeit vorwerfen, wo er nur konsequent sein Konzept verwirklichte.
Ein typischer Kritiker dieser Richtung war Goethe, der schon am 5.9.1798 an Schiller schrieb: „[...] es ist unglaublich, wie leer das artige Gefäß ist“.[273] Eine Randbemerkung zum sechsten Kapitel des ersten Teils in seinem Exemplar des „Sternbald“ wirft ihm „Falsches Preisen der Natur im Gegensatz mit dem Idealen“ vor. Man erinnere sich an Goethes Jugenddichtung, zum Beispiel den Hymnus auf das naturhafte Straßburger Münster.[274] In einer Rezension in der „Allgemeinen Literatur-Zeitung“ Jena 1805 verwirft Goethe die ganze „neukatholische Sentimentalität“ und das „klosterbrudrisirende“, sternbaldisierende Unwesen“ als „Gefahr“ für die Kunst. Naive Natürlichkeit und Frömmigkeit, mangelnder Inhalt und mangelnde Form, – vom „Sternbald“ lässt Goethe nichts übrig.[275] Eine entgegen gesetzte Auffassung verfocht Friedrich Schlegel. Er verleiht Tiecks Jugendwerk das Prädikat „RR“ – romantischer Roman – und – absolute Poesie –, ja er ernannte ihn zum ersten romantischen Roman seit Cervantes, über dem Wilhelm Meister stehend, der ja nicht nur für ihn ein Kultbuch, sondern für die ganze Zeit ein Leitwerk war.[276] In den Athenäums-Fragmenten entfaltete Friedrich Schlegel seine Wertschätzung deutlicher:
„Der Sternbald vereinigt den Ernst und Schwung des Lovell mit der künstlerischen Religiosität des Klosterbruders und mit allem was in den poetischen Arabesken, die er aus alten Mährchen gebildet, im Ganzen genom-

[272] Abgedruckt bei Anger, Alfred: Anhang und Nachwort zu „Franz Sternbalds Wanderungen“, Stuttgart 1979 511-521
[273] zitiert bei Anger 505
[274] S.u.S.90 ff.
[275] Anger 505f.
[276] Brief an A.W. Schlegel, zitiert bei Anger 510

men, das Schönste ist: die fantastische Fülle und Leichtigkeit, der Sinn für Ironie, und besonders die absichtliche Verschiedenheit und Einheit des Kolorits. Auch hier ist alles klar und transparent, und der romantische Geist scheint angenehm über sich selbst zu fantasieren.“[277]
Gerade die neue künstlerische und naive Religion, das freie Spiel der Phantasie und die Vielfalt des Stils sind für Schlegel Merkmale der Universalpoesie. Beim Stichwort ‚Ironie' stutzt des Leser zunächst, denn eben der Sternbald scheint ausnahmsweise fast frei von der romantischen Selbstironie zu sein. Auch die Transparenz des Werkes will nicht ganz einleuchten, mutet es doch eher wirr oder doch verwirrend an. Für Schlegel fällt offenkundig schon die Selbstreflexion unter Selbstironie, und die Klarheit eines Werkes zeigt sich weniger in der formalen Einheit als in der Klarheit über sich selbst. Schlegels Äußerungen bewegen sich auf einer Meta-Ebene, und er dürfte damit Tiecks Intention voll erfasst haben, der das Verhältnis eines Künstlers zur Kunst darstellen wollte – und zugleich sein eigenes Verhältnis zu seinem Kunstwerk. Es hängt also ganz vom Standpunkt ab, ob man ein und dasselbe Werk als Inbegriff der Leere oder der Fülle, der Verwirrung oder der Klarheit versteht. Während Caroline Schlegel sich Goethes Meinung anschließt, das Werk zeige „bloß Stimmungen“ und „Unbestimmtheit“,[278] kann Bettina Brentano sich ganz in den Geist der Geschichte hineinversetzen.[279] Novalis lässt sich zu seinem „Heinrich von Ofterdingen“ anregen und Runge überhaupt zur künstlerischen Laufbahn Mut machen. August Wilhelm Schlegel ist von der Lyrik dermaßen begeistert, dass er sich zu dem Ausruf versteigt: ‚So etwas gemacht zu haben, dafür verkaufte ich schier ein Stück von meiner Seligkeit.'

XVII. Poetische und ästhetische Entwürfe als Voraussetzung der Romantik

§ 45 „Klassische“ und „unklassische“ Standpunkte

Die Aufklärung geht auch in der Kunstauffassung von Verstand und Sinnen aus, sucht Gefühl und Phantasie der Vernunft untertan zu machen. Das Ziel eines Kunstwerkes ist eine Moral, der Weg die Nachahmung der Natur. Die

[277] Zitiert bei Anger 508
[278] Anger 507f.
[279] Anger 522

Moral soll auch den Ursprung des Schaffens bilden, indem sie die Fabel hervorbringt, die sich dann zur Geschichte entfaltet. So fordert es Gottsched in seiner Poetik „Versuch einer critischen Dichtkunst" (4. Aufl.1751). In der deutschen Philosophie des 18. Jh. kommt die sinnliche Erkenntnis neben der rationalen zu immer größerem Recht. „Ästhetik" bedeutet nun ebenso Lehre von der Wahrnehmung, wie Lehre von den Künsten. Man beginnt die Ästhetik zu psychologisieren, statt nur zu rationalisieren und zu moralisieren.[280] Für die bildende Kunst hat grundsätzlich die alte Hierarchie, nach der die Architektur die höchsten Aufgaben hat und die anderen Künste in sich einschliesst, noch Gültigkeit. Innerhalb der Malerei behauptet das Historienbild den obersten Rang vor Genre und Portrait, während Stilleben und Landschaft sich als Beigabe einfügen oder mit dem letzten Platz begnügen müssen. Auch ein Bild soll eine Botschaft übermitteln, und sogar von der Musik verlangt man dies.[281] Andererseits erfährt die Landschaftsmalerei eine neue Hochschätzung: Sie soll, ebenso wie der Landschaftsgarten, eine zweite Natur, eine vollkommene Schöpfung errichten, eine ‚heroische Landschaft' sein. Der Klassizismus der Aufklärung fand seine klarste Formulierung in Winckelmanns Schrift „Gedanken über die Nachahmung der griechischen Werke in der Malerei und Bildhauerkunst" (1755). Die Rückbindung an eine bestimmte historische Epoche gründet sich auf ein Ideal zeitloser Schönheit, das sich in einer bestimmten Zeit vollkommen verkörpert habe, nämlich in der griechischen Antike und vor allem in der Plastik. Höchster Gegenstand der Kunst ist der Mensch, wie er sich in seiner Gestalt ausdrückt, Maßstab der Kunst ist die schöne Form. Als Idee existiert die Schönheit ‚in Gott': ewig und unerschaffen. In Zeit und Materie verwirklicht sie sich und verliert dabei ihre Reinheit, vermag aber noch immer „edle Größe" und „selige Stille" zu vermitteln.[282] Der zweite Ausgangspunkt Winckelmanns neben der Schönheit ist der Gedanke, der sich in die Allegorie einkleiden soll.
„Der Pinsel, den der Künstler führt, soll in Verstand getunkt sein."[283]
Mitten in der Aufklärung findet sich aber bei Denis Diderot auch ein unerwarteter Freiraum für die Kunst, jedenfalls für die bildende, eine völlige Freiheit von ästhetischen und ethischen Idealen. Das Essay „Versuch über

[280] Garmann 28f.
[281] Lankheit, Klaus: Die Frühromantik und die Grundlagen der „gegenstandslosen" Malerei. In: Neue Heidelberger Jahrbücher (NHJ) 1951, 55-90, 80; Weimar 62
[282] Weimar 43f.
[283] Garmann 44

die Malerei“ wird 1799 ins Deutsche übersetzt, also nach Erscheinen der frühen ästhetischen Schriften Tiecks, und zwar von Goethe auf Anregung Schillers. Diderot definiert die Kunst gerade nicht über Vernunft, Form und Moral, sondern über „Phantasie“, „Magie“ und „Chaos“. Das Kunstwerk darf eben nicht alles klären, sondern lässt den Kräften Raum, aus denen es geboren ist: Stimmung und Phantasie. Was das Genie geschaffen hat, dichtet der Betrachter weiter.[284] Das absolute Schöne ist für den Aufklärer zur ‚Chimäre’ geworden. Die Ästhetik muss das Schöne als mannigfaltig begreifen und sogar das Hässliche oder Regellose einbeziehen. Auch Linien und Strukturen erhalten ihren ästhetischen Eigenwert, wenn der Betrachter so nach ans Bild tritt, dass der Gegenstand verschwindet:
„Die reinen und abstrakten Dimensionen sind nicht ohne eine gewisse Ausdruckskraft“.[285] Auch die Bewegung des Sturm und Drang wehrt sich gegen den herrschenden Rationalismus und Klassizismus. Die Kunst wird vom Künstler her beschrieben, vom Genie, das seine Natur ausspricht. Maßstab ist seine Originalität und Kraft, vor der kein ewiggültiges, irgendwann in der Zeit manifestiertes Ideal bestehen kann. Ähnlich wie später bei Tieck zählen allein Charakter, Gefühl und Gestaltungskraft des Genies. Die Schönheit der Natur kann auch gewaltig oder sogar grausam sein; „Groß“ bedeutet nicht erhaben im Sinne von ausgeglichen oder human. Der junge Goethe feiert den gotischen Dom eben wegen seiner naturhaften Formen und riesigen Dimensionen, er liest ihn als Dokument eines Genies, das er auch als Heiligen anrufen kann, ohne dabei an die christliche Ethik zu denken. Der Ansatz des späteren Goethe, den er mit Schiller gegen die Romantiker vertrat, kehrt zu den ewigen Ideen zurück. Sie sind im Kunstwerk anwesend, daher ist es ein „abgeschlossenes Unendliches“. Wie bei Kant gilt die Kunst als eigener Bereich analog zur Natur, als „zweite Natur“.[286] Jedes Kunstwerk bildet als organische Ganzheit die ganze Natur ab. Die Form soll die Einheit bestimmter Einzelheiten sein, der Gegenstand menschliche Ursituationen, der Stil überindividuell. Der Künstler bindet sich an allgemeine Gegebenheiten und Gesetze zurück.[287]
Schiller führte das Ideal eines autonomen ästhetischen Staates vor Augen; damit meinte er keine gesellschaftliche Größe, sondern eine rein ästhetische

[284] Stelzer, Otto: Die Vorgeschichte der abstrakten Kunst. München 1964, 141f.
[285] Weimar, Klaus: Versuch über Voraussetzung und Entstehung der Romantik. Tübingen 1968 (Diss. Tüb. 1967), 49
[286] Weimar 77
[287] Weimar 51ff.

Sphäre, „das dritte fröhliche Reich des Spiels und des Scheins“[288] zwischen der realen Gesellschaft und der idealen Menschheit. Die Gegensätze der geschichtlichen Wirklichkeit finden in der poetischen Wirklichkeit ihre Versöhnung. Schon der Klassizismus also, gegen den die Romantik ankämpft, hat eine gewisse Autonomie der Kunst von der Natur postuliert, sie als zweites Reich neben oder über der Natur etabliert, auch wenn sie ihr eigene Gesetze aufprägt. Der Sturm und Drang verwirft jegliche Norm und sucht die Wurzel der Kunst allein im Gefühl des Künstlers. Die Frühromantiker können hier anknüpfen, teils in Anlehnung, teils im Widerspruch: Sie befreien die organische und autonome Kunst vom klassischen Schönheitsideal,[289] sie koppeln das unabhängige Genie mit der Reflexion und beziehen es zurück aufs Absolute.[290]

Die folgenden beiden Abschnitte vergleichen deswegen je einen Text des Sturm und Drang und einen der Weimarer Klassik mit Tiecks frühen Gedanken zur Kunst. An einzelnen Werken der Architektur, Malerei und dichterischen Landschaftsschilderung legen Goethe und Schiller ihre ästhetischen Grundgedanken dar, ähnlich wie Tieck es eingebettet in den Sternbald-Roman tut. Ein Ausflug in den Landschaftsgarten des 18. Jh. schließt diesen Vorspann zur Romantik ab. Diderot befreit in seinem Essay die Malerei von Inhalt und Form überhaupt, erschafft dem Künstler einen Freiraum für seine Empfindung und Einbildungskraft und verselbständigt die künstlerischen Mittel, bis hin zu Abstraktion und Chaos. Dieser Entwurf soll hier nicht als direkte Voraussetzung der Romantik, sondern als zeitlich frühere Parallele angeführt werden. Daher wird er auch nicht im Einzelnen besprochen und auf Tieck bezogen.

§ 46 Johann Wolfgang Goethe: Von deutscher Baukunst (1773)

Sternbalds Hymnus auf das Straßburger Münster und seinen Erbauer lehnt sich eng an Goethes Aufsatz aus dem Sturm und Drang an[291]. Neu ist darin die Rückbesinnung auf das Mittelalter, das aber als „eingeschränkter Pfaffenschauplatz“ noch immer suspekt ist. Dem Verfasser geht es mehr darum, einen eigenen nationalen Stil zu feiern, vor allem aber den persönlichen Ausdruck des Baumeisters als Beispiel für den subjektiven schöpferischen

[288] Weimar 55
[289] Kluckhohn, Paul: Das Ideengut der deutschen Romantik. Tübingen 1966, 158
[290] Kluckhohn 161
[291] Von hier ab zitiert nach der Cotta-Ausgabe, Bd.16, 11-20

Impuls überhaupt hervorzuheben. Die Tatsache, dass es sich bei beiden Behauptungen um Fehldeutungen handelt, da die Gotik sich als Stil in Frankreich entwickelte und am einzelnen Kunstwerk wenig individuelle Entfaltungsmöglichkeiten bieten, kann hier außer acht bleiben. Der junge Goethe deutet eine ihm nur vage bekannte Epoche zum Ideal des Sturm und Drang um. Den Begriff „gotisch" kennt Goethe nur als Synonym für „ungeordnet", „überladen", „zusammengestoppelt" (15). Nun zeigt er sich überrascht und überzeugt von der tatsächlichen Harmonie des Straßburger Münsters (16). Hier findet er „lebendige Schönheit" (13), in der Nachahmung der Antike dagegen nur unfruchtbare Starre, im „guten Geschmack" nur „unbedeutende Glätte". Das Bauwerk erscheint in sich „notwendig und wahr" (13), die tausend Teile „zwecken zum Ganzen" wie in der Natur (16). Als Bilder werden zum Vergleich Berge und Bäume gewählt. Die Kathedrale gilt dem Bewunderer als Denkmal des Baumeisters (11). Er wird als „Genius" und „heiliger *Erwin*" angerufen (16f.), als Sinnbild des Prometheus (20) und als Lobgesang auf den Schöpfer aller Dinge (11). Auch der Gegensatz von „deutsch" und „welsch" spielt bei der Gegenüberstellung von „Schönheit und Schönheitelei" (18) eine Rolle, wie schon die Überschrift verkündet. Ein Viertel Jahrhundert später fügt Tieck, sonst im „Sternbald" kaum interessiert an konkreten Ortschaften oder Bauwerken, ziemlich zusammenhanglos den Anblick des Münsters und die Begeisterung dafür an eine Kunstdiskussion an (217f.). Gegen die „Begriffe von Idealistischen und Erhabenen", die die antike Architektur zum Maßstab erheben und „das barbarische Zeitalter bedauern" und verachten, behauptet sich das überwältigende Erlebnis des „Riesengebäudes". Der lebendige Eindruck siegt über das erlernte System; in Umkehrung der Verhältnisse wird es zum „Wirrwarr von Geschmack und edler Einfachheit". Das vielfältige Bauwerk dagegen ist in sich vollendet, „ist fertig, ist da", die einzelnen Teile sind in „Symmetrie" und „Notwendigkeit" aufeinander und aufs Ganze bezogen. Als Metaphern dienen die gleichen Naturformen wie bei Goethe, die „Felsenmassen" und der „Baum" (je zweimal), dazu tritt kühn der „Springbrunnen [...] sich ewig, ewig ergießt" – unregelmäßige, ungeheure, sogar dynamische Gebilde also. Die gotische Kathedrale gilt Franz Sternbald als Sinnbild für den Geist des Baumeisters, dann den „Geist des Menschen" überhaupt, in weiterer Steigerung als „Bild der Unendlichkeit". Das Bauwerk selber wird als „göttliches Ebenbild" und „allmächtig" mit menschlichen und göttlichen Attributen geschmückt. Das Göttliche ist hier in den Künstler und ins Kunstwerk hineingeholt. Außerdem gilt das Straßburger Münster als typisch deutsch: „ein Werk, das den deutschen Ehre macht.“ Über diese Betrachtungen hinaus begründet Goethe seine Wertschätzung des gotischen Doms theoretisch, beschließt seinen Aufsatz mit allgemeinen ästhetischen Überlegungen. Neben der „schönen Kunst“ gibt es die „bildende“ oder „charakteristische Kunst“. Diese kann auch „Stärke und Rauheit“, auch das Grelle, Groteske, Gräßliche umfassen, das Willkürliche in ewige, schöne, musikalische Harmonie bringen: wenn sie aus „inniger, einiger, eigner“ Empfindung geboren ist (18f.). Maßstab für die Kunst ist kein Vorbild, keine Form, sondern die Empfindung, die von sich aus zu ewigen Formen vordringen kann. Tieck versäumt an der entsprechenden Stelle derartige Feststellungen, obgleich die äußere Anlage seines Romans wie auch seine eigene Kunstanschauung dem entgegengekommen wären. Vielleicht will Tieck hier doch nicht allzu eng Goethe nachfolgen. An zahlreichen anderen Kunstgesprächen im „Sternbald“ wird dem Leser die Affinität des jungen Tieck zum jungen Goethe deutlich. Dieser setzt sich von solchen romantischen Verwirrungen später klar ab, kehrt zu einem klassischen Kunstideal zurück, ohne aber den Gedanken des organisch lebendigen Kunstwerkes und der inneren Form aufzugeben. Er hält die Mitte zwischen der klassizistischen leblosen Form und der romantischen chaotischen Formlosigkeit.

§ 47 Friedrich Schiller: Über Matthissons Gedichte (1794)

Eine Rezension von Gedichten Matthissons in der „Allgemeinen Literaturzeitung“ nahm Schiller zum Anlass grundlegender ästhetischer Erörterungen,[292] die Tieck möglicherweise gelesen hat.[293] In jedem Falle treten bei einem Textvergleich vor allem die grundlegenden Unterschiede, ja Gegensätzlichkeiten der Kunstauffassung zutage. Zwar würdigt Schiller die Landschaftsmalerei und -dichtung als „Seelenmalerei“, doch will er den subjektiven, emotionalen Impulsen des Künstlers keinen Vorschub leisten. Im Gegenteil arbeitet er gegen die „Anarchie, welche noch immer in der poetischen Kritik herrscht“, wie er es Goethe gegenüber am 7.9.1794 formuliert, auf ein „Gesetzbuch“ hin: auf eine normative Ästhetik also. Zunächst rettet Schiller die Landschaftsschilderung in Worten oder Bildern vor dem anti-

[292] Von hier ab zitiert nach der National-Ausgabe, Bd. 22, 265-283
[293] Lankheit 80, Anm. 40d

ken strengen Begriff von „Schönheit“ und stellt einen neuen auf, vor dem sie bestehen kann. Der fähige Künstler lenkt die Einbildungskraft des Rezipienten auf eine bestimmte Empfindung hin: kraft allgemein menschlicher Gesetze (267). Um das „subjektive und willkürliche Gedankenspiel“ zur „objektiven Verknüpfung“ empirischer Tatsachen zu machen, muss der Dichter, wie seine Gestalten, vom „Individuum“ zur „Gattung“ werden (268). Das Notwendige ist der allgemeine Gegenstand und die allgemeine Empfindung: So entsteht der „große Stil“ (269). Wie beim jungen Goethe und beim jungen Tieck gelten „Empfindung“ und „Notwendigkeit“ als Voraussetzungen der Kunst; doch bilden sie hier nur den Ausgangspunkt eines Prozesses, der auf das Überpersönliche, auf das allgemeine Gesetz zielt. Eben das Individuelle, Willkürliche, Historische, Zufällige soll ausgelöscht werden. Auch die Romantiker erstreben letzten Endes das Weltganze oder Weltgesetz, – aber indem sie das Intuitive, Subjektive, Einmalige, Regellose aufs Äußerste steigern. Eine „rein poetische“ Landschaft muss sich dem Betrachter laut Schiller nach natürlichen Gesetzen ergeben. Wo die außermenschliche Natur willkürlicher als die menschliche Natur erscheint, mag der Maler ihr durch ein neues, ästhetisches Gesetz aufhelfen: die Komposition. Wo es ihr an der „höchsten Schönheit“ mangelt, kann er sie zum Symbol der menschlichen, also höchsten Schönheit werden lassen (271). Zwar erkennt Schiller an, dass Musik und Malerei durch „analogische äußere“ Bewegungen auch Gemütsbewegungen ausdrücken können; aber die Natur dient eben nur zur Untermalung, liefert den Stoff, der in der „Darstellung von Empfindungen“ zur „ästhetischen Würde der Menschennatur“ erhoben werden kann. Zudem steht die „moralische Würde“ in der „Darstellung von Ideen“ höher als die Darstellung von Empfindungen (272f.).

An Matthissons Gedichten erläutert Schiller das Ziel der Kunst, er ist der „Sieg des Lebens über das Leblose, [...] der Form über die gestaltlose Masse“ (278). Für die „abenteuerliche Phantasie, [...] so überladen, so grotesk“ hat er mit Matthisson nur Spott übrig (280). Dieses Programm gründet auf einem völlig anderen Weltbild als dem Tiecks, der nichts in der Natur als „leblos“ versteht, der die vom Menschen festgelegte Form umkehrt durch naturhafte Gestaltlosigkeit überwinden will, der die Empfindung gerade über die Idee zu erheben tracht, – und seinerseits für eine moralisch ausgerichtete Kunst ohne freies Spiel der Phantasie nur Spott übrig hat. Friedrich Schiller fordert satt des romantischen Chaos „klassische Muster“, statt der Integration des Häßlichen „ein Maximum an Schönheit“, statt Spontaneität

und Willkür, „die Strenge des Dichters gegen sich selbst" (282). Schillers Schlussfolgerung kann nur sein, dass der Landschaftsdichter sich zur Darstellung der „handelnden Menschheit" steigern möge (283).
Tieck hingegen stellt die Malerei mit der Musik über die Dichtung, er preist die Stimmung vermittelnde Landschaftsschilderung vor der Moral vermittelnden Historie. Er versucht sich im „Sternbald" selber vom Autor denkender und handelnder Menschen zum Dichter der Landschaft emporzuschwingen, ohne vorgegebene ästhetische Formen und ethische Normen zu berücksichtigen. Für Schiller ist die Natur nicht autonome göttliche Offenbarung, sondern dient der Offenbarung der menschlichen Natur. Nicht allbeseelt erscheint sie, sondern unbeseelt. Sie bringt auch keine eigenen ästhetischen Werte hervor, sondern muss sich gestaltenden Gesetzen unterwerfen. Die ausgewogene Komposition der „Farbengebung" steht an der Stelle der „grellen Farben ohne Zusammenhang" der Wolkenbilder um „Sternbald". Die Landschaftsdarstellung bleibt gebunden: erstens an den Gegenstand; zweitens an die Bildgesetze, die einem klassischem Schönheitsideal folgen; drittens an die – allgemeine – „Empfindung" oder gar „Idee" im Sinne von angedeutetem Inhalt, letztlich Moral. Nur so kann Schiller sie als „Art musikalisches Werk" würdigen. In einem Gespräch mit Tieck 1801 weist Schiller die Bedeutung der Farbe in der Malerei zurück, da sie flüchtig und unbestimmbar sei.[294] Genau aus diesem Grunde aber, neben der Gefühlsintensität, liebt Tieck die Farbe und hält sie für das Zentrum der Malerei. Eigentlich sind für beide Autoren Gegenstände nur Mittel zum Thema: Schiller trägt der Malerei Ideen auf, Tieck dagegen Farben.

§ 48 Landschaftsgarten – Landschaftsmalerei – Landschaftsdichtung

Seit 1760 erobert sich eine neue Gattung außerhalb des Kunstkanons einen Spitzenplatz: Der englische Garten wird zum Gemeinschaftswerk von Mensch und Natur, zum Gesamtkunstwerk, das auch noch die Architektur umgreift, ohne auf sie als Fixpunkt bezogen zu sein. Ja, er verleiht ihr als Grotte naturhafte Formen oder bezieht sie als künstliche Ruine ins Werden und Vergehen mit ein. Der Künstler ordnet sich der Natur unter, der Betrachter begibt sich ins Kunstwerk hinein. Der Standort ist nicht festgelegt, der Garten erschließt sich erst in der gleitenden Abfolge der Anblicke, die

[294] Thalmann (Farben) 165

Stimmungen vermitteln oder auch allegorische Bedeutung haben können.[295] Der Landschaftsgarten soll dem Besucher das Gefühl der Naturverbundenheit und Freiheit vermitteln. Man glaubt, das verlorene Paradies aus seinen verstreuten Bausteinen zu rekonstruieren, ein Stück vollkommene Natur schaffen zu können.[296] Ludwig Tieck lehnt mit anderen Romantikern diese Synthese von Kunst und Natur zu kultivierter Natur ab, da er sich direkt auf die ungezähmte Natur einlassen will, einschließlich des Wilden und Chaotischen.[297] Doch sicher ist er geprägt von der Idee des künstlichen Paradieses, das immerhin der Natur mitarbeiten lässt, ineinander übergehende Empfindungen erregt zum Teil allegorisch zu lesen ist. An anderen Stellen lobt er auch gerade den Garten als Naturbild – „Künstlichkeit in anscheinender Natürlichkeit" – und fühlt sich aufgehoben in einer Anlage, in der ihn nichts überraschen und erschrecken kann.[298] Die französische Barockmalerei hatte aus dem antiken Topos des *locus amoenus* die „Heroische Landschaft" entwickelt, erhaben und illusionistisch gestaltet wie ihr antikes Vorbild.[299] Neben diesem klassischen Ideal mutet die niederländische Landschaft schlicht und elementar an, doch sind auch hier alle Elemente mit Bedeutung aufgeladen, vor allem als Vanitas-Allegorie.[300] Technik und Stil haben sich zu einem erstaunlichen Realismus gewandelt; die Inhalte aber bleiben die traditionellen und die geistigen Bedeutungsschichten gehen nicht verloren. Die Landschaftsmalerei der Neuzeit, die schon mit Dürer und Altdorfer eingesetzt hat, ist fast nie rein mimetisch, sondern anthropomorph oder allegorisch, wie auch Tiecks Sternbald sie sieht. Ludwig Tieck subjektiviert das Erlebnis der Landschaft weiter, erlaubt freie Assoziationen statt festgelegter Allegorien, lässt die Erscheinungen der Natur und die Stimmungen des Menschen enger ineinanderwirken, bis sie *eine* Seelenlandschaft bilden. Der junge Goethe schwärmte vom Park in Dessau, einem der ersten Landschaftsgärten in Deutschland, 1778 als von „elysischen Feldern", wo „in der sachtesten Mannigfaltigkeit eins ins andere fließt."[301] In seiner späteren Dichtung gestaltete er eine durch und durch klassische

---

[295] Fritz Hallbaum: Der Landschaftsgarten. München 1927

[296] Steingräber, Erich: Natur. Landschaft. Landschaftsmalerei. In: Marcel Roethlisberger (Hrsg.): Im Licht von Claude Lorrain, Landschaftsmalerei aus drei Jahrhunderten. Kat. München 1985. 26

[297] Garmann 20f

[298] Werke IV,125; 77f.

[299] Steingräber 17

[300] Steingräber 24f.

[301] Steingräber 24f.

Landschaft: gerahmt, überschaubar, klar konturiert, harmonisch, den Menschen mit seiner Arbeit in die gebändigte Fülle der Natur integrierend. Allein der Augensinn ist maßgeblich, Klang und Duft, aber auch Licht und Farbe sind weitgehend ausgespart, – alles in genauem Gegensatz zu Tieck, wie der Vergleich der „Wahlverwandschaften“ mit dem „Sternbald“ zeigt. Die Landschaft der Weimarer Klassik ist geschlossen, maßvoll, eindeutig, vom Menschen beherrscht und auf ihn ausgerichtet.

XVIII. Friedrich Schlegels Kunstkonzept im Wandel

§ 49 Universalpoesie und Autonomie

Romantische Dichtung wird für Friedrich Schlegel vom chronologischen zum poetologischen Begriff. 1797 muss er feststellen: *„Alle klassischen Dichtarten in ihrer strengen Reinheit sind jetzt lächerlich.“* [302] Seinen Gegenentwurf versucht er in der Formel auf den Punkt zu bringen:

„Das poetische Ideal = $\sqrt[\frac{1}{0}]{\frac{FSM^{\frac{1}{0}}}{0}}$ = Gott.“ [303]

Die drei Merkmale „fantastisch“, „sentimental“ und „mimisch“ müssen zusammentreffen. Der Bruch durch Null bedeutet die Steigerung ins Absolute, dic mathcmatisch unmöglichc Potcnz 1/0 dcr absolutcn Potcnz. Was dic zusätzliche Wurzel heißen soll, bleibt unklar.[304] Es steht zu vermuten, das Absolute in seiner Fülle soll auf einen Punkt konzentriert werden. „Mimisch“ ist mimetisch, „fantastisch“ meint phantasievoll oder auch chaotisch, „sentimental“ bedeutet emotional, insbesondere erotisch[305] (und religiös). An anderer Stelle heißt es: „Chaos und Eros ist wohl die beste Erklärung des Romantischen.“[306] In der „Rede über die Mythologie“ bringt Schlegel die drei Voraussetzungen der Poesie wieder in folgender Formulierung zusammen: „hieroglyphischer Ausdruck der umgebenden Natur in dieser Verklä-

---

[302] Eichner, Hans: Kommentar zur Kritischen Friedrich-Schlegel-Ausgabe (KA) BD. II/1 und IV. (zit. Eichner (in: Schanze)) 173

[303] Eichner (in: Schanze) 171 (Literary Notebooks 735)

[304] Ebd. 171, Anm.17

[305] Ebd. 187, Anm. 47

[306] Zitiert Ebd. (Literary Notebooks 760)

rung vom Phantasie und Liebe".[307] Wichtig ist die Tatsache, dass bei Schlegel das mimetische Element unerlässlich ist.[308] Die Welt liefert den Stoff, der mit Phantasie und Liebe durchdrungen, verwandelt, poetisiert werden soll.[309] An die Stelle der traditionell festgelegten Allegorie tritt die freie Hieroglyphe. Was soll nun in dieser Formel die zweite Gleichsetzung „Gott" bedeuten? Das Ziel der Universalpoesie ist es, „das Göttliche zu produzieren", oder jedenfalls die menschliche Ahnung vom Göttlichen.[310] Gott ist die „schlechthin notwendige Erdichtung" des Menschen. Im Kunstwerk fallen Welt, Mensch und Gott zusammen, indem der Mensch sich die Welt anverwandelt und Gott hervorbringt. Dagegen setzt Schlegel nach seiner „Bekehrung" später die Überzeugung, deren Auswirkung auf seine Ästhetik wir noch verfolgen werden:

„Gewiß nicht durch sich selbst und durch die eigene Kraft kann sich die zerteilte, sich selbst abhanden gekommene und von ihrer Mitte verlorene Seele wiederfinden und in ihre lebendige Mitte zurückversetzen."[311]

Im Athenäums-Fragment 116, dem Programm der romantischen Universalpoesie von 1798, finden wir ähnliche Ansprüche wie in der poetischen Formel. Die erste Hälfte des Textes führt aus, wie die Kunst alle ihre Gattungen in sich vereint, die Philosophie hineinnimmt und sich endlich „Leben und Gesellschaft" einverleibt, bis die Poesie ein „Spiegel der ganzen umgebenden Welt" wird. Die Kunst verändert, verklärt die Welt, – und bleibt dabei im Raum der Kunst. Wieweit dabei auch an eine poetische Lebensform gedacht war, bleibt offen.[312] Der ersten Spiegelmetapher folgt eine zweite, die den Weltbezug der Poesie wieder aufhebt:

„Und doch kann auch sie am meisten zwischen dem Dargestellten und dem Darstellenden, frei von allem realen und idealen Interesse auf den Flügeln der poetischen Reflexion in der Mitte schweben, diese Reflexion immer wieder potenzieren und wie in einer endlosen Reihe von Spiegeln vervielfa-

[307] KA II/1, 318

[308] Eichner (in: Schanze) 185

[309] Ebd. 172; Eichner in KA II/1, LXI

[310] Pohlheim, Karl Konrad: Studien zu Friedrich Schlegels poetischen Begriffen (1961). In: Helmut Schanze (Hrsg.): Friedrich Schlegel und die Kunsthistorie seiner Zeit. Darmstadt 1985, S. 278-320, hier insbesondere 306

[311] Böckmann, Paul: Die romantische Poesie Brentanos und ihre Grundlagen bei Friedrich Schlegel und Tieck. In: Jahrbuch des Freien Deutschen Hochstifts 1934, 79

[312] Eichner im Kommentar zu KA II/1, LX, hält dies für möglich: Frank begrenzt Novalis' Streben, Traum und Welt zu vereinen, ausdrücklich auf die poetische Utopie (312).

chen."[313] Die Kunst wird freigesprochen von der Funktion der Nachahmung oder Erhebung der Welt nach ästhetischen Normen und moralischen Idealen. Die Poesie potenziert sich, indem sie sich poetisch auf sich selbst und dann wiederum auf diesen Selbstbezug bezieht. Unabschließbar „progressiv" ist die Universalpoesie also nicht nur in der Aneignung von Welt, sonder in der Selbstvergewisserung. Die Frage erhebt sich, ob diese vervielfache Reflexion tatsächlich immer höhere Ebenen erreicht – oder leerläuft.[314] Das Lyceums-Fragment 108[315] spricht noch deutlicher aus, dass die Kunst nicht „Knecht" der Welt sein dürfe, dass ihr einziges Gesetz die „unbedingte Willkür" und ihr Vollzug die „Selbstschöpfung und Selbstvernichtung" sei. Der „ewige Wechsel zwischen Enthusiasmus und Ironie" schafft nach Schlegel eine „künstlich geordnete Verwirrung"; das romantische Chaos ist kein totales, sondern wird zur Kunstform des Arabeske.[316] Auch im Athenäums-Fragment 116 spricht Schlegel ja von der Organisation und „Klassizität" des Kunstwerks, nur dass es nicht vorgegebenen Stoffen und Regeln folgt, sondern sich je spontan organisiert. „Ironie" und „Arabeske" sind eng verwandte Begriffe.[317] Wo Kunst ironisch im höheren Sinne wird, wird sie autonom und unendlich, indem sich sie aus sich selber erschafft und dabei ins Unendliche entgrenzt. Sie verleibt sich die Totalität des Lebens ein, um sie neu aus sich hervorzubringen; sie beansprucht zum einen Welthaltigkeit, zum anderen Autonomie. Die romantische Poesie schwankt dazwischen, sich selbst in ihrer Unabschließbarkeit für das Absolute

---

[313] Friedrich Schlegel: 116. „Athenäum"-Fragment (1798)

[314] Zur Veranschaulichung des komplizierten Gedankenganges sei auf das wiederhergestellte Spiegelkabinett der Würzburger Residenz, ein Meisterwerk des Rokoko, entworfen von Johann von der Auwera 1749, verwiesen. Der Eintretende findet sich von vier bis zur Decke verspiegelten Wänden umgeben, mit goldgeschnitzten Rahmen und buntschimmernden Malereien durchsetzt. Jede Fläche spiegelt sich in der anderen, in unendlicher Vervielfachung und unter Verunklärung der Raumgrenzen. Zwischen den tausend bunten Figuren – exotischen Gauklern, Akrobaten, Jägern, dazu Blumen, Papageien und dergleichen mehr – begegnet der Betrachter seinem eigenen Bildnis. Mit der geringsten Bewegung ändert sich das Bild völlig, alles tanzt durcheinander. Man stelle sich dazu die Kerzenbeleuchtung vor, ausgehend von dem ebenfalls mit farbigem Glas behängten Lüster, gebrochen von den unregelmäßigen Glasoberflächen, und das Verwirrspiel ist komplett. Wird ein Fenster geöffnet, so wird auch der Hofgarten ins Kunstwerk hineingezogen, vervielfacht, verwandelt, – natürlich nur als Reflex, als Bild. Der Raum behält seine messbare Begrenzung – wie jeder romantische Text – und scheint doch ins Unendliche verflüchtigt.

[315] KA II/1,160

[316] Eichner (in: Schanze) 318f.

[317] Eichner im Kommentar zu KA II/1, LXVIII

(„Gott“) zu halten – oder aber gerade im ironischen Bewusstsein ihrer Nichtigkeit auf das einzige Absolute zu verweisen.[318] Für seine Vorstellung romantischer Poesie verwendet Schlegel häufig den Schlüsselbegriff ‚Arabeske’. Damit meint er zum einen eine Kunstform, die die Vielfalt der Gattungen in sich vereint, zum anderen die Selbstreflexion dieser Poesie.[319] Arabeske kann also für den romantischen Roman als Universalpoesie und ‚Poesie der Poesie’ stehen. Der Terminus gilt auch für die bildende Kunst, als Beispiel nennt Schlegel, ähnlich wie Tieck im „Sternbald“, die gotische Architektur: „Das Wesen der gotischen Baukunst besteht also in der naturähnlichen Fülle und Unendlichkeit der innern Gestaltung und äußern blumenreichen Verzierungen [...]“.[320] Dann wieder setzt er die Arabeske mit dem „Chaos“ oder der „absoluten Kunst“ gleich. Synonym stehen die Begriffe „Groteske“ und „Hieroglyphe“, auch „Allegorie“ und „Witz“: „Groteske ist ein Universalspiel.“[321] Auch die willkürliche und entgrenzende Ironie ist eng gefasst.[322] Beide lassen das Unendliche ahnen und stellen zugleich die Unmöglichkeit seiner Darstellung fest.[323] Friedrich Schlegel legt sich nicht auf eine Definition der Arabeske fest, sondern bezeichnet jede Kunstform so, die aufs Unendliche verweist, das heißt möglichst große Fülle in sich trägt.[324] Den Romantikern sind die Totalität der Welt und die Fülle der Kunst der absoluten Fülle der Gottheit analog.[325] Später setzt Friedrich Schlegel das „Unendliche“ mit dem „Göttlichen“ im christlichen Sinne gleich, und der Begriff „’Arabeske’ verschwindet[326], wo es vorher, offensichtlich über Kunst *und* Religion, hieß: „Gott zu konstruieren, ist vielleicht nur arabesk und ganz modern. Zur Magie könnte es brauchbar sein; er ist höchster Geist des Christentums.“[327] Vielleicht kann man die Arabeske, für die der Philosoph selbst mit seinem Romanfragment „Lucinde“ ein Beispiel liefert, mit seinen Worten durch drei Eigenschaften charakterisieren:

---

[318] Letzteres ist die Hauptthese von Franks Vorlesungen zu romantischen Ästhetik. Allerdings kann man sich des Eindrucks oft nicht erwehren, die romantische Kunst verabsolutiere sich selber.

[319] Pohlheim 319

[320] Pohlheim 290

[321] Böckmann 70f.

[322] Eichner in KA II/1, LXVIII

[323] Böckmann 77f.

[324] Pohlheim 319

[325] Frank 429

[326] Pohlheim 295

[327] Pohlheim 296

„Durch das Romantische bekommt ein Werk die Fülle [...] durch Abstraktion bekommt es die Einheit [...] durch das Transcendentale aber die Allheit [...] das Absolute.“[328] Die Arabeske ist die Form der Kunst, die die höchste Fülle der Abstraktion annehmen kann und dadurch aufs Absolute verweist: Universalpoesie oder Transzendentalpoesie.

§ 50 Von der „absoluten Malerei“ zum Nazarenertum

In seinem Frühwerk definiert Schlegel die höchste bildende Kunst als „Hieroglyphe“ oder „Arabeske“, also allegorisch oder abstrakt: „Arabesken sind die absolute (absolut Fantastische) Malerei.“[329]

Statt „absolut“ setzt er auch „rein“, meint aber nicht unbedingt eine gegenstandslose Kunst im geläufigen Sinne, sondern eine auf das Absolute verweisende Kunst, die die Gegenstände kraft der Phantasie verwandelt und verklärt. Mit den Schlegelschen Begriffen ist vorsichtiger Umgang geboten, da sie sich in seinem eigenen Sprachgebrauch verschieben und nicht den heutigen gleichzusetzen sind. Im Dialog „Die Gemälde“, im Athenäum 1799 veröffentlicht, erscheint Raffael als verklärte Leitfigur[330], andererseits wird eine Annäherung der Künste aneinander bis hin zu ihrer Verwandlung ineinander erhofft.[331] Der Kunstbegriff ist spielerisch, willkürlich, unabschließbar, die Meister wie bei Tieck Ideal, aber nicht Norm.

Die Begriffe ‚rein', ‚absolut', ‚fantastisch' und ‚Arabeske' meinen ein mehr oder weniger von der Mimesis entferntes Kunstideal. Im Laufe der Zeit zieht Schlegel jedoch Porträt und Landschaft vor, dann eine Mischung der Gattungen, in der die ehemals niedriger eingestuften Stilleben und Landschaft sich wieder dem Portrait oder der Historie unterordnen.[332] In den Gemäldebeschreibungen der „Europa“ treten die religiösen Bilder der altdeutschen Maler immer mehr hervor, bis sie die der italienischen Renaissance verdrängen. Dabei geht es ihm nicht um eine „Nachahmerei“ der „katholischen Sinnbilder“ mit allen Unvollkommenheiten, sondern um eine innere Wiedergeburt aus dem „stillen, frommen Geist der alten Zeit.“[333]

---

[328] Pohlheim 316 (Literary Notbooks 891)

[329] Matzner, Johanna: Die Landschaft in Ludwig Tiecks Roman „Franz Sternbalds Wanderungen“ Ein Beitrag zu den Kunstanschauungen der Berliner Frühromantik und der Dresdner Maler Ph.O. Runge und C.D. Friedrich. Diss. Masch. Heidelberg 1971, 71

[330] Matzner 70

[331] Kleßmann, Eckart: Die deutsche Romantik. Köln 1984, 141f.; s.u.S 104

[332] Matzner 71

[333] KA IV, 149 (1804)

Was die Allegorie betrifft, befürwortet Schlegel nun die Orientierung an der christlichen Ikonographie. Runges selbständige Erfindungen verwirft er als „Abweg“, an dem man sieht, „wohin es führt, wenn man bloße Natur-Hieroglyphen malen will, losgerissen von aller geschichtlichen und geheiligten Überlieferung.“[334] Die Allegorie definiert er nun in kirchlicher Sprache als aus der Tradition gespeist und auf die christliche Transzendenzen bezogen: „christliche Bildlichkeit und Sinnbildlichkeit, als Ausdruck, Hülle und Spiegel der unsichtbaren Welt.“[335] Von der allgemeinen „Allegorie“, die ein bestimmtes Bild mit einem abstrakten Begriff verbindet, unterscheidet er – wie Tieck im „Sternbald“ – die umfassende, zum Beispiel Licht und Finsternis: „um den unendlichen Gegensatz und Kampf des Guten und des Bösen deutlich zu machen.“[336] Dem übergeordneten religiösen, d. h. christlich-kirchlichen und zunehmend katholischen Ausgangspunkt der Kunst fügt Schlegel den nationalen hinzu. Seine Charakteristik der altdeutschen Malerei klingt wie ein um fünf Jahre vorweggenommenes Programm der Nazarener[337] (und der Kirchen- und Bilderbuchmalerei des 19. Jh.): Der menschliche Leib soll im Zentrum stehen, die Züge eine „kindliche, gutmütige Einfalt“ zeigen, die Gewänder „schlicht und naiv“ sein; die Komposition soll klar, die Konturen scharf und die Farben rein sein „wie in deutlichen Akkorden.“[338] 1819 ist Schlegel tatsächlich zum Verteidiger der Nazarenerbundes geworden.[339] Sein Einsatz für die Künstler in Rom hängt auch damit zusammen, dass beide Söhne seiner Frau zu ihnen gehören; doch haben die angeführten Zitate hinreichend gezeigt, dass sie seinem Bestreben nur entgegenkommen, es unabhängig von ihnen umsetzen, ähnlich wie es bei Tieck und Runge der Fall ist. Der Pionier der Romantik durchläuft also den umgekehrten Weg, wie Tieck ihn im „Sternbald“ vorgezeichnet, und Runge und Friedrich ansatzweise verwirklichen: Vom religiös-allegorischen Historienbild über die reine Landschaft zum abstrakten Naturbild, aus Stimmung und Allegorie geboren in Tiecks Frühwerk; von Chaos und Arabeske über die Landschaft und das gemischte Historienbild zur neuen altdeutschen Kunst in Schlegels Werdegang. Mit den Nazarenern und dem späten Schle-

[334] KA IV, 151; ergänzt aus der überarbeiteten Fassung der „Sämtlichen Werke“, Wien 1822-25

[335] Böckmann 81

[336] KA IV, 23f. (1802)

[337] Ebd. 14 (1804)

[338] S.u.S 123.

[339] Matzner 70

gel ist die alte Hierarchie der Gattungen wiedereingesetzt. Mit Overbecks und Schlegels Konversion ist die romantische Malerei ans religiöse Dogma und an den klassischen Kunstkanon der Renaissance zurückgebunden. Statt des fantastischen Spiels und der allegorischen Arabeske erobert sich die allegorische Historie ihren Platz zurück. Verschwunden sind die Schlüsselbegriffe ‚Ironie'[340] und ‚Arabeske'[341], die der Kunst ohne Rücksicht auf Traditionen einen Blick aufs Absolute erlauben sollten. Die Romantik wird zur sentimentalen Spielart des Klassizismus und Historismus, und das Sentimentale wird umgedeutet in das religiöse Gefühl und die christliche Liebe.

XIX. Die Kunst als Musik – die Welt als Musik

Chronologisch folgt die romantische Malerei der Dichtung und Philosophie, basiert zum Teil auf ihr und erst mit weiterer zeitlicher Verschiebung erwächst eine romantische Musik. In der Hierarchie der Künste, die die frühromantische Bewegung aufgestellt hat, ist es umgekehrt: Der oberste Rang gehört der Musik, der unterste der Literatur, dazwischen steht die bildende Kunst. Wie später in der Ausführung, dominiert in der Theorie die Malerei über Architektur und Skulptur. Diese entwickeln keinen eigenen Stil, bleiben dem Neoklassizismus verhaftet oder wenden sich der Neogotik zu. Die Romantik ist Stil als Weltanschauung, nicht Formenkanon.[342]
Romantische Kunst beinhaltet eine Offenbarung in der Empfindung und das Gefühl der Entgrenzung. In Umkehrung vernunftorientierter Maßstäbe räumt die Romantik der Musik den höchsten Platz unter den Künsten ein, weil sie die deutlichste Sprache für das Gefühl spreche.[343] Novalis führt den

---

[340] Böckmann 78f.
[341] Pohlheim 295
[342] Kleßmann 13. Als Beispiel mag man sich einen feingliedrigen und zugleich monumentalen, den Blick emporziehenden neugotischen Domturm vergegenwärtigen, – und im Kontrast dazu die klassische, ja archaische Walhalla (entworfen von Klenze 1830), die auf den Besucher den gleichen Effekt noch stärker ausübt: Zwischen den gigantischen dorischen Säulen, die ihn schon seiner Winzigkeit bewusst werden lassen, zieht die Landschaft mit dem Himmel darüber seinen Blick in die Ferne, droht seine Seele ins Unendliche aufzulösen. Hier sind Caspar David Friedrichs Visionen in reale Landschaft umgesetzt. Noch eindringlicher, bis zur völligen Auflösung der Persönlichkeit des Hörers, wird später Richard Wagner den romantischen Impuls steigern. Hier soll nur darauf hingewiesen werden, dass man auch von einer romantischen Architektur sprechen kann, ohne verschwebende Farbwerte oder Klänge, in strenggeformten Stein.
[343] So „Phantasien" 53;104

Begriff „Stimmung“ auf die unbewusste „Akustik der Seele“ zurück.[344] Ihr gegenüber erscheint die selbst in der Dichtung stärker vom Verstand geprägte Sprache des Wortes undeutlich und uneigentlich. Die frühromantischen Dichter preisen daher die anderen Künste höher als ihre eigene. Darüber hinaus suchen sie, das Wort an die Musik anzunähern und ihm so eine neue Qualität zu verleihen. Novalis fordert von der romantischen Wortkunst, was Tieck in seinen klingenden Versen fast ebenso radikal geschaffen hat:

„Gedichte bloß **wohlklingend** und voll schöner Worte – aber auch ohne allen Sinn und Zusammenhang – höchstens einzelne Strophen verständlich.“[345]

Die Musik ist die flüchtigste der Künste, sie vollzieht sich in der Zeit, ist in jedem Moment eine andere, spinnt, was sie eben noch war, weiter zu Neuem. Auch darum ist sie den frühen Romantikern besonders wertvoll. Die bald darauf geschaffene romantische Musik erscheint spontan, stimmungshaft, schwebend.[346] Richard Wagner erreicht den Höhepunkt an Stimmungskunst mit verschwimmenden Halbtönen und übermächtigem Donner. Er verquickt Dichtung und Musik, vermischt die Gattungen innerhalb derselben, verwebt Thema und Variation. Er schafft ein durchkomponiertes Klanggewebe, eine „unendliche Melodie“.[347] Andererseits bindet er die Musik an das Wort und damit an den Inhalt zurück und schafft im Bezugnetz der Leitmotive eine neue Gegenständlichkeit. Als Gipfel der Romantik bietet das Gesamtkunstwerk des Musikdramas ein Maximum an Gefühl auf, – mit Reflexion und Raffinesse. Eine abbildende Kunst erscheint den frühen Romantikern als Verirrung. Die Nachahmung von Tierstimmen beispielsweise als „ganz verdorbener und gesunkener Geschmack“.[348] Bis ins 18. Jh. hinein fasst man auch die Musik als Träger eines Gegenstandes oder doch einer Botschaft auf; die Frühromantiker schätzen an ihr gerade die Abstraktion, den zu sich selbst befreiten Klang, und erheben sie auch deshalb zur Königin der Künste. E.T.A. Hoffmann, selber Komponist, nennt die Instrumentalmusik „die romantischste aller Künste, beinahe möchte man sagen, allein echt romantisch, denn nur das Unendliche ist ihr Vorwurf.“[349] Imma-

---

[344] Frank 281

[345] Lankheit 66

[346] mit Beispielen aus Brahms’ Vertonungen zu Tieck

[347] Frank 432

[348] Schelling, zitiert bei Frank 216

teriell und innerlich müsse eine moderne Musik sein.[350] Den Gegenpol bildet für ihn die antike Plastik – „Verleiblichung" statt „Vergeistigung"–, die ja auch bei Tieck keine Rolle spielt, trotz seiner visuellen Begabung und seiner Vorliebe für Italien. Gefühl und Abstraktion hängen überhaupt zusammen, wie aus Novalis' Fragment hervorgeht: „In sich zurückgehn bedeutet bei uns, von der Außenwelt abstrahieren."[351] Wie der Komponist, schafft auch der Maler, ja der Dichter aus sich heraus, nimmt sich die sichtbaren Dinge oder gegebenen Worte nur als Anhaltspunkt für die Kunst, poetisiert die Welt, schreibt Novalis, und so meint auch Tieck. [352] Andererseits eröffnet die Innenschau einen neuen Blick nach außen. Die Musik verweist auf den „Zusammenhang des Universums", der als musikalischer begriffen wurde, und das heißt, als emotionaler und mathematischer, als Melodie und Rhythmus. Die antike Vorstellung der Sphärenharmonie liegt hier zugrunde. Zwar herrscht in allen Künsten der emotional-subjektive Aspekt vor, doch darf der mathematisch-objektive nicht vergessen werden, um den Gesamtentwurf zu begreifen. Die Romantik lässt sich nicht auf „Irrationalismus" reduzieren.[353] Novalis spricht vom ‚Chaos, das sich selbst durchdrang', Schlegel vom ‚vernünftigen Chaos'. Das Schlüsselwort ‚Gefühl' meint teils die momentane und persönliche Stimmung, teils die Wahrnehmung des alles umfassenden Weltalls. Schleiermacher definiert die Religion über das ‚Gefühl' und die ‚Anschauung des Universums', Runge äußert sich oft in gleicher Weise. Die Welt wird einerseits als Chaos empfunden, was man auch als ‚potentielle Totalität' und umfassende ‚Sinnerfüllung' verstehen kann;[354] andererseits wird sie als umgreifender Sinnzusammenhang erfahren, der sich als musikalische Harmonie erspüren lässt. Derselbe Novalis, der von der Kunst die „lebendige, bizarre, inconsequente, bunte Welt" verlangt[355] und den Satz in den Raum stellt:[356] „Alles ist ein Märchen", schwingt sich auch der Behauptung auf:[357] „Reine Mathematik

[349] Neunzig, Hans A.: Lebensläufe der deutschen Romantik. Schriftsteller. München 1986, 151

[350] Rohls 20

[351] Lankheit 65

[352] Lankheit 66

[353] Lankheit 65 (bes. zu Novalis)

[354] Frank, Manfred: Einführung in die frühromantische Ästhetik. Vorlesungen. Frankfurt/Main 1979, 281

[355] Frank 272

[356] Frank 278

[357] Frank 286

ist Religion“ und fasst zusammen: „Die musicalischen Verhältnisse scheinen mir recht eigentlich die Grundverhältnisse der Natur zu seyn“ – zusammen mit den „musicalischen Seelenverhältnissen.“[358]
Je näher eine Kunstform der Musik entsteht, desto höher wird sie gewertet. Daher gilt die Instrumentalmusik mehr als Vokalmusik,[359] die Lyrik mehr als die Epik und die Malerei mehr als die Architektur. In Tiecks „Sternbald“ ist das wichtigste Motiv kein gesungenes Lied, sondern der Ruf des Waldhorns; der Roman begreift immer mehr lyrische, also musikalisch und dramatische, also dynamische Partien in sich. Von den Kunstschätzen Italiens werden allein die Gemälde und Fresken gewürdigt. Auch innerhalb der Malerei wird die überkommende Hierarchie auf den Kopf gestellt: Die Landschaft wird wichtiger als das Historienbild, die menschliche Figur wird aus dem Bild verdrängt und als neue Gattung erahnt man den reinen Farbklang. Die Farben entsprechen den Tönen, spiegeln Stimmungen wider und verweisen auf die geheime Harmonie der Welt, darin sind sich Tieck und Runge mit Novalis einig. Beide gehen davon aus, dass sich in Tönen und Linien das Universum ausdrücken ließe. Zu einer religiösen Größe steigert Tieck das Phänomen Farbe im „Sternbald“ indem er von der Anbetungswürdigkeit bezüglich des Geheimnisses der Farben spricht. Je weniger „Gegenstand“ vermittelt wird, desto mehr Gefühl; je weniger „Bedeutung“ den Verstand anspricht, desto größer wird die Bedeutung für den ganzen Menschen, desto reiner die Offenbarung des Alls. Hoch im Kurs steht auch das Gesamtkunstwerk. Schlegel stellt sich im „Athenäum“ vor, dass man alle Künste ineinander verwandeln könne: „Bildsäulen belebten sich vielleicht zu Gemälden [...], Gemälde würden zu Gedichten, Gedichte zu Musiken; und wer weiß? so eine feierliche Kirchenmusik stiege auf einmal wieder als ein Tempel in die Luft.“[360] Runges Hauptwerk der „Vier Zeiten“, eine Allegorie auf den gesamten Kosmos, sollte nur das Bühnenbild sein für eine „abstracte, malerische phantastisch-musikalische Dichtung mit Chören, eine Composition für alle drey Künste zusammen, wofür die Baukunst ein ganz eigenes Gebäude aufführen sollte“[361], welches übrigens neugotisch gedacht war. Alle Künste klingen zusammen wie die Elemente der Natur, um

[358] Frank 280f.
[359] Rohls, Jan: „Sinn und Geschmack fürs Unendliche“ – Aspekte romantischer Kunstreligion. In: Neue Zeitschrift für systematische Theologie und Religionsphilosophie, Bd. 27 (Heft 1/1985), S. 1-24, 20
[360] Runge II, 202
[361] Kleßmann Kleßmann, Eckart: Die deutsche Romantik. Köln 1984, 142

alle Sinne anzusprechen. Ein Übergang zum Gesamtkunstwerk bildet die Synästhesie, deren Meister E.T.A. Hoffmann war, als einziger Romantiker zugleich Musiker, Maler und Dichter[362]. Die romantische Schlüsselposition der Musik beruht also auf verschiedenen Aspekten: Gefühl als subjektiver Seelenzustand und als Empfindung des objektiven Sinnzusammenhangs; Zeitlichkeit und Offenbarung des Absoluten; Immaterialität und Abstraktheit. Wie man am „Sternbald" sieht, bleibt Tieck nicht immer bei der neuen Hierarchie; gerade wegen ihrer Greifbarkeit und Dauerhaftigkeit kann er die Malerei erheben; wegen ihrer Nähe zur Musik, zu der er selber wesentlich beitrug, auch die Dichtung.[363] Ihm liegt viel an einem Zusammenspiel aller Künste, die sich ‚die Hand reichen' sollen, wie es im „Sternbald" heißt.

XX. Phillip Otto Runge

§ 51 Runge und Tieck

Von allen Malern, mit denen Tieck bekannt oder befreundet ist, hat er ausschließlich den Landschaftsmaler Caspar David Friedrich in seiner Novelle „Eine Sommerreise" (1834) und Philipp Otto Runge öffentlich gewürdigt.[364] Phillip Otto Runge (1777-1810), ist für die frühromantische Ästhetik aus drei Gründen von großer Bedeutung: Er verwirklicht als Erster neben Caspar David Friedrich eine grundlegende neue, spezifisch romantische Malerei; er entwirft zugleich eine entsprechende Kunsttheorie und legt seine Reflexionen und Visionen in zahlreichen Briefen nieder, die uns zum großen Teil durch seinen Bruder überliefert sind.[365] Zudem steht er mit Tieck zeitweise in engem und fruchtbarem Austausch. Schon die Lektüre des ersten Teils des „Sternbald", 1798, bestärkt ihn in seiner Berufung zur Kunst und macht ihm Mut, von der kaufmännischen Tätigkeit in die künstlerische Ausbildung zu wechseln. Ergriffen bekennt er (II, 9): „Mich hat nie etwas so im Innersten meiner Seele ergriffen, wie dies Buch." Der persönliche Umgang mit Tieck erstreckt sich über Runges Dresdener Zeit 1801-04, bis hin zu einem vierwöchigen Besuch in Ziebingen; die Freunde wollen

[362] Thalmann (Farben) 182

[363] S.o.S. 83

[364] Tieck, Ludwig: Schriften. Bd. 1 – 28. (Reprint) Berlin 1966, Band 23, 17-20.

[365] Phillip Otto Runge: Schriften, nebst einem Lebenslaufe herausgegeben von Daniel Runge, 2 Bde., Hamburg 1840/41. Von hier ab ohne Titel zitiert.

sogar gemeinsam eine weitere ironische Komödie verfassen. Runges spätere dringliche Briefe an den Freund bleiben unbeantwortet. Bei Tieck findet der Maler das Gedankengut, das er sucht, er vermittelt ihm auch die Naturmystik Jakob Böhmes.[366] Er bekennt gar, niemand verstehe ihn so wie Tieck (1802/II, 182). Umgekehrt leuchten dem Dichter in den Bildern Runges die Verwirklichungen seiner eigenen vagen Ahnungen von einer neuen Kunst entgegen.[367] Vor den Entwürfen zum „Triumph des Amor" und zu den „Vier Zeiten" schweigt er nach Runges Aussage jeweils eine Stunde (1801/II, 100, 1803/I, 36). Die „Amor"-Allegorie bezeichnet Tieck als ‚Leitfaden zu schönen Träumen' und damit als Kunstwerk der Zukunft, im Gegensatz zur ‚Historie'. Der vielschichtige Sinn des Bildes habe „innere Consequenz", aber es mache nichts, wenn kaum einer ihn ausschöpfen könne, denn entscheidend sei das freie Spiel der Phantasie (II, 116). In der umfassenden „Zeiten"-Allegorie nimmt seine zentrale „Idee" vom „Zusammenhang der Mathematik, Musik und Farben", so Runge, „Gestalt" an. Er ist „aus der Fassung gesetzt" (I, 36). Alle Elemente von Runges Hauptwerk entsprechen Tiecks Vorlieben: Licht und Farbe, Blumen und Kinder und die paradiesische Landschaft als religiöses Sinnbild.[368] Noch in seiner Novelle „Die Sommerreise" schreibt er dem Künstlerkollegen zu, „die phantastisch spielende Arabeske zu einem philosophischen, religiösen Kunstausdruck zu erziehen" (II, 539). Andererseits tadelt er seine eigenwillige Ikonographie, die dem Betrachter nicht mehr zugänglich sei, während es Caspar David Friedrich gelungen sei, Bilder und Begriffe angemessen zu verbinden (1804/II, 236). Runge seinerseits behauptet, seine innere Ruhe und Festigkeit färbten auf den Dichter ab, er sei gelassener und entschlossener geworden, die Kunst nun nur noch auf die „geoffenbarte Religion" zu gründen (II, 182). Schon vor der Bekanntschaft hatte Tiecks Glaube sich aus einem allgemein poetischen zu einem christlichen zu wandeln begonnen.[369] doch geht ihm das klare protestantische Bekenntnis zeitlebens ab, das Runge bei aller Gefühls- und Naturreligion bewahrt.

---

[366] Franke 4ff.

[367] Lankheit 71

[368] Franke 83ff.

[369] Franke 48

Ein Rückblick in frühere Zeiten muss für Runge den „gegenwärtigen Moment des Daseyns" fassen (I, 160), einen „Glauben an die Zukunft erzeugen" (I,186). Stilzitate setzt er als gezielte Kunstmittel ein, nicht als Idealbegriffe.[370] Er ist sich bewusst, an der Schwelle zu einer neuen Epoche zu stehen: „in einer Zeit, die neu geboren wird, wo alles irgendwo hinauswill." (II, 240) Die alte Kunst sei der alten Zeit gerecht geworden, nun sei sie „vollendet", und das heißt auch: Zum Untergang verurteilt (II, 237). Seine „Hinterlassenen Schriften" setzen mit einer Absage an den Weimarer Kulturbetrieb ein, insbesondere an Goethes Preisaufgaben, die bestimmte Gegenstände als Thema aufdrängen und die unwiderruflich vergangene Antike nur gezwungen nachahmen (I, 6f.). Ein eigener Entwurf war 1802 von der Jury mit vernichtender Kritik versehen worden. Die Religion der Griechen hätte sich in Empfindung und also in Kunst aufgelöst; derselbe Prozess sei nun mit der christlichen Kultur im Gange. Schon Raffaels Sixtinische Madonna sei „offenbar nur eine Empfindung" und bezeichne das Ende der katholischen Ära, Michelangelos „Jüngstes Gericht" sei der „Gränzstein der historischen Composition". Die Vorstellung, die größte Kunst entstehe als Höhepunkt einer eben zugrundegegangen Zeit, hatte Runge von Tieck übernommen (1802/I, 8ff.).[371] Der Gipfel der protestantischen Kunst soll nun eine religiöse Landschaftsmalerei werden, die weniger Bedeutung als die Historie verlangt und mehr Stimmung erlaubt, die ins Unbstimmte drängt, um darin etwas Bestimmtes zu finden (I, 7). Die protestantische Religion erfordere eine „abstracte" Kunst als die sinnliche katholische (I, 15). Runge begründet den von ihm häufiger verwendeten Begriff „abstract" also allgemein geschichtsphilosophisch und konkret theologisch. Phillip Otto Runges Loslösung vom herrschenden Klassizismus vollzog sich 1801/02 unter dem Einfluss Tiecks.[372] Das zeitlose Ideal des späteren Goethe verwarf dieser schon damals als „leeren Aberglauben" und „nichtiges Gespenst der Leblosigkeit", ohne Wurzeln in der Gegenwart, im „Christentum" und im „Nationalen", wie er 1817 formulierte. Tieck zog in „Goethe und seine Zeit" 1828 das Fazit: „Hier [...] hat er wohl den Geist seiner Zeit verkannt."[373]

---

[370] Träger, Jörg: Philipp Otto Runge. Kritischer Katalog und Monographie. Köln 1975, 124
[371] Franke 71
[372] Franke 40f.
[373] Franke 35

An der Parodie der Weimarer Preisaufgaben in der „Zeitschrift für die elegante Welt“ hatte Tieck wohl Anteil.[374] Auch Runges Vorwürfe beziehen sich zum einen auf die Erstattung und Effekthascherei der klassizistischen Künstler, vor allem Mengs’, zum anderen auf das mangelnde christliche Bekenntnis Goethes.[375] Dazu kommt der Glaube an den Künstler: Runge spielt den „Hauch, den Gott uns eingeblasen“ gegen die „Autorität der Vorgänger“ aus (II, 183). Entsprechend scharf lehnt Goethe bei aller Hochschätzung Runges Bilder als „abstruse und wunderliche Labyrinthe“ ab. Ebenso verurteilt der späte Schlegel sie als eigenmächtigen „Abweg“ (II, 183).

§ 53 Religiöser Kunstbegriff

Runge bekennt sich durchweg zum Primat der Religion über die Kunst. Diese ist die Dienerin jener: „Die Religion ist nie die Kunst, [...] kann nur von der Kunst herrlicher und deutlicher ausgesprochen werden.“ (II, 148) Weiterhin versteht er unter „Religion“ die biblisch-protestantische, wenn auch mit pantheistischen und katholisierenden Tendenzen durchsetzt. Offenbarung vollzieht sich für ihn nicht in Natur und Kunst, wie für seine Dichterkollegen, sondern wesentlich in der christlichen Kirche: „[...] mein ganzes Leben daranzusetzen, um zu erforschen, ob wir auf unsere geoffenbarte Religion nicht eine Kunst bauen können, das ist mein Plan.“ (II, 179) Seine Briefe an Tieck sind mit Schriftzitaten durchsetzt. Glaube an Christus und Reinheit des Herzens hält er für unerlässliche Voraussetzungen der Kunst. Doch malt Runge nur zwei biblische Szenen in traditioneller Ikonographie; ansonsten entwickelt er eine eigene allegorische Sprache, sinnlich eindringlich und gedanklich vielschichtig. Seiner Meinung nach verbindet ihn mit Ludwig Tieck das Streben, alle Kunst auf „Einen Punct“ zurückzuführen (I, 22). Runges Deutung des Gefühls als religiöses Gefühl geht eventuell auf Tieck zurück[376]; andererseits beansprucht er, dessen Religion an die christliche Religion zurückgebunden zu haben. Runge fühlt sich eindeutig als „Werkzeug Gottes“ (I, 31): des Gottes christliche Kirche.

---

[374] Franke 37

[375] Franke 39ff.

[376] Franke 52

Ein Schlüsselbegriff Runges ist der „Zusammenhang mit dem Universum" (z.B. II, 227 im Schaffen, II, 124 im Schauen). Die Kunst stellt die Verbindung zwischen Natur und Mensch her, sie zieht die Außenwelt in die Innenwelt (I, 171). Die Kunst wird zur „zweyten Natur" (I, 72), zur „potenzirten Natur" (I, 85): Sie gebärt die Natur neu. Die zentralen Begriffe „Gefühl" oder „Empfindung" und „Stimmung", die dem „Gegenstand" und der „Idee" oder „Bedeutung" vorgeordnet sind, zielen nicht auf eine willkürliche und verschwommene Kunst, sondern auf die intuitive subjektive Wahrnehmung und Wiedergabe objektiver Gegebenheiten.[377] Die „Imagination und Mystik" Runges finden ihren Halt in der schriftlich offenbarten „Christlichen Religion" einerseits und in der „strengen Regularität" der Gestaltung andererseits (I, 35f.). Tatsächlich sind die auffallendsten Mittel des Malers die Leuchtkraft des überirdisch wirkenden Lichts und die mathematisch exakte, meist symmetrische Komposition. Nicht irgendeine „Empfindung" darf die Wahl des Themas und der Ausführung bestimmen, sondern diejenige „unsrer selbst im Zusammenhange mit dem Ganzen", das als Geschaffenes und Geordnetes vorgestellt wird (I, 13f.). Seine 1802 bezüglich Goethes Wettbewerb geäußerte Ansicht, der Künstler werde vom Gefühl ergriffen und suche sich daraufhin den gemäßen Gegenstand, steigert der junge Maler 1803 zu der Behauptung, „die Begeisterung von Gott" gebe ihm auch schon Gegenstand ein (II, 237).[378]

Runge schafft eine Farbenlehre, die neben der von ihr beeinflussten Goethes die bedeutendste der Zeit ist und in der „Farbenkugel" noch heutigen Schülern vertraut ist. Sein Ziel ist es, die Körper „immer geistiger und durchsichtiger" darzustellen, um sie desto inniger von Licht und Farbe durchdrungen sein zu lassen, um die „Gluth der geistigen Gedanken" in einem lauteren Herzen ins Bild zu bringen (I, 70). Die Farbe ist für ihn die „letzte Kunst: „mystisch" (I, 17). Diesen Standpunkt hat er mit Tieck gemeinsam, der die Materie für lächerlich hält und der Farbe ihre Vergeistigung zutraut.[379] Auch den Bezug zur Musik teilen beide Künstler: Runge diskutiert die „Analogie der Farben und Töne" für eine zukünftige „Vereinigung der Musik und Malerei" (I, 168), er komponiert Gemälde wie eine

[377] Lankheit 67
[378] Franke 64
[379] Franke 92ff.

„Fuge" (I, 223) oder „Symphonie" (I, 33). Alles in der Schöpfung entspricht einander. In „Der Tag" von 1803 malt Runge die zentrale Figurengruppe auf Goldgrund; immer besser gelingt ihm sein Anliegen mit immer feineren Lasuren. In der Tat erscheinen seine Landschaften und Figuren von Licht nicht nur angestrahlt, sondern erfüllt, die subtilsten Gestalten ganz aus Licht modelliert. Runge wendet sich der Landschaft nicht nur zu, weil diese sich als Stimmungsträger eignet, sondern weil er die biblischen Wahrheiten statt in der direkten Historienmalerei in einer „abstracteren" Kunst verkünden will (I, 15). Durch allegorische Bezüge und strenge Geometrie gibt Runge seinen eigenständigsten Entwürfen ein Gefüge, das eine über der sichtbaren Natur befindliche Sphäre vermittelt. Die angestrebte „innere Consequenz" (Tieck II, 116) ist am stärksten in seinem Hauptwerk „Die Vier Zeiten" realisiert, das durch Runges frühen Tod 1810 unvollendet bleibt. Die „Abstraction" bleibt aber bei den allegorisch und formal vergeistigten Naturwesen stehen und stößt nicht zu reinen gegenstandslosen Gesetzen vor.

§ 55 Stufen der „neuen Kunst"

In einem langen Brief an Tieck vom 1.12.1802 gibt Runge unter Berufung auf zahlreiche Bibelstellen eine Begründung für die künftige Entwicklung der neuen Kunst (I, 23ff.). Während die Historienmalerei die „Elemente und Naturkräfte" im Menschen dargestellt habe, solle die Landschaftsmalerei alle „Eigenschaften und Leidenschaften" des Menschen in die Natur legen (I, 24). Besonders in Blumen und Bäumen wären „Begriff" und „Empfindung". In den „Lilien" und dem „Kraut auf dem Felde" müsse die „schöne neue Kunst" wie eine neue Schöpfung anfangen (I, 25). Demnach malt der Mensch in den Naturwesen sich selbst, – und letztlich seine Ahnung von Gott: „»Du sollst die kein Bild von Gott machen«, das ist nur die große Schönheit, die wir alle ahnen."[380] Die Kunst der anbrechenden Epoche ist nicht abbildend, sondern allegorisch. Vorerst will Runge mit der Landschaftskunst Brücken bauen, ehe er zum Fernziel einer „Arabeske und Hieroglyphe" in Form einer „Blumen-Composition ohne Figuren" vorstößt (I, 27). Kurz vor seinem Tode behauptet er Goethe gegenüber sogar, er traue sich zu, bloß noch die Atmosphäre zu malen (I, 180). Letztlich schwebt auch ihm der reine „Zusammenhang der Farben" als Lobpreis gleich der

[380] Franke 92ff.

Musik vor (I, 63); zum anderen strebt er das Gesamtkunstwerk an. Im Folgenden werden zwei unterschiedliche Stufen der Kunst Runges besprochen, eines der beiden biblischen Historienbilder und die stilisierte Natur-Allegorie der „Zeiten". Die „Ruhe auf der Flucht" von 1805 löst das traditionelle Thema auf spezifisch romantische Weise. Dieses Gemälde ähnelt wohl Sternbalds „Verkündigung" und seiner nicht näher geschilderten Heiligen Familie. Runge lässt im Vordergrund einen warmen Farbklang von Braun-Rot-Gold-Tönen vorherrschen, der sich von links unten nach rechts oben, von Josefs dunklen Kleidern bis zu Marias weißem Schleier und lichtem Gesicht aufhellt. Der Braun gehaltenen Esel am linken Bildrand schließt sich dem Blick Josefs Inkarnat zusammen; die roten Rosen am rechten Bildrand verweisen auf Marias Gewand. Die Feuerstelle in der Mitte vereint alle diese Farbtöne und ist eine Parallele zum genau über ihr liegenden Kind. Dieses streckt dem Morgenlicht die Arme entgegen. Der rot geflügelte Engel mit der Lilie wächst auf den ersten Blick aus dem weißblauen Bäumchen hinter der Mutter-Kind-Gruppe hervor. Der Engel mit der Harfe scheint aus dem gleichen Stoff gebildet wie die goldene Wolke neben ihm. Die rechte obere Ecke ist unvollendet; zwei weitere Engel sind noch vorgezeichnet. Auch der Baum, die weite Landschaft im Hintergrund und die Menschen selbst sind von transparenter Farbigkeit und Stofflichkeit, bis hin zur völligen Verklärung von Jesus und Marias Angesicht. Die lichterfüllte Luft verbindet, ja durchdringt alles, das Wasser spiegelt den Himmel, das Feuer trägt die Sonne auf die Erde: Alle Elemente klingen zusammen, um das göttliche Kind in ihrer Mitte zu grüßen.

„Petrus auf dem Meer" von 1806/07 zeigt die andere romantische Lieblingsstimmung: den Mondscheine. Traditionelle Allegorie wird z.B. in den Evangelistensymbolen aufgegriffen. Das Entscheidende ist die neue Behandlung der Landschaft als Träger des Gefühls – des Gefühls vom Zusammenhang mit dem Unendlichen. In den aufeinanderfolgenden Versionen der „Vier Zeiten" oder „Tageszeiten" – Zeichnungen 1802/03, Radierungen 1807, „Kleiner Morgen" 1808, „Großer Morgen" 1809 (unvollendet und nur zum Teil erhalten) – durchläuft Runge die von ihm geforderten Stufen der Abstraktion zum Teil rückwärts. Die mit dem Zirkel angedeutete Erdhalbkugel wird zur Phantasielandschaft und dann zum wiedererkennbaren Elbufer.[381] Die stark stilisierten Pflanzen werden lebendig, statt einer „Blumen-Composition ohne Figuren" wird der „Große Morgen" wieder von ei-

[381] Franke 111

ner Frauengestalt dominiert, die Runges „Aurora“ gleicht. Die zweite Hauptperson ist wie im biblischen Bild das göttliche Kind auf der Erde. Die Doppelbilder aus Bildfeld und Rahmenfeld spannen ein allegorisches Bezugsnetz mit insgesamt fünf Bedeutungsschichten: Tageszeiten, Jahreszeiten, Lebenszeiten, kosmische und religiöse Weltzeiten. So folgt auf Kindheit, Reife und Alter der Tod; auf Werden, Leben und Vollendung das Chaos; auf Schöpfung, Altes und Neues Testament das Ewige Leben.[382] Neben traditionelle christliche Symbole wie Geistestaube und Dornenkrone stellte der Maler seine eigene Ikonographie, hauptsächlich aus Kindern und Blumen. Letzere stehen für Naturphänomene (z.B. Rosenknospen für Morgenröte), Eigenschaften (z.B. Rittersporn für Mut) oder Seelenzustände (z.B. krause Blumen für Träume). Ohne Schlüssel sind sie dem Betrachter nicht immer verständlich, was sogar Tieck in der Novelle „Die Sommerreise“ bemängelt (II, 263). Auch die Farben sind allegorisch aufgeladen: Die drei Grundfarben Blau, Rot und Gelb, die den „Großen Morgen“ dominieren, sind den drei Personen der Trinität zugeordnet.[383] Runges Vorliebe für Licht und Farben, Blumen und Kinder zeigt sich bereits an seinen Historienbildern und scheint ebenso in Tiecks Texten auf.[384]

Die zahlreichen Bezüge innerhalb der überlieferten „Zeiten“ stellen nur einen Ausschnitt des Rungeschen Kunstkonzeptes dar. Sein Ziel ist das Gesamtkunstwerk, das sich als Malerei, Musik und Dichtung in einer eigenen Architektur dramatisch vollzieht, – und zwar „phantastisch“ und „abstract“ (II, 202). Bis seinem frühen Tode hinterlässt der Künstler eine Folge allegorischer gegenständlicher Bilder, die noch keine Ergänzung in den Schwesterkünsten finden und sich von der Abstraktion eher wieder entfernen.

XXI. Caspar David Friedrich

§ 56 „Das Kreuz im Gebirge“

Von Anfang an auf Landschaften spezialisiert, geht der mit Tieck gleichaltrige Friedrich um 1807/08 von der Sepiatechnik zur Ölmalerei über und entfacht 1808/09 unmittelbar eine grundsätzliche ästhetische Debatte: Sein Tafelbild „Das Kreuz im Gebirge“, für die Hauskapelle eines Grafen ge-

[382] Franke 101
[383] Franke 104f.
[384] Franke 100

schaffen, geht als „Tetschener Altar“ in die Kunstgeschichte ein. Was ist das Besondere an diesem doch offensichtlich von christlicher Ikonographie beherrschten Bild? Das Kreuz im Mittelpunkt ist keine einfaches Gipfelkreuz, sondern ein Kruzifix; eine vermutlich vom Maler selbst stammende Interpretation.[385] Einer Weimarer Zeitschrift deutet jedes Element gemäß der traditionellen kirchlichen Symbolik: die Sonne als Gott, von Christus weitergestrahlt, Fels und Kreuz als festen Glauben, immergrünes Efeu und Tannen als Hoffnung.[386] Der geschnitzte Rahmen bringt noch dazu Engel und Palmzweige, Reben und Ähren, Morgenstern und das Auge Gottes. Trotzdem erregt das Bild Anstoß, hinsichtlich seines Themas und der Ausführung. Klassizistische Kritiker wie Ramdohr bemängeln die Reduktion der Gegenstände und der Perspektive: Wenige Körper, Nähe und Ferne stoßen aufeinander. Außerdem akzeptiert man die Übertragung religiöser Inhalte auf die Natur nicht; Ramdohrs Polemik gipfelte in dem Vorwurf: „[...] eine wahre Anmaßung, wenn die Landschaftsmalerei sich in die Kirche schleichen und auf die Altäre kriechen will.“[387]

Genau darauf aber kam es Friedrich an: Er macht die Landschaft durch symbolische Aufladung zum Bedeutungsträger und im vor allem durch das Licht, zum Stimmungsträger. Sie löst die Kirche als Sakralraum ab.[388] Damit geht eine Loslösung der Landschaftsmalerei von der abbildenden Funktion einher. Der Vergleich mit dem von Tieck im „Sternbald“ geschilderten Gemälde des Einsiedlers Anselm drängt sich auf:

„oben auf einem Hügel von fern her glänzte ein Kruzifix, um das sich die Wolken teilten: ein Strahlenregen vom Monde ergoß sich und spielte um das heilige Zeichen.“ (275)

Das Licht erreicht einen im finsteren Tal wandernden Pilger und soll die „himmlische Hoffnung“ bedeuten. Sternbald nennt daraufhin zwei Aspekte, unter denen man ein Landschaftsbild auslegen kann: „Allegorie“ und „Stimmung“. Sie entsprechen den Prinzipien Caspar David Friedrichs. Der Einsiedler ergänzt, dass einschließlich alle Kunst allegorisch sei, da nichts in der Welt abgesondert von allem anderen existiere (258).

---

[385] Matzner, Johanna: Die Landschaft in Ludwig Tiecks Roman „Franz Sternbalds Wanderungen“ Ein Beitrag zu den Kunstanschauungen der Berliner Frühromantik und der Dresdner Maler Ph.O. Runge und C.D. Friedrich. Diss. Masch. Heidelberg 1971,81, Anm. 34

[386] Hinz 252

[387] Hinz 149

[388] Rohls 19

Fast alle Elemente von Friedrichs scheinbar reinen Landschaftsbildern sind allegorisch auszulegen, teilweise in verschiedene Richtungen, z.B. bedrohlich und tröstlich, und auf verschiedenen Ebenen, z.B. christlich-religiös und patriotisch-politisch.[389]

§ 57 „Der Mönch am Meer“

Auch das großformatige Ölgemälde „Der Mönch am Meer“ von 1808/09 wird von den meisten Zeitgenossen in seiner radikalen Kargheit nicht verstanden. Am unteren Bildrand erstrecken sich ein kahler Strand und das schwarze Meer als zwei Farbstreifen mit der einzigen Figur des Mönchs. Fast vier Fünftel des Bildfeldes füllt der düstere Himmel, ohne Anhaltspunkt und Maßstab für das Auge, sich nach oben aber in lichteres Blau öffnend. Zunächst hat es noch andere Motive gegeben: Schiffe, Möwen, Mond und Morgenstern. All das übermalt Friedrich, wie Infrarotaufnahmen zeigen, um die formale Ungegliedertheit und damit die stimmungsmäßige Verlorenheit noch zu steigern.[390] Die christlichen Symbole und die milde Beleuchtung vom „Kreuz im Gebirge“ fallen hier weg. Weiterhin überwältigt die Düsternis den Betrachter, indem er sich mit der Figur im Vordergrund identifiziert und in die randlose Weite hineingerissen wird. Beide Gesichtspunkte erkennt Kleist in seiner Würdigung in den „Berliner Abendblättern“ 1810: „[...] und da es in seiner Einförmigkeit und Uferlosigkeit, nichts als den Rahmen zum Vordergrund hat, so ist es, wenn man es betrachtet, als ob einem die Augenlider weggeschnitten wären.“ [391] Kleist bringt auch die Ambivalenz der so erzeugten Stimmung klar zum Ausdruck. Der Standpunkt des Menschen vor der „Wasserwüste“ sei „herrlich“ und zugleich „traurig“, der „Stimme des Lebens“ harrend und „der einzige Lebensfunke im weiten Reich des Todes“: Die großartige „Wasserwüste“ wird zur unergründlichen „Apokalypse“[392]. Caspar David Friedrichs Rückenfiguren stehen der übermächtigen Natur in kontemplativer Ergriffenheit und hilfloser Verlassenheit gegenüber.[393] Nicht umsonst wählt er hier und öfter den Mönch als Identifi-

---

[389] Beispiel: „Mann und Frau den Mond betrachtend“ (um 1824), besprochen bei Hannesen 40, dort auch Abb.
[390] Matzner 85
[391] Berliner Abendblätter 13.10.1810, S.47f.,zit. bei Hannesen 20
[392] Berliner Abendblätter 13.10.1810, S.47f.,zit. bei Hannesen 20
[393] Matzner 86f.

kationsfigur. Zwar bezeugt der Künstler, dass die Einsamkeit in der Natur eine Voraussetzung seines Schaffens sei:

„Ich muss mich dem hingeben, was mich umgibt, mich vereinigen mit meinen Wolken und Felsen, um das zu sein, was ich bin.“ [394] Doch ruft diese Hingabe eben „Düsterkeit“ hervor und nicht Geborgenheit. Einheit mit der Natur ist erfahrbar, aber nicht Frieden. Hoffnung verheißt nur die lichte Zone hoch oben, dem winzigen Betrachter unerreichbar. Deutlicher wird der religiöse Bezug im Gegenstück zum „Mönch am Meer“, der „Abtei im Eichwald.[395] Auch die Vordergrundfigur taucht im „Sternbald“ auf: Die Romanfigur selbst fühlt sich als solche, und mit ihr der Betrachter:

„Er kam sich jetzt vor als eine von den Figuren, die immer in den Vordergrund eines solchen Prospektes gestellt werden, und er sah sich nun selber gezeichnet oder gemalt da liegen unter seinem Baume und die Augen nach der Stadt vor ihm wenden.“ (87)

Die Grenze zwischen Kunst und Wirklichkeit zerfließt im Bewusstsein des Künstlers, das Leben erscheint ihm als Traum, er ist sich nicht sicher, ob die Welt sein Kunstwerk ist und er allein wirklich, oder aber er selber nur Teil eines umfassenden Kunstwerks ist. Man könnte „Den Mönch am Meer“ neben Franz Sternbalds Eindruck von der Landschaft um die Eisenhütte halten (340f.): Ganz wie im Kreuzesbild des Einsiedlers werden Formation und Vegetation als „fast unkenntlich in der Finsternis“ geschildert, so dass einzelne Gegenstände nicht hervortreten und auch die Menschen im Feuerschein nur als „bewegte Schatten“ vor dem Auge vorbeihuschen. Übermächtig und bedrohlich sind die Elemente, milde nur wiederum der Mondschein. Sternbald möchte diesen Anblick als „Schimmer und verworrene Gestalten“ auf die Leinwand bringen. Friedrich hat seinen Mönch zwar deutlich hervortreten lassen, aber alle übrigen Objekte ganz getilgt und die Elemente Himmel, Meer und Land ungegliedert hingebreitet. In anderen Bildern sind Gegenstände scharf umrissen, aber auch sie bleiben scheinhaft und unheimlich, wie beispielsweise seine Ruinen.

§ 58 „Abtei im Eichenwald“

In der Ausstellung der Berliner Akademie von 1810 hing unter dem „Mönch am Meer“ eine winterliche Klosterruine, in der Mönche einen Mit-

[394] Hinz 227

[395] S. u. S. 111f.

bruder zu Grabe tragen. Stimmung und Bildaufbau sind ähnlich: In drei Schichten erstrecken sich übereinander Schnee, Nebel und fahlgelber Himmel. Eine gotische Kirchenruine und kahle Eichen ragen gespenstisch in die helle Zone hinauf. Alles spricht den Tod aus. Das mit Maßwerk durchbrochene Fenster, nun unmittelbar vom Licht erfüllt, war im historischen Vorbild des Gebäudes vermauert. Auch dem Portal fügte der Künstler ein Kreuz hinzu, um die Auferstehungssymbolik von Licht, Stern und Neumond zu verdeutlichen[396]. Die Darstellung einer Kirche als Ruine kann als Kirchekritik ausgelegt werden. Sie genügt nicht mehr, wird eingefügt in den größeren Rahmen der Natur. C.D. Friedrich schwankt zwischen einer pantheistischen und einer panentheistischen Grundhaltung.[397]

Die Variationen des Motivs zeigen, wie der Maler seine Beobachtung vor Ort nach Bedarf neu zusammenkomponiert. Der „Klosterkirchhof im Schnee" (1819) greift den Begräbniszug im Schnee wieder auf, reiht die Symbole von Tod und Vergänglichkeit neben- und hintereinander, betont die Senkrechte und Waagrechte, lässt Zeit und Raum als erstarrt und abgestorben erscheinen. Tiefendimension und Körperlichkeit, Hauptprinzipien der neuzeitlichen Malerei, werden unterdrückt: Flach gestaffelt sind die irdischen Gegenstände, fließend und gestaltlos der Himmel. Von ihm geht der Hoffnungsschimmer aus, den Kirche, Geschichte und auch Natur nicht bieten können. Die Welt ist Schein und Schmerz, das Heil jenseits[398].

Caspar David Friedrichs Werk lässt sich keineswegs einfach pantheistisch deuten; die Welt erscheint düsterer, entweder fern vom Göttlichen, das nur als Schimmer am Himmel Hoffnung bietet, oder erfüllt von einer ambivalenten Transzendenz, die auch das dunkle umgreift. Eine ganz andere Fassung der „Klosterruine Eldena bei Greifswald" stellt die zerfallenden Mauern mit einem angebauten Tagelöhnerhäuschen in eine üppig wuchernde Waldlandschaft. Die Schwermut ist der Idylle gewichen. Nicht nur die atmosphärische Stimmung ist hier verändert, sondern die räumlichen Gegebenheiten.[399] C.D. Friedrich stellte sogar intakte Kirchen als Ruinen dar oder setzte Elemente von wirklichen Stadtansichten anders zusammen,[400] veränderte auch die Form von Bergen.[401] Friedrichs Atelier, wo seine Natur-

[396] Hannesen 23; dort auch Abb.
[397] Hannesen 23 mit Anm. 2
[398] Propyläen-Kunstgeschichte Bd.11, S. 70, Hrsg. Rudolf Zeitler; dort auch Abb.
[399] Hannesen 42; dort auch Abb.
[400] Matzner 53
[401] Lankheit 73

bilder aus Skizzen entstehen, stellt er selbst als vollständig kahlen Raum dar, wo neben zwei Paletten nur eine Lineal und ein Zeichendreieck hängen. Diese den Zeitgenossen unverständlichen Objekten sollen ihn wohl an strenge Kompositionen gemahnen.[402] Beim Anblick der „Abtei im Eichwald" sticht die Achsensymmetrie ins Auge. Wir haben es hier keineswegs mit einer reinen Stimmungskunst zu tun: Naturstimmung und Allegorie sind konstruiert, komponiert. Tieck arbeitet entsprechend mit Wortbildern, wie wir an den immer neu zusammengestellten Landschaftselementen und Motivverkettungen im „Sternbald" sehen. Allerdings möchte sein junger Held am liebsten ganz aus seiner momentanen Verfassung heraus malen, ohne sich um Komposition zu kümmern, und auch der Autor selbst kennt wenig Symmetrie in seinem Roman, seine lyrischen Bilder schweben ins Ungefähre. Tieck kann oder will sich nicht zu einer selbstauferlegten Gesetzlichkeit durchringen, wie Runge und Friedrich es teilweise tun.

§ 59 Landschaft und Luftschaft

Caspar David Friedrich löst sich, wie wir beobachten konnten, bereits weitgehend von den Grundsätzen der nachmittelalterlichen Kunst: Standpunkt und Perspektive, Volumen und Stofflichkeit. Er abstrahiert vom Anblick der Natur, um eine eigene Bildwelt zu organisieren. Er bannt die Landschaft in die Fläche, in farbige Formen, die als Stimmungsträger dienen.[403] Rahmung und der feste Augenpunkt fehlen: Das Ganze erscheint dem Betrachter als Vision. Sogar unterschiedliche Perspektiven sind in einem Bild vereint, wenn der Kontrast zwischen der Ansicht für den Vordergrund und der Aufsicht für den Hintergrund noch mehr Weite suggeriert.[404]

Darüber hinaus verunklärt Friedrich mit Vorliebe feste Formen durch atmosphärische Erscheinungen, vor allem Nebel.[405] Er pflegt in der Morgen- und Abenddämmerung lange Spaziergänge zu machen und bevorzugt für seine Bilder Auf- und Untergang von Sonne und Mond, Mondschein oder trübes Tageslicht. Als eines von vielen Beispielen kann man den „Mondaufgang am Meer" von 1821 betrachten, der eine tröstliche Ausstrahlung hat: Der Mond verbreitet kein kühles silbernes, sondern ein warmes goldenes Licht, das über das Wasser eine Bahn bis zum Strand legt; Land, Wasser und Meer

[402] Hannesen 18, Abb. 19
[403] Lankheit 73
[404] Matzner 53
[405] Lankheit 74

sind in milden Braun- und Purpurtönen gehalten; die Gestalten sind je zu zweit nahe beieinander gruppiert; zwei Anker, Symbole der Hoffnung, stehen am vorderen Bildrand, und zwei Schiffe, ebenfalls Hoffnungszeichen, beleben die See. Die gleiche Neigung zu Mondlicht und Nebel fällt in Tiecks „Sternbald“ auf. Als Beispiel lässt sich die besprochene Nachtlandschaft anführen (342), wo der aufgehende Mond und die aufsteigende Feuchtigkeit Wiesen, Wald und Felsen „in eine Masse verschmolzen“ vor Augen zaubern und die Erde mit dem Himmel verbindet. C.D. Friedrichs Landschaften waren zum Teil dermaßen abstrakt, dass sie mehrfach verkehrt herum gelesen wurden: Himmel und Meer oder Himmel und Land vertauscht. Goethe macht ihm die Beobachtung, dass man Friedrichs Bilder ebenso gut auf dem Kopf aufhängen könnte, zum Vorwurf.[406] Bei Caspar David Friedrich löst sich die anfangs verhaltene Farbe von der Zeichnung, wird erst bunter, dann kräftiger und verselbständigt sich endlich in reinen Himmelsdarstellungen.[407] Diese „Luftschaften“, wie ein Zeitgenosse sie taufte, waren dem Maler sogar besonders wichtig.[408] Hier fühlt man sich an Tiecks revolutionäre Forderung erinnert, die er im „Sternbald“ durch Rudolfs Mund ausspricht:

„Meine Seele sollte sich an diesen grellen Farben ohne Zusammenhang, an diesen mit Gold ausgelegten Luftbildern ergötzen und genügen, ich würde da Handlung, Leidenschaft und Komposition und alles gern vermissen.“ (280) Mit seinen Wolkenbildern erreicht Caspar David Friedrich tatsächlich die Grenze der abstrakten und gestaltlosen Malerei. Noch näher herantasten wird sich sein englischer Kollege William Mallord Turner.[409] Auch ein synästhetisches Projekt entwirft Friedrich in einem Brief: Zu einem Bilderzyklus will er eine Musik komponieren lassen und beides in einem verdunkelten Raum vorführen, so dass der Betrachter sich ganz auf die doppelten Sinneseindrücke konzentrieren kann.[410]

[406] Lankheit 58
[407] Matzner 82f.
[408] Lankheit 74
[409] S. u. S. 118f.
[410] Hinz 71f.

Im Gegensatz zu Tieck und Runge äußerte sich Friedrich wenig zu kunsttheoretischen Fragen. Als Schlüsselformulierung für sein künstlerisches Schaffen kann folgender Satz gelten:
„Der Maler soll nicht bloß malen, was er vor sich sieht, sondern auch, was er nicht sieht.“[411] Noch radikaler formuliert er im folgenden Zitat, wie er seine Malerei von der Außenwelt noch mehr in die Innenwelt verlagert:
„Schließe dein liebliches Auge, damit du mit dem geistigen Auge zuerst siehest dein Bild. [...] Ein Bild muss nicht erfunden, sondern empfunden sein.“[412]
Eine Orientierung an den Meistern der Vergangenheit lehnt Friedrich ab, polemisiert sogar gegen die Italienfahrer. Selbst ein zweiter Raffael würde in einer anderen Zeit anders malen als damals.[413] Kunstfertigkeit ohne inneren Impuls erzeugt keine Kunst: Ohne „das lebende Gefühl“ bliebe sie „toter Kram“[414]. Wie Wackenroder, Tieck und Runge ist sich Friedrich also bewusst, dass jede Epoche und jede Region ihren eigenen Stil haben dürfe, vor allem aber jeder Künstler aus seinem Gefühl heraus schaffen müsse. Dann arbeitet er der Natur gemäß: „Des Künstlers Gefühl ist sein Gesetz.“[415] Die Tradition verliert ihre Macht verloren, eine ästhetische Norm kann nur noch aus dem Innern des einzelnen Künstlers geboren werden. Caspar David Friedrich wird von seiner Umwelt immer weniger verstanden. Er verarmt und verbittert, stirbt 1840 fast vergessen und in geistiger Umnachtung. Sein Name ist in der zweiten Hälfte des 19. Jh. völlig unbekannt, sein Werk in den Depots verschüttet; erst die Jahrhundertwende mit ihrem neuen Aufbruch bringt eine Wiederentdeckung. Über Friedrichs Verhältnis zu anderen Romantikern ist wenig bekannt. Man weiß von einem Treffen mit Runge 1801 und mit Tieck 1802.[416] Die erstaunlichen Parallelen belegen noch keine gegenseitige Beeinflussung der Künstler.

---

[411] Hinz 125
[412] Hinz 92
[413] Matzner 64
[414] Matzner 43
[415] Hinz 87
[416] Matzner 31f.

XXII. William Turner

Der englische Maler William Turner wurde 1775 geboren, ist im gleichen Alter wie Tieck, Runge und Friedrich. Schon 1890 stellt er in der Royal Academy aus. Seine Landschaftsbilder und Stadtansichten erfreuen sich vor allem in druckgraphischer Verbreitung großer Beliebtheit. Seine eigenwilligen Aquarelle und Ölgemälde aber sind wenig bekannt, und sein Spätwerk, vor allem die letzten Bilder in den 1840er Jahren, gilt als nicht bewältigt. Die Ignoranz seiner Zeitgenossen und ätzende Kritik veranlasst Turner, sich von den Menschen zurückzuziehen, bis man ihn für verrückt hält.[417] Wie Friedrich hat Turner sich ganz auf Stadt- und Landbilder verlegt und versucht darin die Übermacht der Elemente darzustellen. Schon seine Ansichten von Venedig beispielsweise haben weniger Straßen und Menschen zum Thema als vielmehr das südliche Licht, das sie übergießt und in Farben taucht.[418] Das „Lagunenfest in Venedig“,[419] eine späte Reflexion der Venedigreise, lässt den Betrachter Himmel, Wasser und Land unterscheiden; die feiernden Menschen aber gehen als farbige Schatten fast in den Elementen auf. Das Gemälde „Sonnenuntergang an der See“ (1840/45) löst alle Konturen auf, ist zu einer Farbsymphonie oder einzelne Gegenstände geworden.[420] Der Titel der aus einer verschwommenen Landschaft auf den Betrachter zufahrenden Eisenbahn von 1844 spricht für sich: „Regen, Dampf und Geschwindigkeit“.[421] Kein Gegenstand, kein Ort ist genannt, sondern abstrakte Größen, Kräfte der Natur. Noch weiter geht Turner im „Morgen nach der Sintflut“.[422] Der ursprüngliche Titel lautet „Light and Colour (Goethes Theory)“; erst dann folgt das gegenständliche Thema mit dem Zusatz „Moses schreibt die Genesis“, von dem in dem Farbenwirbel kaum etwas zu erkennen ist. Dem in Goethes lebhaften, heiteren „Pulsfarben“ gestalteten Ölbild entspricht „Schatten und Dunkelheit. Nacht vor der Sintflut“ in kalten, sehnenden „Minusfarben“. Turner verfügt über ein Exemplar der 1840 in englischer Sprache erschienen „Farbenlehre“.[423] Auch von William Turner wird überliefert, man habe eines seiner Bilder verkehrt her-

[417] Koch, Horst: William Turner. Ramerding 1976, 11
[418] Koch 10
[419] Koch Abb. 66
[420] Koch Abb. 53
[421] Koch Abb. 69
[422] Stelzer, Otto: Die Vorgeschichte der abstrakten Kunst. München 1964.Tafelbild II
[423] Stelzer 49

um aufgehängt. Ob er tatsächlich kommentierte, man sollte es so hängen lassen, mag Anekdote sein.[424] Aber die angeführten Bildtitel dokumentieren seine immer stärkere Abstraktion vom Naturmotiv über das reine Element zur reinen Farbe, unter weitgehendem Verzicht auf Räumlichkeit, Körperlichkeit, endlich Gegenständlichkeit und sogar Geometrie. Inwieweit Turner Tieck kennt oder umgekehrt, bleibt leider offen. Doch sein Fall veranschaulicht, wie weit die romantische Kunst in ihrer äußersten Steigerung gelangt, die Tieck sich bereits 1798 im „Sternbald“ erträumt: zu einem Spiel der Farben, das Gefühle ausdrückt und erregt und die „Transzendenz der Elemente“[425] offenbart. Am Ende schlägt Turner die Brücke zur „himmlischen“ Transzendenz: Sein letztes Thema ist „Der Engel in der Sonne“.
Auf den Spuren Turners erreicht James McNeill Whistler denselben Grad an Abstraktion in seinen fast monochromen Venedig- und Themse-Ansichten („Nocturnes“) und Portraits („Symphonie in Weiß“).[426] Seine Titel offenbaren, dass die Landschaft nur ein Ausgangspunkt der Bilder ist, neben Stimmung, Musik und Farbe, ja nach eigener Aussage eher ein Vorwand für die Komposition mit Formen und Farben.[427]
Adalbert Stifter (1805-68) schildert in seinen Bildern, wie auch in seinen Büchern, hauptsächlich Landschaften, mit Vorliebe „unbelebte“, nämlich Felsformationen, Mondlandschaften und Hunderte von farbigen „Luftschaften“, dabei immer stärker abstrahierend.[428] Gänzlich ungegenständliche Bilder erschafft, ein halbes Jahrhundert vor Kandinskys augenblicklich um sich greifenden und daher berühmt gewordenen Durchbruch 1910, als erster Victor Hugo (1802-85), teils ohne Titel, teils mit abstrakten Titeln wie „Der Schrei in der Nacht“.[429] Diese revolutionären Bilder, im Wesentlichen wohl nach Tiecks Tod entstanden, bleiben damals und bis heute weitgehend unbekannt.[430] In jedem Falle wird Victor Hugos völlige Abstraktion nochmals um ein Jahrhundert unterboten, an einer Stelle, wo man es nicht vermutet und nicht ernstnimmt, in einem Buch, aus dem auch Tieck schöpfte: Lawrence Sternes „Tristram Shandy“ von 1761.

---

[424] Stelzer 48

[425] Koch, Horst: William Turner. Ramerding 1976, 5

[426] Karin von Maur (Hrsg.): Vom Klang der Bilder. Die Musik in der Malerei des 20. Jh. Kat. München 1985, 7.

[427] Maur 50.

[428] Stelzer 80ff.

[429] Stelzer Tafelbild IV

[430] Stelzer 90

XXIII. LAWRENCE STERNE: „TRISTRAM SHANDY" (1761)

Der Roman „Life and Opinions of Tristram Shandy, Gentleman" von 1761, deutsch 1774, übt auf die deutsche Literatur, auch auf Tieck, großen Einfluss aus. Der Roman bricht aus der Chronologie der Handlung aus, schildert Winziges unverhältnismäßig ausführlich, reiht Assoziationen aneinander und wirkt im Ganzen chaotisch. Hinter der Formlosigkeit an der Oberfläche aber stehen – neben Lust an Spontaneität und Spiel – Formung und Absicht, Kritik an Ordnung überhaupt, an der Gesellschaft und dem Denken.[431] Noch viel erstaunlicher als Sternes moderne Erzähltechnik ist die Tatsache, dass er seinem Buch auch die ersten bekannten rein gegenstandslosen Bilder beifügt,[432] falls man die Selbstzeichnung „Marmorblatt" nicht im Sinne der Imitation und Dekoration auffassen will. In jedem Falle erhebt der Autor seine Malerei zum „bunten Sinnbild meines Werkes": Das eine enthalte ebenso wenig „Moral" wie das andere. Zu den zwei bunten Blättern treten zwei völlig schwarze, denen der Autor ironisch „neue Wahrheiten" unterlegt, „mystisch verborgen". Vielleicht beziehen sie sich auch auf den zuvor beschriebenen Todesfall.[433]

Merkwürdigerweise ist von keinem Zeitgenossen ein Kommentar dazu überliefert. Man übersieht die Blätter wohl einfach. Vielleicht nimmt der Verfasser sich selber nicht allzu ernst, seine Bemerkungen dazu sind durchaus ironisch. Die deutsche Ausgabe bringt statt der Marmorbilder Holzschnitte in drei Farben, sich überschneidende Farbfelder, in der Zeit völlig alleinstehend.[434] Die nächste deutsche Ausgabe 1856 verwendet ein schwarz-weißes, tapetenartiges Ornament und verkehrt damit das „bunte Sinnbild" des chaotischen Lebens in ein dekoratives und wohlgeordnetes Vorsatzblatt.[435] Auch der Text selbst ist typographisch gestaltet, indem Auslassungen durch Sternchen oder Gedankenstriche gekennzeichnet sind.[436] Außerdem hat der Verfasser ihn mit Zeichnungen versehen, die einen Zeitablauf im Raum in einer Zickzacklinie versinnbildlichen: Die verzwickte

---

[431] Stelzer 70ff.

[432] Stelzer 68

[433] Stelzer 70

[434] Stelzer 68. Es ist unklar, ob der Autor die Auflage von 1776/77 (Tristram Shandys Leben und Meynungen, Frankfurt/Main und Leipzig) meinte, die für diese Arbeit zur Verfügung stand. Dort befinden sich die bunten Blätter in Band III nach S. 175, die schwarzen in Band I nach S. 77.

[435] Stelzer 69

[436] In der dt. Aufl. von 1776/77 z.B. III, 46 (Striche) und VI, 159 (Sternchen).

Romanhandlung wird direkt graphisch umgesetzt, unter Polemik gegen die nichtssagende gerade Linie. Auch die Bewegungsspur eines Stockschwunges wird aufgezeichnet.[437]

XXIV. Die Nazarener

Runge, Friedrich und Turner mit ihrer allegorischen und abstrahierenden Landschaftsmalerei bleiben singuläre Erscheinungen und geraten noch zu Tiecks Lebzeiten in Vergessenheit. Die andere Seite des frühromantischen Kunstideals, das Wackenroder und Tieck verkünden, tritt ebenfalls tatsächlich in Erscheinung – und setzt sich durch.

1809, im gleichen Jahre, als C.D. Friedrich mit seinem Landschafts-Altarbild einen Skandal entfacht, gründet sich in Wien der Lukasbund, eine Gruppe junger Maler, die der klassizistisch kalten Historienmalerei eine verinnnerlichte und bibeltreue entgegensetzen wollen. Sie beziehen ein verlassenes Kloster in Rom, um sich einer asketische Christusnachfolge zu widmen. Ihre Erneuerung ist rückwärtsgewandt, inhaltlich an die kirchliche Tradition und formal an die Meister der Renaissance gebunden, auch letzteres mehr aus religiösen denn aus ästhetischen oder gar aufklärerischen Gründen.[438] Friedrich Overbeck, der wichtigste Kopf der Gruppe, formuliert 1808, wodurch sich Raffael vor allen Malern auszeichne: nicht etwa durch künstlerische Qualitäten, sondern durch „Empfindung" und „Religion", definiert als „Studium der Bibel" und ein „reines Herz".[439] Im Gegensatz zur stimmungshaften Lichtmalerei Runges und Friedrichs ordnen die Nazarener das Licht der Linie, die Farbe der Form, das Kolorit der Komposition unter, verzichten überhaupt auf die verunklärende – oder verklärende – Atmosphäre.[440] In gleichmäßiger Beleuchtung stehen die Körper klar voneinander gesondert, mit kräftigen Lokalfarben versehen, die man später wegen zu großer Sinnlichkeit verdeckt.[441] Auch die Wiedereinführung der Freskotechnik ist aus dem Rückbezug auf die Renaissance motiviert.[442]

---

[437] Ebd. VI,160f. („Lebenslinie"); IX,17 („Stockschwung"). Stelzer 72ff.

[438] Rohls, Jan: „Sinn und Geschmack fürs Unendliche" – Aspekte romantischer Kunstreligion. In: Neue Zeitschrift für systematische Theologie und Religionsphilosophie, Bd. 27 (Heft 1/1985), S. 1-24, 15

[439] Rohls 14f.

[440] Kleßmann, Eckart: Die deutsche Romantik. Köln 1984, 126

[441] Kleßmann 67f.

[442] Kleßmann 70

Die Intensität der Empfindung trifft für heutige Betrachter hart auf die kalte, gleichsam nicht atmende Ausführung und erzeugt den Eindruck des süßlich Übersteigerten, künstlich Gewollten. Doch im 19. Jh. wurde Kunst (und Kitsch) im Nazarenerstil zum Dauerbrenner, bis heute prägt sie das allgemeine Bewusstsein von „Romantik" und von „Frömmigkeit". Nur eine Seite der Frühromantik aber hat sich hier entfaltet: die historisierende, nicht die zukunftsstürmende; die bibelfromme, nicht die naturfromme; die der Kirche dienende, nicht die die Kunst befreiende.
Die Unterwerfung des Kunstschaffens unter die kirchliche Religion manifestiert sich in Overbecks Konversion zum Katholizismus 1813. Er will nicht nur hinter die moderne Säkularisierung zurückgehen, sondern auch hinter die Reformation als einer „Art von Aufklärung", die dem Menschen den festen Halt und der Kunst die „Einfalt und Frömmigkeit" raube.[443] Sein ausdrücklicher Protest gegen die Autonomie der Kunst nimmt in dem monumentalen Gemälde „Der Triumph der Religion in den Künsten" Gestalt an (1833-40). Die Antike ist nur noch ein „zertrümmerter Götze", mit ihr die Renaissance als „neues Heidenthum"; die Zukunft gehört der neuen alten Kunst und Kirche als unvollendetem gotischen Dom. Der ersten Rang unter den Künsten hat wieder die Dichtung erobert, personifiziert in Maria: Das Wort der Offenbarung steht über allem. Overbecks Fazit lautet:
„Die wahre Kunst erlangt man nicht dadurch, dass man die Kunst selbst zum Götzen macht; sie will vielmehr nur Dienerin sein im Heiligthum."[444]
Runge hat einen entsprechenden Grundsatz formuliert, doch war seine Religion von Protestantismus nur Naturmystik geprägt, sein Heiligtum die ganze Natur und darüber hinaus die Kunst als „zweyte Natur". Treue zu Schrift und Tradition hat er zu öffnen gewusst zu eigenschöpferischer Allegorie und „Abstraction". Deutlicher als er hatten Tieck, Wackenroder und Schlegel Natur und Kunst als Offenbarungsquellen neben der Kirche verkündet und die inhaltliche und formale Autonomie des Kunstwerks gefordert. Später hat Friedrich Schlegel dann die gleiche Wende vollzogen wie Overbeck.[445] Unbeabsichtigt erreichen die Nazarener übrigens in ihren exakten Zeichnungen einen zukunftsweisenden Grad von Abstraktion: Vor allem die Landschafts- und Stadtansichten der Brüder Olivier zeichnen sich durch die „prismatische Durchdringung" der Gebäude und die „Geometrie der Land-

[443] Rohls 16
[444] Rohls 16
[445] s.o.S.99f

schaft“ aus.[446] Für die Nazarener selbst und ihr Publikum sind aber die Tafelbilder und Fresken ungleich wichtiger. Abschließend sei der „Ruhe auf der Flucht“ von Ph.O: Runge eine Version des gleichen biblischen Themas von Julius Schnorr von Carolsfeld gegenübergestellt, um die Unterschiede in der malerischen Gestaltung aufzuweisen.
Schnorrs „Flucht nach Ägypten“ von 1828 ähnelt Runges Bild im Aufbau stark, so dass dieses sogar als Vorbild gedient haben könnte. Den Vordergrund bildet ein Plateau mit der Heiligen Familie und ihrem Esel, von einem Engel begleitet; im Hintergrund weitet sich eine sonnige Ebene mit einer großen Stadt am Fluß. Julius Schnorrs Landschaft ist vom gleichen transparent schimmernden Blau-Grün-Gold aller Elemente. Doch der Vordergrund ist durch scharfkantige Felsen davon abgesetzt; die Figurengruppe steht nochmals wie ausgeschnitten davor, worüber auch die Schatten nicht hinwegtäuschen. Der Fuß des mädchenhaften Engels in der Bildecke trifft auf den Boden wie ein völlig fremder Körper; Marias verschleierter Kopf in der Bildmitte hebt sich wie eine Ikone vom goldenen Himmel ab. Die Gewänder der Figuren kontrastieren in Grundfarben, undurchsichtig und starkfarbig. Die schlanken, statuarischen Körper und idealisierten Gesichter wirken wie aus Elfenbein geschnitzt. Das Licht, das von ihnen ausgeht, versinnbildlicht der Maler in einem schwebenden Goldreif, wie er bis zur Renaissance in der christlichen Kunst üblich war; Philipp Otto Runge hat es im natürlichen Licht der Sonne sichtbar gemacht, er hat die Heiligen zugleich lebensnäher und lichterfüllter vor Augen geführt.

XXV. Die psychischen Wurzeln von Tiecks Ästhetik

§ 61 Tiecks Persönlichkeit

Die folgenden Ausführungen sollen erweisen, dass das ästhetische Programm der Frühromantik nicht nur literarische und philosophische, sondern auch psychologische Wurzeln hat: im Charakter Tiecks mit all’ seinen Widersprüchen und bis hin zu den körperlichen Voraussetzungen, in seinem Leben und Glauben (und dem seiner Kollegen, auf die hier nicht eingegangen werden kann). Die ästhetischen Grundsätze sind auch eine existenzielle Notwendigkeit, der poetische Vollzug auch ein psychischer Vorgang. Nur durch die Dichtung hält sich Tieck, besonders als junger Mann, einigerma-

[446] Kleßmann 131f.

ßen im Gleichgewicht. Ludwig Tieck ist anerkanntermaßen ein geborener Schauspieler. Nur seine kleinbürgerliche Herkunft und seine schwache Gesundheit verhindern diese Berufung. Von Kind auf ist er extrem aufnahme- und anpassungsfähig, zugleich sensibel und willensschwach, so dass er das Theaterspiel liebt und dabei Angst hat, sich selbst in den Rollen zu verlieren.[447] Leidenschaftlich und labil, heftig und haltlos, kann Tieck sich in alles einfühlen und ist dieser Neigung zugleich ausgeliefert. In seinem großen Bekenntnisbrief vom 16.12.1803 an Friedrich Schlegel, dem wohl wichtigsten Schlüssel zu seiner Persönlichkeit, definiert er sich über diese Eigenschaft:

„Ich bin um so mehr ein Individuum, um so mehr ich mich in alles verlieren kann." [448] Alles Leben sei in ewigem „Hin- und Widerstreit" begriffen [...] und mein Leben ist nur dadurch etwas verschieden, dass meine Heftigkeit mich in jedem Gedanken, in jeder Empfindung, in allen Entwickelungen bis an die Gränze des Wahnsinns reißt, jeder Zweifel führt einen Lebenslauf in mir, jeder Zwiespalt kämpft bis auf den Tod."[449]

In solchen Aufzeichnungen spricht Tieck sich unverstellt und mit hoher Sprachkraft aus. Aus einzelnen Stellen seines literarischen Werkes ist seine widersprüchliche Persönlichkeit immer nur in einzelnen Aspekten herauszulesen. In persönlichen Zeugnissen äußert er sich unverstellt und unironisch. In seinem reichen Frühwerk spiegelt sich sein Schwanken zwischen Begeisterung und Skepsis, Ekstase und Depression, Mystizismus und Nihilismus, ein Schillern, das der Leser kaum nachvollziehen kann und dessen existentielle Glaubwürdigkeit nicht mehr auszuloten ist: Spiegel der Wirklichkeit des Autors oder Spiel mit Möglichkeiten und Rollen? Spricht der Verfasser sich in seinen Figuren aus – und gebraucht deswegen reichlich Ironie – oder distanziert er sich von Ihnen? Verliert er sich an Fremdes oder findet er sein eigenes Wesen darin wieder? Tieck selbst setzt ja seine Selbstdefinition vom Sich-Verlieren fort:

„Es ist kein Verliehren, denn wir verstehn, fühlen eine Sache nur, insofern wir die Sache sind."[450]

Immer wieder aber drückt er Angst vor seiner „schnellen Fühlbarkeit" aus. Er bringt viele Beispiele aus der Sphäre der Produktion und des Vortrags

447 Minder, Robert: Ludwig Tieck, ein Porträt (1937). In: Wulf Segebrecht (Hrsg.): Ludwig Tieck. Darmstadt 1976. S. 266-278, 270

448 Lohner 139

449 Lohner 142

450 Münz 696

von Literatur: Die Darstellung eines Wahnsinnigen auf der Bühne würde ihn wahrscheinlich selber in den Wahnsinn stürzen;[451] die laute Lektüre von Grosses Roman „Der Genius“ binnen eines Tages habe ihn fast so weit gebracht.[452] Beim Vorlesen versuche er, „über dem Ganzen zu stehen“, obgleich er eigentlich die hingegebenen Schauspieler den besonnenen vorziehe;[453] selbst das Schreiben von Briefen nehme ihn dermaßen mit, dass er sie lieber aufschiebe.[454] Tatsächlich lässt er, der Federfertige und Kontaktfreudige, zum Leidwesen seiner Bekannten oft jahrelang auf eine Antwort warten, teils aus Entschlusslosigkeit, teils aus Übersensibilität. Im Widerspruch dazu behauptet er an anderen Stellen, immer an seiner Identität und innersten Überzeugung festgehalten zu haben, beschreibt es nun gerade als seine „Individualität“, sich im Laufe eines langen Lebens so wenig zu ändern. Von Jugend an glaubt er, dass die wesentlichen Züge der Persönlichkeit festgelegt sind und sich nur noch entfalten können.[455] Der übermäßig begeisterungsfähige, wie im Fieber lebende Dichter behauptet zugleich – auf philosophische Moden und „Schwärmereien“ bezogen – von sich:

„Bei meiner Lust am Neuen, Seltsamen, Tiefsinnigen, Mystischen und allem Wunderlichen lag auch stets in meiner Seele eine Lust am Zweifel und der kühlen Gewöhnlichkeit und ein Ekel meines Herzens, mich freiwillig berauschen zu lassen, der mich immer von allen diesen Fieberkrankheiten zurückgehalten hat.“[456]

Wackenroder wirft dem Freund vorsichtig vor, er wehre sich nicht gegen die Überwältigung, suche sie vielmehr, um extreme Gefühle zu erleben. Er selber gibt zu, auch das Grauen herauszufordern, „um etwas Apartes zu erleben“, noch Grausamkeit und Angst zu genießen.[457] Schwer zu beurteilen, wann Tieck Teilnahme oberflächliches Spiel ist und wann todernste Selbstaufgabe; wann er sich mutwillig bis an die Grenze des Wahnsinns tastet und wann er von einstürmenden Eindrücken einfach überwältigt wird. Tiecks Empfänglichkeit entspringt auch aus seiner großen visuellen und synästhetischen Begabung. Optische Eindrücke bleiben in seinem Gedächtnis oft über Jahrzehnte hin exakt aufbewahrt; seine lebhafte Phantasie bringt fast

---

451 Münz 696
452 Münz 690
453 Köpke II, 179 Schriften V. 469f.
454 Lohner 170
455 Minder (in: Segebrecht) 271f.
456 Tieck/Solger 182 (1.9.1815)
457 Minder (1936) 18

pausenlos Bilderketten hervor; sein Gehirn stattet Klänge von alleine mit Farbqualitäten aus. Wie beim eidetischen Menschentyp häufig, ist seine schnelle und starke Reaktion mit einem besonders schwachen Willen gekoppelt, so dass er sich vom Leben hin- und herwerfen lässt. Mattigkeit kann mit Arbeitsfieber wechseln, Schwäche von Jähzorn abgelöst werden, permanente Entschlusslosigkeit in irgendeine Verrücktheit umkippen.[458] Das Gefühl, verwirrenden und überwältigenden Verhältnissen ausgesetzt zu sein, verstärkt das Grundgefühl der Angst, das sich schon in den ersten Erinnerungen hervorkehrt.[459]

Die schwermütige Veranlagung, die sich oft hinter dem Leichtsinn versteckt und daher von Beobachtern verkannt wird, ist von Tiecks späterem Schicksal unabhängig, wenn es sie auch verstärkt haben mag. Sein Gefährte und Kollege Wackenroder, der ihm wie ein Zwillingsbruder ist, stirbt mit 25 Jahren, sein neuer Freund Novalis folgt 1801; seit 1803, dem Jahr des Bekenntnisbriefes, leidet Tieck dauernd unter Gicht und hat eine gräfliche Geliebte neben seiner Frau, während diese ein Kind von seinem gräflichen Freund bekommt. Von beiden war die unabgesicherte und stets auf der Flucht vor Gläubigern befindliche Familie finanziell abhängig. Tiecks eigene Tochter und Mitautorin stirbt ebenfalls vor ihm. Folglich behauptet er in seinem Selbstkenntnis, der auffallende „fröhliche Leichtsinn“ sei nur „eingelernt“: „Von meiner frühsten Kindheit an hängt mein Gemüth zu einer schwärmerischen Melankolie. [...] Es war mir von je an natürlich, ohne Schmerzen, ohne Unglück, ohne äusserliche Veranlassung, das Leben selbst als eine drückende Bürde anzusehn.“[460]

Dazu kommen quälende Selbstzweifel, bodenlose Anklagen, völlige Entfremdung von den Menschen und sich selbst, noch die eigene Kunst erscheint „als die böseste Sünde, als unglückselige böse Magie, die ihre zerstörende und höllische Kraft auf mich selbst zurückwerfen müsste.“[461]

Dieser wütende innere Kampf habe sich erst in jenem Jahr gelegt. Tieck plagen stets grundsätzliche Zweifel an der Welt, an sich selber und an der Kunst. Das Denken ist bei ihm zurückgedrängt zugunsten des Fühlens, das Wollen aber scheint ganz zu fehlen.[462] Andererseits dient sein Verstand ihm

[458] Minder (1936) 15
[459] Minder (1936) 9ff.
[460] Lohner 141
[461] Lohner 142
[462] Betzen, Klaus: Frühromantisches Lebensgefühl in Ludwig Tiecks Roman „Franz Sternbalds Wanderungen“. Diss. Masch. Tübingen 1959, 94

dazu, die Gefühle und den Glauben an das „Wunderbare“ grundsätzlich anzuzweifeln. Doch auch die rationalistische Skepsis führt bei ihm zu neuer Radikalität: nicht zu einer gemäßigten oder resignierten Position, sondern in der Jugend zeitweise zu totalem Nihilismus.[463] Mehr Halt geben ihm erst größere Reife und – neben dem Glauben – Solgers Philosophie, die alle Dinge als vorläufig und nichtig einstufte, ihnen aber eine absolute Realität gegenüberstellt, die sich dahinter verbirgt.[464]

Im zitierten Bekenntnisbrief an Friedrich Schlegel von 1803 bezeugt Tieck noch, wie alles ihn bedrängt, das Rätsel ihn unmittelbar berührt: Er wisse sich „von Wunden allseitig umgeben“, von „magischen Kräften“, vom ewigem „Geheimniß“. 1801 hatte er ihm seine Weltsicht so geschildert:

„Ich kann es dir nicht ausdrücken, wie mir alles in der Welt immer mehr Eins wird, wie ich gar keine Unterschiede von Räumen oder Zeiten mehr statuieren kann, es wird mir Alles bedeutend, alles was Geschichte gibt und Poesie, so wie alle Natur, und alles in mir, sieht mich aus einem einzigen tiefen Auge an, voller Liebe, aber schreckvoller Bedeutung. – Ich setze voraus, dass du mich ganz verstehst, und hier keine Exaltation vermuthest, sondern es ist mein wahrer poetischer Ernst, und darum habe ich dir mein Gefühl am liebsten mittheilen mögen.“[465]

Von Natur aus ist Tiecks Weltanschauung nicht geschlossen und rational, sondern offen und magisch; statt Raum, Zeit und Kausalität herrschen Partizipation, Vision und Wunder.[466] Das Leben erscheint ihm ohnehin als Märchen, – als romantisches Märchen in seiner Armut und Abgründigkeit.

Zeitweise glaubt Tieck im christlichen Glauben festen Boden unter den Füßen gefunden zu haben, genährt von einem mystischen Erlebnis im Jugendalter.[467] Im angeführten Brief versucht er Schlegel dies klarzumachen:

„Ohne diesen einfältigen Glauben, ohne diese Anschauung lockt mich alles was da ist nur in einen Abgrund von Wahnsinn, dem ich auf keinem Wege entrinnen kann, ohne ihn ist mir alles unverständlich, mit ihm alles mehr als verständlich.“[468] Doch gelingt es ihm nicht, diesen Glauben auf die Lebenswirklichkeit zu beziehen, ihr einen Sinn abzuringen, im Glauben einen

---

[463] Minder (1936) 24

[464] Minder (in: Segebrecht) 275f.

[465] Lohner 57

[466] Minder (in: Segebrecht) 273

[467] Friesen, Hermann: Ludwig Tieck. Erinnerungen eine alternden Freundes aus den Jahren 1825.42. 2 Bde. Wien 1870. I, 137ff. (Wörtliche Wiedergabe eines Briefes von Tieck.)

[468] Lohner 145

Standpunkt zu finden. Zehn Jahre später schreibt er dem inzwischen in der katholischen Kirche beheimateten Friedrich Schlegel:
„noch ist mir das Leben immer mehr wie ein Märchen geworden, den rechten wahren Punkt, festzuhalten, zu beharren, habe ich immer noch nicht so gefunden, wie ich es wohl in einzelnen begeisterten und entzückten Stunden wähnte. Glücklich, wenn es Dir so geworden ist. Nur Gott, Liebe, Freundschaft und Tugend sind ewig, alle andern Gedanken, Gefühle, Ansichten, Weisheiten schäumen auf und nieder, oft als bunte Iris, die bei Wasserfällen wohl dicht vor unsern Füssen im Grase zu liegen scheint."[469]
So bleibt dem Künstler nur der Halt in der Kunst: „Ich verehre die Kunst, ja ich kann sagen, ich bete sie an, sie ist die Gottheit, an die ich glaube."[470] Ihr gelingt es, den flimmernden Glanz des Lebens einzufangen; wenn sie ihn schon nicht auf einen höheren Sinn beziehen kann, vermag sie doch ebendies zur Sprache zur bringen. Mit der Kunst kann der Künstler der zum Tode verurteilten Welt etwas Ewiges gegenübersetzen:

„Ewig bleibt stehn in seinem Lied gedichtet,
Was die Natur schafft und um Rausch vernichtet."[471]

§ 62 Ironie als Lebenshaltung

Ironie im oben erörterten umfassenden Sinne lässt sich aus Tiecks Charakter heraus auf zwei Arten erklären: als Gleiten zwischen Eindrücken, Gefühlen, Ansichten und als Korrektiv allzu heftiger Hingabe an all das. Im ersten Sinne gibt der Dichter willenlos jedem Impuls nach; im Zweiten setzt er gerade hier bewusst eine Grenze. Im Ersten überlässt er sich seinem Gefühl; im Zweiten lässt er seinen Verstand das Gefühl einschränken. Im Ersten entgrenzt er seine Person, um sich dem Unendlichen – der Totalität der Welt und letztlich Gott – anzunähern; im Letzteren macht er sich bewusst, dass alles in der Welt relativ ist und das Absolute jenseitig ist. Beides sind keine getrennten Anschauungen und Verfahrensweisen, sondern zwei Seiten ein und derselben Sache. Mit den Theoretikern der Romantik fordert Tieck „die Herrschaft über den Stoff" kraft der Ironie; der Dichter „soll sich nicht an denselben verlieren, sondern über ihm stehen".[472] An Schiller und Fouqué bemängelt er aus, sie seien geradezu in ihre Helden

[469] Lohner 171
[470] Pestalozzi Karl: Nachwort zur „Verkehrten Welt". Wien 1964, 99
[471] Schriften I,11.
[472] Köpke II,238, 202f.

verliebt. Nun bezeichnet Tieck es als sein eigenes Hauptmerkmal, dass er sich „an alles verliehren kann“, und man spürt an seinen literarischen Texten, mit welcher Erregung er sie niederschreibt. Aber während die einzelne Figur im jeweiligen Moment in dem aufgeht, was sie tut – oder meist eher erleidet –, steht der Autor über ihnen; mit allen Stimmen spricht er und lässt sich darum nicht auf eine einschränken; an allen Standpunkten hat er teil und verlässt sich nicht auf einen als letztgültigen. Aus derselben Lebenserfahrung des jungen Tieck entspringen drei widersprüchliche Lebenshaltungen, die man mit den Stichworten Enthusiasmus, Nihilismus und Ironie belegen könnte, da unterschiedliche Aspekte der Ironie vorherrschen:
Im „Sternbald“ treten, wie schon in den Tieckschen Anteilen der „Herzensergießungen“ und „Phantasien“, der fast ungebrochene Glaube an das Gute und Schöne, an Gott und die Kunst hervor. Daher sind diese Texte in frühere, frömmere Zeiten zurückversetzt. Die Ironie dient dazu, das Wunderbare zu malen, nicht es zu zerstören: Sie schafft schwebende Landschaftsbilder und schwankende Stimmungen, lässt die Personen sich mit der Natur überschneiden und ineinander übergehen, sie entgrenzt den Text zum Unendlichen hin. Die gefährlichen Elemente solchen Schwankens und der radikale Zweifel an allem, auch noch an der Kunst, kündigt sich in Gegenfiguren und in Franz selber an, bleibt aber im Hintergrund. Das Romantische, das Wunderbare wird hier als sehnsuchtsvoll und geheimnisvoll, aber letztlich tröstlich und herrlich heraufbeschworen:
„Mondbeglänzte Zaubernacht,
Die den Sinn gefangenhält,
Wundervolle Märchewelt,
Steigt auf in der alten Pracht.“[473]
Im „William Lovell“ sind die romantische Hingabe und Sinnsuche zu haltlosem Sinnenrausch und Wunderglauben übersteigert; dagegen setzt sich die „Aufklärung“ als das „kaltherziges Wüthen gegen sich selbst aus Langeweile, das Ausrotten der Glaubensfähigkeit“[474] durch, ein Skeptizismus, der in Sinnverlust und Selbstzerstörung mündet. Die Ironie vernichtet alles in der Welt, was noch irgendwie Halt bieten könnte, gnadenlos und ohne Verweis auf das Absolute. Die Personen zerfallen, statt sich zu entgrenzen, das Entsetzliche überwiegt das Faszinierende. Das Gegenbild der heiteren

[473] Köpke II,238, 202f.
[474] Lohner 139

und ironischen Selbstbeschränkung, der freundschaftlichen Idylle bleibt, wie Tieck selbst im Nachhinein zugibt, allzu blass.[475]

Allein die Komödien halten das schwebende Gleichgewicht zwischen Todernst und scherzhaften Spiel, zwischen Enthusiasmus und Nihilismus: Besonders in der „Verkehrten Welt“ betrachtet der Mensch die Welt als buntes Schauspiel, bewundert sie, ohne sich daran zu verlieren, und belächelt sie, ohne daran zu verzweifeln. Das Welttheater hat die geschlossene Form und den Bezug zum absoluten Schöpfer und Richter verloren: Der Ablauf bleibt ebenso offen wie die Sinnfrage. Gerade die Ironie konstituiert das Drama. Jede Position wird relativiert vom Standpunkt einer autonomen Kunst aus, – auch noch diese selbst. Ähnlich wie Friedrich Schlegel entwickelt Ludwig Tieck eine ironische Grundhaltung als Gegenpol zum Enthusiasmus. Bei ihm liegt nicht bloß eine philosophische, sondern eine existentielle Notwendigkeit zugrunde. Es geht um eine subjektive Transzendierung der Spontaneität.[476] Das Gleiche könnte man aber auch von Schlegel behaupten, der jahrelang täglich mit dem Freitod rang: Seine Suche nach Wahrheit ist keine Frage der Ratio allein, sondern vorrangig der Existenz.[477] Wie die musikalischen Zwischenspiele der „Verkehrten Welt“ ringt Tieck angesichts des fragwürdigen und zerbrechlichen Lebens um eine gelassene Haltung. Er gelingt ihm aber weder, einen dauerhaften Angelpunkt zu finden, noch sich mit der Relativität dieser Welt abzufinden. Das Absolute scheint nur als Negation des Relativen auf: in der Kunst. Auch die Kunst selbst kann kein absoluter Wert sein; anstelle eines idealistischen Kunstbegriffs, der schließlich nicht im Leeren wurzeln kann, entwickelt der frühe Tieck einen ironischen, der ihm Abstand zu Wirrnissen der Welt gewährt, Abstand auch zu Enthusiasmus und Nihilismus, Mystik und Wahnsinn. Eine grundsätzliche Skepsis, die auch Rationalismus und Resignation wieder relativiert, führt bei ihm zu einer Gelassenheit, die alle Gegensätze gelten lässt, ja als „Feuerwerk“ genießt. Sie ermuntert, den Augenblick zu ergreifen, sich von ihm ergreifen zu lassen, ohne daran zugrunde zu gehen. Im „Zerbino“ singt ein unsichtbarer Leiermann:

„Freut euch des Lebens,
Weil noch dass Lämpchen glüht,
Pflücket die Rose,

[475] Münz 699 (1813)

[476] Strohschneider-Kohrs, Ingrid: Die romantische Ironie in Theorie und Gestaltung. Tübingen 1960, 145; Schlegel schreibt dem Verf. Objektivität, Distanz zu.

[477] Böckmann 60ff.

Eh' sie verblüht.“[478]

Dagegen erfüllt sich Tiecks Überzeugung nicht: „Das Romantische ist ein Chaos, aus dem sich nothwendig wieder eine Gewissheit, wenn man es so nennen will, entwickeln muss.“ [479] Gelassenheit fand er nicht in neuer Gewissheit, sondern im Verzicht auf Gewissheit; Harmonie nicht in künstlerischer Form, sondern im Verzicht auf Form; Gott nicht als Sinn der Welt, sondern als *Dennoch* zur Sinnlosigkeit der Welt.[480] Die Haltung des Dichters Gott gegenüber muss Schweigen bleiben; die der Welt gegenüber und noch der eigenen Kunst gegenüber Ironie. In gewissem Maße lässt sich die ironische Grundhaltung auch für die gesamte frühromantische Bewegung existentiell begründen: Der Romantiker, mit der Welt und mit sich selber zerfallen, sehnt sich danach, die Einheit der Welt und den Zugang zur Unendlichkeit wiederzugewinnen; die Ironie ist nicht nur, der Theorie gemäß, ein Versuch, diese Lage rational zu überwinden, sondern sie „durch Abstandnahme und Umwertung auszuhalten“,[481] „weniger intellektuelle Verstiegenheit als Lebensschutz“,[482] „die einzige wirksame Verteidigung gegen die Verzweiflung“.[483] Ironie als Schweben über dem Abgrund.

§ 63 Der Farbklang als Erlebnis und Sehnsucht

Auch Tiecks Tendenz zu Abstraktion, Synästhesie und Gesamtkunstwerk sind auch aus psychischen Gegebenheiten zu erklären, – und aus metaphysischen Bedürfnissen. Wie stark Ludwig Tieck visuell und synästhetisch begabt ist – obgleich er ja nie selber gemalt hat und ein Instrument schon als Kind nicht hat lernen können –, schlägt sich in seinem sprachlichen Schaffen nieder. Wer sonst hat zu seiner Zeit Worte so mit Farben aufgeladen und in Klang verwandelt wie er? Die Synästhesie ist bei Tieck weniger bewusst angewandtes Stilprinzip als vielmehr natürliche Fähigkeit.[484] Sie trägt zum

---

[478] Schriften X,69

[479] Lohner 58

[480] Gunkel, Hermann: Ludwig Tiecks dichterischer Weg. In: Segebrecht, Wulf (Hrsg.): Ludwig Tieck. Darmstadt 1976, 100

[481] Szondi, zit. bei Beyer, Hans Georg: Ludwig Tiecks Theatersatire „Der gestiefelte Kater“ und ihre Stellung in der Literatur- und Theatergeschichte. Diss. masch. München 1960, 11

[482] Thalmann, Marianne: Der Manierismus in Ludwig Tiecks Literaturkomödien (1964). In: dies.: Romantik in kritischer Perspektive. Zehn Studien. Heidelberg 1976. 185, 192. (Zitiert: Thalmann (Manierismus))1955, 106

[483] Maurice Boucher, zit. bei Immerwahr, Raymond M.: The Esthetic of Tieck´s Fantastic comedy. St. Luis (USA) 1953, 116

[484] Minder (in: Segebrecht) 270

Wunsch bei, die Gattungen im Gesamtkunstwerk zu vermischen, bewirkt die beschriebenen oder durchgeführten Synästhesien. Sternbald malt zum Beispiel im Traum Melodien; Tieck dichtet sozusagen in seiner Lyrik Melodien. In seinen Schilderungen bevorzugt Tieck gesättigte Grundfarben; er scheint Farben heftiger zu empfinden als die anderen Romantiker.[485] Überhaupt hängt seine Verrätselung der Dinge mit seiner intensiven Wahrnehmung zusammen: Entweder erscheinen sie ihm befremdlich – nicht mehr eindeutig, körperlich, abgrenzbar –, oder er verfremdet sie absichtlich, um seiner Eindrücke Herr zu werden, um die übermächtige Welt draußen zu einer eigenen Kunstwelt umzuschaffen.[486] Auch William Lovell unterscheidet zwischen Wahrnehmung und Vorstellung: „Meine äußern Sinne modificieren die Erscheinungen, und mein innerer Sinn ordnet sie und gibt ihnen Zusammenhang. Dieser innere Sinn gleicht einem künstlich geschliffenen Spiegel, der zerstreute uns unkenntliche Formen in ein geordnetes Gemälde zusammenzieht."[487] Bei Tieck geht die Veränderung der Gegebenheiten so weit, dass er „Raum und Gegenstand farbig verrätselt."[488] Vom perspektivischen Raum, den sich die neuzeitliche Naturwissenschaft und Kunst erobert hat, ist nichts übriggeblieben. Dort vermitteln die Sinne dem Subjekt einen drei- bzw. implizit vierdimensionalen Raum, in dem sich die Objekte auf dasselbe hinordnen. Bei Tieck durchdringen sich Ich und Welt zu einem farbigen und dynamischen Seelenraum ohne feste Koordinaten und Konturen. Wie empfänglich der Autor für sinnliche Eindrücke, und wie durchlässig er für menschliche Begegnungen ist, spiegelt sich besonders in seinem Ebenbild Sternbald: Dinge und Menschen gehen durch ihn hindurch und ineinander über. Tieck denkt weniger in Begriffen und logischen Verknüpfungen als in Bildern und Assoziationen. Auch die Möglichkeit gilt als Wirklichkeit, auch das Erleben als Leben.[489] Die Welt wird subjektiviert, empirische und traumhafte Realität bilden einen übergreifenden Raum, in dem die Beobachtung umherwandern kann.[490] Magie und Phantasie, Traum und

---

[485] Thalmann, Marianne: Formen und Verformen durch die Vergeistigung der Farben (1964). In: dieselbe: Romantik in kritischer Perspektive. Zehn Studien. Heidelberg 1976. S. 152-183. (Zitiert: Thalmann (Farben)), 166

[486] Thalmann (Farben) 158

[487] Thalmann (Farben) 153

[488] Tahlmann (Farben) 179

[489] Betzen, Klaus: Frühromantisches Lebensgefühl in Ludwig Tiecks Roman „Franz Sternbalds Wanderungen". Diss. Masch. Tübingen 1959, 114ff.

[490] Garmann, Gerburg: Die Traumlandschaften Ludwig Tiecks. Traumreise und Individuationsprozeß in romantischer Perspektive. Opladen 1989, 64f.

Rausch bemächtigen sich der Wirklichkeit, erfüllen die Welt mit dem Wunderbaren.[491] Raum und Zeit werden im seelischen und sprachlichen Vollzug aufgehoben, um eine vorläufige Rückkehr ins Paradies zu ermöglichen. Die unendlich erscheinende Welt gilt als Analogie zur absoluten Wirklichkeit.[492] Über der unabsehbaren und „wunderbaren" irdischen Landschaft öffnen sich die noch weiteren, noch reineren „Luftschaften" des Himmels und der Musik, die von der letzten Erdenschwere befreien und die Seele in einem Raum aus Farbe und Klang zu entführen, einem qualitativ andersartigen Raum, der die eigentliche Heimat ist. Im „Blonden Eckbert" heißt es:
„der reine Himmel sah aus wie ein aufgeschlossenes Paradies".[493] In den „Phantasien" wird die Musik als selige Wolkeninsel über dem dunklen Abgrund von Welt und Nichts geschildert, so dass beide Schlüsselmotive zusammenfallen (100).[494] Wie die Musik soll sich die Malerei vom Weltbezug befreien, um den Zugang zu einer höheren Welt zu gewinnen. Der Weg zur Abstraktion führt zum einen über die Landschaft, vor allem Nacht- und Wolkenbilder in Schattenfeldern und Glanzwogen; und zum anderen über die Musik jenseits jeden Gegenstandes, wie es schon in der einen herausfallenden Bemerkung der Berglinger-Novelle ausgesprochen wird.[495] Die mangelnde Abgrenzung führt zu einer unbegrenzten und ungegliederten Seelenlandschaft, die der Roman als „romantische Landschaft" wiedergibt, bevölkert von Orten und Figuren, die keine klare Individualität besitzen, sondern Aspekte der Hauptfigur bzw. des Erzählers verkörpern.[496] Vor dem Übergewicht der Selbstbewusstheit (nicht des Selbstbewusstseins) droht die äußere Welt zu schwinden. Sternbald fühlt sich in manchen Augenblicken der Situation ausgeliefert, vor allem dem Naturerlebnis auf dem Berggipfel erliegt er und fühlt sich von allen Elementen zutiefst angerührt. Als winziger Mensch bleibt er jedoch unbeachtet von Natur und Gott:
„O unmächtige Kunst [...] wie lallend und kindisch sind deine Töne gegen den vollen, harmonischen Orgelgesang, der aus den innersten Tiefen, aus Berg und Tal und Wald und Stromesglanz in schwellenden, steigenden Akkorden heraufquillt. [...] Die Begeisterung meines kleinen Menschenher-

[491] Betzen 155ff.
[492] Betzen 295ff.
[493] Garmann 64
[494] S.o.S.61
[495] S.o.S 62
[496] Betzen 55

zens will hineingreifen und ringt sich müde und matt im Kampfe mit dem Hohen, der die Natur leise lieblich regiert.“ (249)
Unmittelbar darauf wieder will er die ganze Welt nur als Folie seiner Gefühle benutzen, sie als Bild seines Gemütes festhalten (258), eben noch will er sie tatsächlich mit seinen Regungen und Schwingungen versetzen:
„Ich möchte die ganze Welt mit Liebesgesang durchströmen, den Mondschimmer und die Morgenröte anrühren, dass sie mein Leid und Glück wiederklingen, dass die Melodie Bäume, Zweige, Blätter und Gräser ergreife, damit alle spielend meinen Gesang wie mit Millionen zungen wiederholen müssten.“ (241) Der Mensch will sich dem Wunderbaren ganz aufschließen – so lässt sich das Ziel von „Franz Sternbalds Wanderungen fassen[497] – und läuft Gefahr, sich selbst mit der „göttlichen Natur“ gleichzusetzen.[498] Sternbald als Spiegelbild Tiecks und als Inbegriff eines Romantikers schwankt dazwischen, seine Individualität an die Totalität der Dinge zu verlieren, die aufs Absolute hinweisen, – und sich selbst zu verabsolutieren.
An Lovell zeigen sich die gleichen Phänomene noch deutlicher. Er erfährt sich abwechselnd als zappelnde, seelen- und willenlose Puppe unbekannter Mächte und als absoluten Weltherrscher, ja als einzige Wirklichkeit, dessen Traumbild und Theater die Welt ist: Der romantische Mensch als Marionette oder Dirigent, als Weltenschöpfer oder Anbetender.
Tieck setzt sich der Totalität des Erlebens und damit der Gefahr des Chaos aus. Im Unterschied zu seinen malenden Kollegen Philipp Otto Runge und auch Caspar David Friedrich schafft der Dichter sich kein Gegengewicht, indem er sich an christliche Lehre und Allegorie, sowie an strenge Kompositionen zurückbindet. Statt künstlerischer Form forciert er Offenheit, als Idee des Weltgeschehens und als sprachlichen Prozess. Das einzige Korrektiv zu den übermächtigen Gefühlen vor der Natur und der sich überschlagenden Phantasie bildet die romantische Ironie. Doch bedeutet sie ihrerseits Entgrenzung und Entfernung jedes festen Punktes, auch noch des ästhetischen: die Kunst zieht sich selbst den Boden unter den Füßen weg. Der ewige Wechsel wird – Befreiung und Belastung – gefordert und ertragen. Die Nichtigkeit aller Dinge wird entweder mit Lachen gerade noch ausgehalten oder doch noch als ‚Vanitas' erfahren, die auf das fragwürdig gewordene Absolute verweist. Dennoch bleib dem irrenden Menschen der Raum der Kunst, im Bewusstsein, dass ihre Erlösung entweder scheinhaft oder

---

[497] Betzen 149
[498] Betzen 144

vorläufig ist. Die Kunst schafft das verlorene und erhoffte Paradies, und zwar durch reine Farben und reinen Klang. Der Dichter Tieck versucht diesen Raum des Traumes mit möglichst reinen Worten zu errichten, d.h. solchen, die sich in der Beziehung und der Qualität von Farbe und Klang erfüllt. Die Entgrenzung und die Abstraktion der Dinge entspringen der romantischen Sehnsucht, dass sich alles Sichtbare durchdringe und vom Wunderbaren durchwaltet werde, dass die Seele aufgehe in einem unendlichen Meer von Tönen und Farben, dass der Mensch sich zu Totalität der Welt öffne und diese sich zur Transzendenz Gottes: Erde und Himmel werden Eins.

XXVI. Ludwig Tieck und die Forschung

§ 64 Romantische Ironie als Phänomen in Tiecks Dichtung

Ludwig Tieck hat [...] in den letzten zwei Jahrzehnten eine Aufwertung erfahren, die den noch immer obligaten Hinweis auf seinen Missachtung durch die Forschung als reinen Topos enthüllt"[499], schreibt Achim Hölter. In der Forschung ist es umstritten, in welchem Verhältnis bloße Kritik, niedere (satirische) und höhere (romantische) Ironie in Tiecks Komödien stehen und welche Rolle ferner Märchen, Mythos, Musik und Magie spielen. Für die Satire ist man sich uneinig, wieweit sie bloß literarisch, wieweit politisch sei, wieweit zeitgebunden oder überzeitlich, wieweit der Komik oder der Ironie untergeordnet. Ob die Dramen ausgezeichnete Beispiele für die romantische Ironie im Schlegelschen Sinne seien oder damit gar nichts zu tun haben, scheint ungeklärt. Meist wird die Illusionsdurchbrechung als Umsetzung der Selbstreflexion und Selbstzerstörung auf die Bühne gewertet,[500] dann aber wieder als purer (und auch noch ziemlich müder) Scherz abgetan.[501] So reichen die Beurteilungen von „Polterabendpoesie" und „unschuldiger Literaturkomödie" über „literarisch-theatralischen Lumpenkram"[502] bis zum „Weltspiel" einer „metaphysischen Revolution" mit eschatologischer Dimension.[503]

[499] Hölter, Achim, Ludwig Tieck. Literaturgeschichte als Poesie. Heidelberg 1989, 4.
[500] Beispiele bei Immerwahr 2f.; bei Strohschneider-Kohrs 333f.
[501] so Haym, Rudolf: Die romantische Schule. Darmstadt 196, 100; Immerwahr 4
[502] Haym 103
[503] Pestalozzi 121 und 123

Wo Tieck nur kurz erwähnt wird, dann meist als passendes Beispiel für die praktische Anwendung der romantischen Ironie, vor allem unter Berufung auf den „Gestiefelten Kater"; so von Behlen und Prang in ihren Standardwerken über Ironie.[504] Haym ist der erste in einer Reihe von Autoren, die den „Kater" als Posse und bloß literarische, dazu zeitbedingte Satire betrachten. Wie schon Heine, bemängelt er das Fehlen eines ethischen, besonders politischen Impulses und führt es zum Teil auf das Klima unter den deutschen Intellektuellen im „Polizeistaat" jener Zeit zurück.[505] In der „Verkehrten Welt" und im „Zerbino" sieht er nur einen „neuen Aufguß der alten, nach gerade ziemlich ausgekochten Pointen", nämlich der Erwähnung und Verspottung des Theaters durch sich selbst. Diese Selbstironie habe also keinen tieferen Sinn und sein auch dem Aristophanes fremd gewesen, obwohl Tieck sich auf ihn berufe.[506] Alles in allem bleibe Tieck also einerseits im „Muthwillen", andererseits im „Duft der Stimmung" stecken, in (eher dürftiger) Komik und Satire, ohne den kritisierten Werken eine „positive Poesie" entgegenzusetzen. Auch Immerwahr bringt in seiner Dissertation und seinen anderen Arbeiten das viel zitierte Musterbeispiel nicht mit dem romantischen Ironiekonzept in Verbindung, wobei er nicht die Satire, sondern die Komik in den Vordergrund stellt. Sowohl der „Gestiefelte Kater" als auch die „Verkehrte Welt" würden alleine das Ziel des reinen Scherzes verfolgen, wobei Letztere es verfehle.[507] Die Durchbrechung der Bühnenillusion zerstöre nicht das eigene Werk, sondern richte sich gegen die Theaterpraxis,[508] sei also der Satire untergeordnet, erzeuge außerdem komisch Effekte. Sowohl die vermeintliche romantische Idee als auch die (rein literarische und längst überholte[509]) Satire seien also bloß Mittel der Komik.[510] Wo sich das Theater selber zum Thema mache, falle es gegenüber der aristophanischen – vielseitigen, politisch und derben – Komik entschieden ab.[511] Eine einheitliche Struktur sei nicht gegeben, vielmehr zerfielen die Stücke in zunehmenden Maße; der „Kater" besitze allein im durchweg scherzenden Ton eine gewisse Einheit.[512]

[504] Behlen 40; Prang 46
[505] Haym 102
[506] Haym 101
[507] Immerwahr 67
[508] Immerwahr 93
[509] Immerwahr 80
[510] Immerwahr 4, 113
[511] Immerwahr 79f., 114
[512] Immerwahr 113f.

Romantische Ironie verwirkliche sich auf dem Theater überhaupt nicht in der Illusionszerstörung, sondern im Ineinander von Scherz und Ernst. Der „Zerbino“ befinde sich im Übergang von der mutwillig überschäumenden Phantasie und Spottlaune der ersten beiden Komödien zur „Universalpoesie“; im „Octavianus“ sei dann der Weg von Tiecks „fantastic farcical comedy“ zur „ironic romantic comedy“ vollzogen.[513] Haym und Immerwahr reduzieren Tiecks Komödien auf die Ebenen der Komik und der Satire und messen den Dichter an ihrer eigenen Erwartungshaltung. Beide unterstellen ihm entsprechende Zielsetzungen – „intoxicated jest“, „nonsense“ und zeitgebundene Literatursatire –, lassen den „Gestiefelten Kater“ gerade noch gelten und qualifizieren die beiden folgenden Dramen ab, da sie nur die gleichen Witze auswalzen. Sie ordnen den „Kater“ unter „fantastic farcical comedy“ bzw. „phantastische Literaturkomödie“ ein und übertragen diese Kategorie auf die beiden anderen Werke. Weiterhin vergleichen sie Tiecks komische und satirische Wirkung mit Aristophanes und stellen seine Minderwertigkeit fest, als habe er kein anderes Ziel gehabt, als den attischen Dichter nachzuahmen. Beide Autoren unterschätzen die immerhin in Spuren vorhandenen politischen Aussagen der Stücke. Außerdem kann Tiecks mangelndes politisches Engagement wirklich bedauert werden, doch sind Vorwürfe unzulässig, da schließlich nicht jeder für alle notwendigen Veränderungen zuständig ist. Die entscheidende Herausarbeitung der romantischen Ironie und der philosophischen Fragestellung verkennen Haym und Immerwahr: Die musikalischen und lyrischen Szenen der „Verkehrten Welt“ und des „Prinzen Zerbino“ wertet Haym als Stimmungsdunst und „unklare Schwermuth“ ab, Immerwahr betrachtet sie als Übergang zur Universalpoesie. Der Bezug auf ein eventuelles Welttheater, vor allem in den Gedankenketten über das ‚Spiel im Spiel’ in der „Verkehrten Welt“, über die Marionetten und Bleisoldaten im „Zerbino“, wird gar nicht zur Kenntnis genommen. Die fortlaufende Selbstreflexion und Selbstrelativierung wird nicht mit dem romantischen Ironiebegriff in Verbindung gebracht; Immerwahr setzt „romantische Ironie“ vielmehr mit „Universalpoesie“ gleich – hier liegt sein grundlegender Denkfehler – und sieht sie daher erst im nicht-selbstironischen „Kaiser Octavianus“ verwirklicht. Thalmann betrachtet die Literaturkomödien vor allem unter dem gesellschaftlichen Blickwinkel, als „Aufstand einer Elite gegen die Diktatur eines Massenerfolgs“ und „Kritik am geistigen Verhalten einer Nation, die Massenmedien

[513] Immerwahr 68, 97

zu verfallen beginnt“; daher besäßen sie auch überzeitliche Geltung.[514] Im Gegensatz zur Tragödie gebe die Komödie keine moralische Befriedigung, sie stelle eine „Welt ohne Sünde und Sühne“ dar; „[...] die Komödie informiert nicht, sie provoziert.“[515] Sie sei aber aufs romantische Ironie-Postulat zurückzubeziehen. An anderer Stelle behauptet Thalmann, die manieristische Verfremdung und das willkürliche Possenspiel stellten die Welt infrage, zeigten das Abgründige und Absurde auf, gegen Ratio und Realität.[516] Die Komödien werden zum entlarvenden Zerrspiegel einer allzu geordneten Gesellschaft. Zeydel betont, dass neben dem Hauptziel der literarischen Satire auch die politische enthalten sei, auch wenn Tieck selbst dies geleugnet habe[517]. Ebenso tritt Kreuzer dafür ein, im „Kater“ liege bei „programmatischer Verneinung“ eine „praktische Bejahung des Satirischen“ vor, und zwar auch mit politischer Richtung.[518] Das eigentliche Thema sei eine missglückte Theaterinszenierung, so dass bereits „die romantische Ironie einer Zirkelstruktur realisiert“ sei; jedoch stehe die Satire noch im Vordergrund. Im Unterschied zu späteren Komödien sei das „positiv Romantische“ noch kaum realisiert.[519] Beyer kommt in seiner Dissertation zu dem Schluss, entgegen der weitverbreiteten Auffassung gebe es im „Gestiefelten Kater“ erst leichte Andeutungen von romantischer Ironie; „Komik“ und „Satire“ ergäben eine „größtenteils von einfacher Ironie bestimmte Gesamthaltung“.[520] Zwar verwirrten sich die Sphären von Bühnenstück und Bühnenpersonal und -publikum, jedoch nicht, wie nachher in der „Verkehrten Welt“, zwischen Bühnenwelt und wirklicher Welt. Hier bleibe die letzte Instanz das Publikum, während in den folgenden Komödien ein metaphysischer Bezug möglich sei.[521]. Nicht die Entstehung, sondern die Aufführung eines Stückes sei dargestellt und ironisiert; die ironische Haltung des Autors dringe nicht bis zu einem Schweben über den Gegensätzen vor.[522] Insgesamt sei der „Kater“ weder ein „romantisches Gesamtkunstwerk“ noch ein „Musterbeispiel für romantische Ironie“, wohl aber auf dem Wege dorthin.[523]

---

[514] Thalmann (1974) 61; (1955) 107; (1974) 44
[515] Thalmann (1974) 26, 28
[516] Thalmann (Manierismus) 188ff.
[517] Beyer 3
[518] Kreuzer 76, 74
[519] Kreuzer 69, 76
[520] Beyer 201, 89
[521] Beyer 71, 79
[522] Beyer 98
[523] Beyer 201f.

Dagegen gelangt Strohschneiders-Kohrs in ihrem umfassenden Werk über romantische Ironie wieder zu der Schlussfolgerung, gerade im „Gestiefelten Kater“ sei der Ironiebegriff verwirklicht, da sich das Theater selber zum Theater mache, die Kunst sich selber repräsentiere, das Spiel im Grunde rein ästhetisch sei, wenn auch noch „durch Satire belastet“.[524] Der „Kater“ erfülle „einige Hauptzüge des romantischen Ironie-Postulats“; im „Zerbino“ seien dann die Selbstdemonstration und Selbstparodie des Theaters bis zur „Selbstaufhebung“ gesteigert; der „Octavianus“ hingegen sein ein „romantisches Drama“, doch ohne das „Prinzip der Ironie“.[525]
Beide Positionen sind trotz ihrer ausgezeichneten Analysen letzten Endes einseitig und werden Tiecks Dramen nicht gerecht: Kreuzer und Beyer werten die ironische Struktur des „Gestiefelten Kater“ nicht hoch genug, während Strohschneider-Kohrs den satirischen Impuls unterbewertet und abwertet. Die Selbstaufhebung steigert sich natürlich enorm, ist aber im „Kater“ schon gegeben, wenn auch ohne ästhetische und metaphysische Erörterungen wie in den beiden „philosophischen“ Stücken. Das „positiv Romantische“ ist in allen drei Komödien vorhanden, und zwar als Gegenbeispiel zum Publikumsgeschmack. Die „Verkehrte Welt“ ist sowohl Universalpoesie als auch romantische Ironie in Reinform und gerade darin nicht „durch Satire belastet“, sondern eben vollendete Satire, nämlich auch auf höherer Ebene als der direkten Aussage. Brummack lässt sowohl Satire als auch Ironie zu ihrem Recht kommen: Beide stützen sich gegenseitig, indem sich die Satire der ironischen Struktur einfüge und sich ihrer zugleich bediene. Das unverzweckte Spiel mit der Theaterillusion und den anderen Ansprüchen des „aufgeklärten“ Publikumsgeschmack gebe selber das Gegenbeispiel dazu: Den platten, schablonenhaften Aufführungen trete die lebendige, sich ständig wandelnde Poesie gegenüber.[526] Auch inhaltlich sei die Satire überzeitlich gültig: Sie richte sich laut Tieck gegen die „uralte Abgeschmacktheit“, nicht gegen bestimmte Gegebenheiten.[527] In der „Verkehrten Welt“ werde das Hauptthema, der Kampf zwischen der prosaischen und der poetischen Welt, auch zum Thema des Bühnenstücks.[528] Die politische Satire sei der literarischen nachgeordnet; eigentlich revolutionär sei das „auto-

[524] Strohschneider-Kohrs 335f.
[525] Strohschneider-Kohrs 129;332
[526] Brummack, Jürgen: Satirische Dichtung. München 1979. Kap. Ludwig Tieck: 2.46-81, 56ff.
[527] Brummack 68f.
[528] Brummack 77

nome ästhetische Gebilde.“[529] Der Gefahr dieses Spiel sei Tieck nicht entgangen: Das Prinzip sei Manier geworden, der Witz Witzelei zwischen direkter Satire und höherem Blödsinn statt höherer Ironie.[530] Dieser differenzierten Beurteilung ist zuzustimmen, zumal sie sich bei Betrachtung der folgenden Stücke erhärtet. Voigt kommt in seiner Dissertation über das Phänomen „Spiel im Spiel“ zu der Ansicht, dass sich die drei großen Komödien nicht in der Satire erschöpfen, also auch schon im „Gestiefelten Kater“ nicht.[531] Vor allem an drei Stellen klinge sogar der Gedanke des ‚Theatrum mundi’ an: Im letzten Marionettenspiel des „Zerbino“ erweitere sich die „parodistisch-satirische“ Bedeutungsschicht zur „mustergültigen Durchführung“ der [...] romantischen Ironie“[532]; in der Konfusion der Zuschauer über das mehrfach ineinandergeschachtelte Stück im Stück – am Ende des dritten Aktes der Verkehrten Welt – werde von der Welt des Scheines aus die Realität infragegestellt und das Drama auf den Zuschauer hin entgrenzt. Die Zwischenmusiken könnten, mit einiger Vorsicht, als Stellungnahmen des Autors begriffen werden, im Sinne relativer, sich gegenseitig relativierender Standpunkte.[533]
Das „säkularisierte Theatrum-mundi-Motiv“ entfalte gerade dadurch, dass es nicht eindeutig ausgesprochen und auf ein festes Weltbild bezogen werde wie im Barock oder im Mittelalter, eine stärkere Suggestionskraft.[534] Insgesamt gelte für den „Zerbino“:
„Das Spielen mit allen Gegebenheiten, das Relativieren ohne Setzung einer festen Position, das ist der letzte Sinn dieses Stückes.“[535] Für die „Verkehrte Welt“ entsprechend: „Der Sinn des Spiels liegt in ihm selbst, wie der Sinn jedes Dinges in ihm selbst liegt“.[536] Diese Zusammenfassung dürfte Tiecks Intention entsprechen, der ja schon vom „Gestiefelten Kater“ behauptet, das Wesentliche sei das Spiel an sich, also nicht die Satire. Voigts Arbeit handelt vom Spiel im Spiel, nicht von der romantischen Ironie, doch kommt er treffenderweise bei ihr an, wenn er den frühen Tieck untersucht. Pestalozzi beruft sich auf Beyer, wenn er dem „Gestiefelten Kater“ bloß satirische

529 Brummack 65f.
530 Brummack 80
531 Voigt 79
532 Voigt 73f.
533 Voigt 160f.
534 Voigt 78
535 Voigt 76
536 Voigt 161

Tendenz zuschreibt,[537] und auf Voigt, wenn er die „Verkehrte Welt" als „Weltspiel" auslegt, dem die „Zeitsatire" nur als Stoff diene.[538] Die Literatursatire beziehe sich nicht auf die Aufklärung, sondern auch auf Goethe und beinhalte zugleich ein Literaturprogramm; die politische Satire sei, mehr noch als im „Kater", eher antirevolutionär denn revolutionär, doch sei Tieck weniger reaktionär denn apolitisch gewesen.[539] Die „Verkehrte Welt" gebe in ihrer „permanenten Parekbase", besonders der Musikinstrumente, ein Beispiel für die romantische Ironie, sie befinde sich im Übergang zur „romantischen Komödie", die „das Verhältnis zwischen Mensch und Gottheit" gestalte.[540] Die Selbstreflexion stellte durch die eigene potentielle Unendlichkeit bereits die erstrebte Unendlichkeit her, erreiche die Identität von „Trunkenheit und Nüchternheit" jedenfalls in einem unendlichen Prozess, wobei sie zugleich eine komische Wirkung erziele.[541]
Zentral ist auch nach Pestalozzi die Stelle am Ende von Akt III, wo eine mögliche Transzendenz jenseits des eigenen Horizontes angesprochen wird.[542] Zudem verweise die Wiederherstellung Apolls auf eine „Endzeit", die durch die „göttliche Macht" einer „Neuen Poesie" herbeigeführt werde. Auch das Spiel des Theaters mit sich selbst diene der Aufhebung der Scaramuz-Welt. All dies entspreche der „frühromantischen Eschatologie".[543]
Pestalozzi vermittelt wie Voigt einen guten Einblick in den Tiefsinn der „Verkehrten Welt". Durch inhaltliche Aussagen und die formale Struktur erweist Tiecks „Komödie" sich zugleich als romantisches Welttheater. Die Begriffe ‚Theatrum mundi' und ‚Eschatologie' sind nicht zu hoch gegriffen, solange man den bloß komischen Aspekt nicht vergisst, auf den Tieck viel Wert legt. Tieck entwirft nicht allein eine poetische Poetik, sondern auch eine poetische Metaphysik. Den umfassendsten Begriff von romantischer Ironie entwickelt Manfred Frank, nicht nur auf den „Gestiefelten Kater" und die anderen Komödien bezogen,[544] sondern auch auf die Romane und insbesondere die Lyrik.[545] Jede inhaltliche Position wieder zurückzunehmen, jede künstlerische Form zu sprengen, auch auf keineswegs komische, sondern

---

537 Pestalozzi 101
538 Pestalozzi 121
539 Pestalozzi 121, 116f.
540 Pestalozzi 106, 109
541 Pestalozzi 130f.
542 Pestalozzi 128
543 Pestalozzi 122f.
544 Analysen bei Frank 346-350
545 Analysen bei Frank 381-421

zum Beispiel lyrisch-musikalische Weise, bedeute Ironie im Sinne Schlegels und Solgers: Der „unendliche Wechsel“ der Stimmung, die „unendliche Melodie“ der Worte als Verweis auf das Unendliche. Jedes Bruchstück relativiere sich gegenüber dem anderen, bis nur der Blick aufs Absolute bleibe.[546] Auch indem das Kunstwerk den künstlerischen Prozess sowie die Undarstellbarkeit des Absoluten darstelle, relativiere es sich selbst. Die Bedeutungsfülle der dichterischen Rede sei im Gegensatz zur philosophischen Rede nicht auszuschöpfen, es sei gelungen, das Endliche „mit einem unendlichen Sinn zu befrachten“.[547] Aus dem „Mangel an Sein“ und der „Sehnsucht nach dem Unendlichen“ heraus versuche der romantische Mensch, in der Zeit die Zeit aufzuheben, um sich an die zeitenthobene Ewigkeit anzunähern.[548] Für die Phänomene Zeit und Ironie findet Frank eine gemeinsame Definition:

„[...] alles Positive wird zugleich gesetzt und von einer nachfolgenden Position auch wieder dementiert bzw. vernichtet.“[549]

Die ironische Rede enthüllt alles Endliche als endlich, hat aber selber eine potentiell unendliche Erstreckung und liefert damit wenigstens eine Analogie zur absoluten Unendlichkeit.[550] Für Tiecks Frühwerk postuliert Frank: „Das Ironische in Tiecks Schriften, insbesondere im „Phantasus“, aufzuweisen, hieße sie insgesamt charakterisieren.“[551]

Franks sehr weiter Ironiebegriff ist tatsächlich ein brauchbares Instrument, um die durchgängige Einheit der frühromantischen Dichtung aufzuzeigen. Die Anwendung der Kriterien Zeit, Unendlichkeit und Ewigkeit, Position, Negation und Absolutes sind fruchtbar, um die philosophische Aussage der Werke zu ermitteln. Allerdings ist die mögliche nihilistische Konsequenz der totalen Relativierung ausgeblendet: Zumindest bei Tieck kann die umgreifende Größe ebenso das absolute Nichts sein wie auch das Absolute (Gott). Jenseits der Zeit liegt etwas Zeitloses, aber eben jenseits jeglicher Aussage. Außerdem kann die potentiell unendliche Sinnfülle einer dichterischen Rede auch mit anderen Mitteln wie z.B. Metaphern erreicht werden. Frank analysiert ja selbst exakt den unscharfen Satzbau und die verschwebenden Bilder der Tieckschen Lyrik.

---

[546] Frank 461f.
[547] Frank 370
[548] Frank 265
[549] Frank 310
[550] Frank 311
[551] Frank 372

Wenn wir das Verhältnis der romantischen Theorie zur dichterischen Praxis betrachten, erheben sich verschiedene Fragen: Inwieweit wird Tieck in seinem Schaffen von seinen philosophischen Kollegen beeinflusst? Inwieweit interpretieren er oder die anderen es nachträglich als Entfaltung der Theorie? Und inwieweit lässt es sich heutiger Erkenntnis so interpretieren?
Erneut sind die Positionen der Forschung konträr: Manche vertreten, dass Tieck das Ironiekonzept von Schlegel übernommen und sogar noch vertieft habe,[552] andere, dass seine ironische Grundhaltung „nur den psychisch-individuellen Zusammenhängen" entstamme und er in seinen theoretischen Äußerungen zwar Formulierungen Schlegels und Solgers verwende, allerdings ohne sie richtig begriffen zu haben.[553]
Einig sind sich die Autoren darin, dass die Komödien zumindest in ihren Grundzügen unabhängig von Schlegels Ideen zur Ironie und Universalpoesie entstanden. Rein zeitlich wurden sie ja ganz oder teilweise niedergeschrieben, ehe die Fragmentsammlungen erschienen und ehe Tieck mit den Brüdern Schlegel Bekanntschaft schloß. Ob er den Aufsatz über die attische Komödie gelesen hat, ist unbekannt, und er behandelt ja auch noch nicht die romantische Ironie. Tiecks Dichtung entfaltet sich zunächst unabhängig von Schlegels Philosophie im frühromantischen Sinne, um dann allmählich von ihr beeinflusst zu werden; von einer einfachen Anwendung derselben kann gar keine Rede sein, – so u.a. Immerwahr, Pestalozzi, Beyer und Walzel.[554] Brummack betont, dass vor allem Tiecks Theorie immer mehr von den romantischen Philosophen mitgeformt wurde.[555] Seine Poetik ist also stärker von anderen abhängig als seine Poesie, die man entgegen der verbreiteten Meinung als sehr originell bezeichnen kann.
Wiederholt wird darauf hingewiesen, dass weder Tieck selbst noch die Schlegels seine Komödien je zur Illustration des Ironiekonzepts heranziehen; doch tauchen gelegentlich Begriffe wie „Theater der Theaters", „Schauspiel eines Schauspieles" und bei Solger sogar „höhere Ironie" auf.[556]
In diesem Zusammenhang ist wichtig, dass Ludwig Tieck keinen klaren Ironiebegriff entwickelt, die gleichen Termini auf unterschiedliche Phäno-

---

[552] Hans Günther, zit. bei Strohschneider-Kohrs 144, Anm. 212
[553] Strohschneider- Kohrs 143; Zitat von Vogt Ebd.
[554] Immerwahr 114; Pestalozzi 111; Beyer 201; Walzel zit. bei Immerwahr 17
[555] Brummack
[556] S. o. S. 50f,;86f.

mene bezieht und umgekehrt.[557] Es liegt ihm auch fern, eine systematische Ästhetik zu verfassen, so dass man aus seinen verstreuten Äußerungen keine voreiligen Schlüsse ziehen darf. Pestalozzi sieht in den drei Dramen, besonders in den musikalischen Zwischenspielen der „Verkehrten Welt", die „permanente Parekbase" bis hin zur Selbstschöpfung und Selbstvernichtung verwirklicht, ja bis zum unendlichen Prozess der Annäherung an da Unendliche.[558] So sei Tieck dem Schlegelschen Ironiebegriff zeitweise sehr nahe gekommen; später habe er aber unter Ironie nur noch den Wechsel von Scherz und Ernst verstanden.[559] Immerwahr schreibt Tieck eine Entwicklung von der „fantastic farcical comedy" zur „ironic romantic comedy" zu, die der gedanklichen Entwicklung Schlegels parallel laufe. Der „Gestiefelte Kater" und die „Verkehrte Welt" entsprächen mit ihrer Scherzhaftigkeit und Spottlust genau Friedrich Schlegels Aristophanes-Ideal, ohne aber von ihm beeinflusst zu sein. Der „Zerbino" befinde sich im Übergang, der „Octavianus" illustriere dann das frühromantische Ironiekonzept, und zwar mit Absicht;[560] auch die Zwischenspiele und idyllischen Szenen der „Verkehrten Welt" könnten schon dieser Intention entsprungen sein.[561] Doch versteht Immerwahr unter romantischer Ironie – im Gegensatz zu Tieck und Schlegel – ausschließlich Universalpoesie, also das Ineinander von Scherz und Ernst, den bunten Reigen der Stimmungen und Gattungen.[562] Die Illusionsdurchbrechung sei, wie schon bei Aristophanes, der Komik untergeordnet, werde auch von Tieck selber weder mit höherer noch mit niederer Ironie in Verbindung gebracht.[563] Auch Friedrich Schlegel habe mit ‚Buffonerie' nicht das Aus-der-Rolle-Fallen der italienischen Clowns gemeint, sondern ihre ironische Grundhaltung gegenüber der Unvollkommenheit der eigenen Kunst; die Selbstparodie des Theaters habe mit „Selbstzerstörung" nichts zu tun.[564] Ludwig Tieck habe sich gegen die Verzweiflung, das Unendliche nicht fassen zu können, eben nicht mit Ironie gewehrt, sondern mit Komik, indem er Phantasie, Spaß und Spott freien Lauf ließ.[565] Doch sei dies nur ein Zwischenspiel gewesen, sein eigentliches Ziel aber sei das romantische

---

[557] S. u. S. 44ff.
[558] Pestalozzi 109f.
[559] Pestalozzi 110, 115
[560] Immerwahr 96, 114f.
[561] Immerwahr 68, 111
[562] Immerwahr 114
[563] Immerwahr 82, 100
[564] Immerwahr 20
[565] Immerwahr 116

Drama im Sinne der Tragikomödie und Universalpoesie.[566] Immerwahrs detaillierte Beobachtungen kranken an einem grundsätzlichen Missverständnis Tiecks. Die romantische Ironie ist der Universalpoesie eng verwandt, bildet aber eine eigenständige Kategorie der frühromantischen Ästhetik. Unter anderem manifestiert sie sich gerade in der Illusionsdurchbrechung und Selbstironie des Theaters. Durch explizite Verweise wird sie sogar gerade in dieser Form aus den Topos des ‚Theatrum mundi' zurückbezogen. Zwar erläutert Tieck das nicht auf diese Weise, wohl aber in anderen Worten, außerdem ist das Ausschlaggebende noch immer die poetische Praxis. Wer kann Tiecks Weg und Ziel von der Komik zur Universalpoesie beschreiben? Betrachtet man sein ganzes Frühwerk, ist die zentrale Größe eben die romantische Ironie.

Immerwahr orientiert sich in seinem Ironiebegriff an Lussky: Die romantische Theorie erstrebe eine objektive Ironie, indem der Verfasser über seinem Werk stehe und zugleich darin stecke, sich indirekt darin ausdrücke, es unsichtbar durchdringe wie ein Schöpfergott seine Schöpfung. Ludwig Tieck dagegen praktiziere eine subjektive, willkürliche Ironie, die jene Objektivität zerstöre.[567]

Strohschneider-Kohrs bescheinigt Tieck eine ironische Haltung im romantischen Sinne, leitet sie aber „aus einem innerpsychischen, nur individuellen Zusammenhange" her.[568] Zwar habe Tieck nachher auch die entsprechende Theorie von Schlegel und vor allem Solger übernommen, doch habe er sie gar nicht richtig begriffen, „nur äußerlich übernommen und wiederholt".[569]

Die Unterscheidung von „objektiver" und „subjektiver" Ironie erscheint nicht ganz schlüssig. Friedrich Schlegels Ästhetik ist existentiell motiviert und programmatisch chaotisch; auch Ludwig Tiecks Ästhetik ist philosophisch tiefgründig und vom eigenen Werk distanziert. Die Behauptung, Tieck habe seine Kunst allein aus seiner inneren Not heraus entwickelt und den theoretischen Überbau gar nicht begriffen, geht zu weit, wenn sie auch die Richtung trifft.

566 Immerwahr 94

567 Immerwahr 15

568 Strohschneider-Kohrs 143

569 Strohschneider-Kohrs 131, 140

Entsprechend den von Tieck und Runge entwickelten Stufen der Abstraktion beschäftigen sich die einzelnen Abhandlungen stärker mit dem Landschaftsbild, das an die Stelle der kirchlichen religiösen und ästhetischen Tradition tritt, oder mit den Konzepten der gegenstandslosen Malerei und des Gesamtkunstwerks. Einige Autoren beleuchten das Verhältnis von Wackenroder und Tieck oder Tieck und Runge, vergleichen andere romantische Landschafts- und Historienmaler oder ziehen die erstaunlich enge Parallele zu den Aufbruchsbewegungen in den ersten Jahrzehnten des 20. Jh. ‚Kunstreligion' in der Romantik überhaupt ist das Thema von Jan Rohl, und zwar soweit die „ästhetische Erfahrung entweder selber Religion oder deren Medium" sein soll.[570] Schon bei Wackenroder sei die Kunst kraft ihrer ästhetischen Qualität, nicht aufgrund ihrer religiösen Thematik religiös, ja die reine Instrumentalmusik religiöser als der geistliche Gesang.[571] Tieck, Runge und Friedrich etablierten die (allerdings konstruierte und allegorische) Landschaft als neue religiöse Malerei.[572] An einer Reihe von Beispielen aus allen Bereichen der romantischen Bewegung zeigt Rohls auf, wie sie die Religion ästhetisiert und die Kunst sakralisiert (Schelling, Schleiermacher, Novalis, E.T.A. Hoffmann, Schinkel, Klenze). Mit Overbeck, der die Kunst wieder als Magd der Kirche unterstellt, sei der Prozess der Autonomisierung umgekehrt worden.[573] Christa Franke untersucht, wie sich Wackenroder, Tieck und Runge mit der klassizistischen Kunst und Kunsttheorie auseinandersetzen und ihre eigenen Ideale einer neuen religiösen Malerei herausbilden. Sie weist nicht nur die Gemeinsamkeiten und Unterschiede der Autoren auf, sondern die genaue zeitliche Abfolge der belegten Äußerungen und damit die wahrscheinliche Abhängigkeit und Loslösung voneinander. Folgende Ansichten habe Runge erst 1802 von Tieck übernommen, der sich damit eben von Wackenroders Einfluss abgesetzt habe[574]: Die Historienmalerei als Ausdruck der vergangenen Epoche; die Landschaft als neue religiöse Allegorie; Blume, Baum, Kind und Farbe als Bedeutungsträger.

---

[570] Rohls, Jan: „Sinn und Geschmack fürs Unendliche" – Aspekte romantischer Kunstreligion. In: Neue Zeitschrift für systematische Theologie und Religionsphilosophie, Bd. 27 (Heft 1/1985), S. 1-24, 1

[571] Rohls 3

[572] Rohls 17ff.

[573] Rohls 17

[574] Franke 98

Die Bedeutungsschichten von Runges Hauptwerk werden referiert und die (z.T. rückläufigen) Stufen der Abstraktion aufgezeigt.[575]
Klaus Lankheit stellt 1951 zum ersten Mal die geistige Revolution Ludwig Tiecks in Bezug auf die Malerei heraus: Er sucht aus den frühen Schriften Tiecks (und Wackenroders) Schlüsselstellen heraus, die über das religiöse Historienbild und die allegorische Landschaft hinausgehen in Richtung einer gegenstandslosen und gestaltlosen Kunst.[576] Die Bilder Caspar David Friedrichs werden ebenfalls als perspektiv- und motivlos ausgelegt.[577] Novalis dagegen ziele in seinen Fragmenten auf eine gewisse „Objektivität", indem er wie Runge den Zusammenhang der Seele mit dem All und seiner Ordnung (Sphärenharmonie) hervorhebe.[578] Ferner führt Lankheit Ansätze zum autonomen Kunstwerk vor der Romantik und zum völlig abstrakten Kunstwerk nach der Romantik auf. Wegen ihrer Bindung an das Christentum hätten die Romantiker noch keine „rein ästhetische Weltschau" und daher keine rein gegenstandslose Kunst schaffen können.[579] Der Triumph des Nazarenerstils im 19. Jh. ist auch für Lankheit ein Sieg der „Reaktion".
Wie Lankheit sieht Denkler die romantische Kunst in enger Verwandtschaft – nicht direkter Vorläuferschaft – zur modernen Kunst.[580] Jene sei noch nicht „autonom", da sie noch an die religiöse Allegorie und den Gegenstand gebunden sei;[581] immerhin sei sie aber frei von getreuem Abbild der Natur und verpflichtendem Vorbild der Kunst, eine phantasievolle und vieldeutige Hieroglyphe, die in ihrer Bedeutungsfülle auf das Unendliche ziele.[582]
Otto Stelzer gibt hochinteressante Hinweise auf die Anfänge der abstrakten Kunst: Der romantische Landschaftsmaler William Turner habe in seinem Spätwerk einen höheren Grad an Abstraktion erreicht als sein Kollege Caspar David Friedrich, wie die auf Gegenständliches verzichtenden Titel bewiesen.[583] Bald darauf habe Victor Hugo 50 Jahre vor Kandinsky zahlreiche abstrakte Bilder gemalt. Die Tendenz zu Geometrie oder Groteske zeige

---

575 Franke 111

576 Lankheit, Klaus: Die Frühromantik und die Grundlagen der „gegenstandslosen" Malerei. In: Neue Heidelberger Jahrbücher (NHJ) 1951, S. 55-90, hier insbesondere 61-64

577 Lankheit 73

578 Lankheit 65

579 Lankheit 88

580 Denkler, Horst. Philipp Otto Runge. Vorläuferschaft und Nachwirkung. In: Paulsen, Wolfgang (Hrsg.): Das Nachleben der Romantik in der deutschen Literatur. Heidelberg 1969, S. 71-91, 75

581 Denkler 78f.

582 Denkler 81

583 Stelzer, Otto: Die Vorgeschichte der abstrakten Kunst. München 1964, 48f

sich auch in seiner Dichtung.[584] 30 Jahre vor Tiecks „Sternbald“ aber, der die ersten bekannten abstrakten Bildbeschreibungen enthalte, seien die ersten tatsächlichen abstrakten, wenn auch scherzhaft gemeinten Bilder erschienen: in dem auch für Tieck bedeutenden Roman „Tristram Shandy“ von Lawrence Sterne.[585] Ebenso fänden sich bei Denis Diderot Ansätze zu einer Theorie der gegenstandslosen und gestaltlosen Malerei. Auch Johanna Matzner vergleicht Tiecks Begriff von Malerei mit dem von Wackenroder, Runge und Friedrich. Sie hebt den „antinaturalistischen, abstrakten Bildaufbau“ und die „spezifische abstrakte Bedeutung“ hervor, mit denen beide Maler die der Natur entnommenen Elemente als formale und inhaltliche „Zitate“ zum Bild ordneten.[586] Trotz der Betonung der „Gefühls“ werde dieses vom Verstand dominiert, so dass die zeitgenössische Bezeichnung des „denkenden Künstlers“ zutreffe.[587] Während Philipp Otto Runge in seinen „hermetischen Zeichen“ befangen bleibe, stoße Caspar David Friedrich in einigen nicht-allegorischen Bildern „in erstaunlichem Grade zur abstrakten Malerei vor“.[588] Ebenso liefere der „Sternbald“-Roman in seinen Bildvorwürfen und mehr noch in seinen „avantgardistischen“ Kunstgesprächen „nahezu eine Genese der Landschaftsmalerei“, – und zwar als „Vorstufe gegenstandsloser Kunst“[589].

§ 67 Tendenz zur Entgrenzung und Abstraktion im poetischen Vollzug

Die Forschung hat außer Tiecks ästhetischen Ideen, die sich auf Musik und Malerei nicht weniger als auf Literatur und Theater beziehen, auch seine Umsetzung im letzteren Bereich untersucht. Es gelingt Ludwig Tieck, die Dichtung tatsächlich erstaunlich weit vom „Inhalt“ zu lösen, indem er ihr musikalische und malerische Qualitäten verleiht. Einige Autoren behandeln eher den optischen Aspekt der geschilderten Landschaft, andere den akustischen der lyrischen Melodie. Einig ist man sich darin, dass Tieck die Gegenstände in reine Stimmungsträger verwandelt, in Ahnungen des Wunderbaren oder Unendlichen verklärt, – und sie dabei verschränkt, verunklärt, in ein Kontinuum von gefühlsbeladenen Sinneseindrücken auflöst.

---

[584] Stelzer 86ff.
[585] Stelzer 68ff.
[586] Matzner 53ff.
[587] Matzner 55f.
[588] Matzner 56
[589] Matzner 93 und 106

Schon Paul Böckmann beobachtet, wie in der Landschaft des „Sternbald“ Gegenständlichkeit, Zeit und Ort zurücktreten, um eine poetische Welt als Hieroglyphe des gesamten Lebens hervorzuzaubern. Natur und Seele würden zur Stimmung zusammen schwingen, zur Sehnsucht nach dem Unendlichen. Auch Matzner interpretiert und diskutiert die durchwanderte Landschaft des „Sternbald“ als Modell der neuen Kunst. Diese sei kein „Naturraum“, sondern „Gefühlsraum“ und „ästhetischer Raum“,[590] ein je nach Bedarf variierter *‚locus amoenus'*, der sich allmählich in Farben, Töne und Bewegungen auflöse.[591] Die Elemente der Landschaft – besonders die ephemeren – würden vom romantischen Dichter als Zeichen seines Inneren gesetzt.[592] Klaus Betzen untersucht den „Sternbald“ noch stärker unter psychologischem Blickwinkel, als Ausdruck des romantischen Lebensgefühls. Die Landschaft wird zum „Innenraum des Ich“,[593] die Personen zu Stimmen des Ich.[594] Als Ziele des Romanprozesses nennt Betzen: die Steigerung der Lebensintensität,[595] das Erlebnis des „Wunderbaren“ als „Jenseits der Dinge“ oder „Jenseits des Inneren“,[596] die Entgrenzung in die Totalität der Dinge, die Überschreitung der Individualität[597]; die Ausstülpung der eingesaugten Welt in eine selbstgeschaffene Welt der Kunst.[598] Wie das Ich des Erzählers, entgrenze sich auch sein Abbild, die Landschaft, und drohe zu zerfallen.[599] Als sinnlicher Ausdruck des subjektiven Gefühls sei der „Sternbald“ ein „lyrischer Roman“ (Kluckhohn). Gerburg Garmann beschreibt den Roman genau wie Betzen als Durchdringung von Seele und Landschaft und verweist auf die beiden Gefahren der Verabsolutierung und der Zersplitterung des Ich.[600] Das „Wunderbare“ und die Landschaft überhaupt bilden für sie ausschließlich das Unbewusste ab. Vorlage für die romantische Landschaft sei der Traum, „die objektive Natur entkonturierend“.[601]
Manfred Frank analysiert die Lyrik des „Sternbald“ auf ihre musikalischen Qualitäten hin. Tieck mache auf die Form seiner Lieder aufmerksam, die

[590] Matzner 133
[591] Matzner 139ff.
[592] Matzner 41
[593] Betzen 60
[594] Betzen 55
[595] Betzen 106
[596] Betzen 91, 136ff.
[597] Betzen 197, 222
[598] Betzen 237
[599] Betzen 294f.
[600] Garmann 23f., 50
[601] Garmann 87

entweder den Inhalt unterlaufe[602] oder ihn überhaupt in ein Flimmern auflöse.[603] Der Gegenstand werde irrelevant, die Natur illustriere nur die Gemütsbewegungen: „Nacht und Tag werden Chiffren einer in ihren Wirrsalen sich auslegenden unbeständigen Innerlichkeit."[604] Diese erfände jeweils spontan den Rhythmus und die bunten, paradoxen Bilder der Verse, um sich auszudrücken.[605] Rudolf Haym setzt die Zwischenmusik der „Verkehrten Welt" noch als bloßen Stimmungszauber, Schall und Rauch herab.[606] Pestalozzi dagegen hebt ihre kunstvolle Fügung hervor, die sich an den entsprechenden musikalischen Formen orientiere. Diese Klanggebilde leisteten etwas von der Annäherung ans Unendliche, da sie in ihren Worten forderten.[607] Frank spricht nun Ludwig Tieck zu, ähnlich wie Richard Wagner eine Synthese aus Prosa, Lyrik und Musik geschaffen zu haben, eine „musikalische Prosa."[608] Die Zwischenspiele der „Verkehrten Welt" bieten dafür bestimmt ein mindestens ebenso treffendes Beispiel als die „Phantasus"-Gedichte. Frank subsumiert die abstrahierende Tendenz der Tieckschen Sprachkunst unter der romantischen Ironie und erläutert sie als Musterbeispiel dafür. Mit dieser Definition würden Abstraktion und Ironie auf ein und dasselbe hinauslaufen; eine These, der ich ausdrücklich zustimmen kann. Tiecks Frühwerk lässt sich als im romantischen, aber tendenziell auch im modernen Sinne „absolute Kunst" beschreiben, die in ihrer Überfülle und Autonomie die Totalität der Welt spiegelt und auf die absolute Transzendenz verweist.

Wer die Komödien auf Komik und Satire reduziert und die ästhetischen Schriften einschließlich des „Sternbald" auf Schwärmerei und Wortspielerei, hat Tieck nicht richtig gelesen. Die romantische Ironie ist konstitutiv für diese Werke. Sie dient der Komik und der Satire, der Abstraktion und der Entgrenzung und umgreift alle diese Prinzipien. Das Ziel ist eine autonome, zwischen Immanenz und Transzendenz schwebende Kunst: Poesie als Poesie – und eben dadurch Poesie als Poetik, Ästhetik und Metaphysik. Die romantisch ironische Kunst relativiert alles Endliche der Welt auch in der Kunst selbst, – und öffnet damit den Blick aufs Unendliche. Die Kunst

[602] Frank 412f.
[603] Frank 424
[604] Frank 427
[605] Frank 390
[606] Haym 106
[607] Pestalozzi
[608] Frank 432 zu Wagner; zu Tieck

– oder der Künstler – schwankt dazwischen, entweder die Frage nach Sinn und Ziel der Welt offenzulassen, sich selber als „Gottheit“ absolut zu setzen und ins dadurch blanke Nichts zu blicken, oder ins Licht Gottes.

XXVII. Zusammenfassung und Ausblick

Ludwig Tieck entfaltet in seinen Komödien allmählich die frühromantischen Prinzipien der romantischen Ironie und der Universalpoesie: Bunte Szenen reihen sich aneinander, ohne sich aus einen Nenner bringen zu lassen; Handlungsstränge verknüpfen sich miteinander, Ebenen verwirren sich und heben sich gegenseitig auf. Das Theaterstück findet statt, indem es sich als Inszenierung erweist, das Geschehen konstituiert sich, indem es sich selbst zerstört. Illusionen werden errichtet und zum Einsturz gebracht, alle Personen und Haltungen reflektiert und ironisiert. Darüber hinaus schießt der Verfasser explizit Pfeile auf sein eigenes Werk ab und zieht den Vergleich zwischen Bühnenspiel und Lebensspiel. Scherz und Ernst, Tragik und Komik spielen miteinander und wechseln sich ab; Lyrik und Wortmusik, Märchen, Mythos und Idylle gewinnen immer mehr Geltung. Die mutwillig überschäumende Komik und die vorwiegend literarische, aber überzeitlich gültige Satire werden zunehmend der romantischen Ironie untergeordnet. Von den beiden Grundprinzipien ‚Poesie der Poesie’ und ‚Universalpoesie’ gewinnt das letztere die Oberhand. Für die drei großen Komödien ist eine ironische Struktur maßgeblich, die ihrerseits Komik vermittelt, indem sie witzige Konfusion erzeugt. Sie betreibt Satire, indem sie ein poetisches Modell liefert, das alle auf der inhaltlichen Ebene angesprochenen Begriffe von Kunst übertrumpfen will. In Tieck früher Prosa und Lyrik sind die gleichen Strukturen zu beobachten: Standorte wechseln wie auch die Standpunkte der einzelnen Personen, Landschaften und Musikstücke werden als Spiegel der inneren Welt hingebreitet, der Strom der Eindrücke und Stimmungen macht sich von den Individuen und Gegenständen selbständig. Die Auflösung der Persönlichkeit kann als grauenhaftes oder mystisches Erlebnis erfahren werden, der Verlust jeden Haltes mit der ganzen Skala von Verzweiflung, Zynismus, Skepsis, Gelassenheit, Heiterkeit und Glauben (an die Kunst, an die Liebe, an Gott) beantwortet werden. Für die Ästhetik bedeutet das frühromantische Weltgefühl eine stufenweise Entfernung von der Tradition, wie sich an den programmatischen „Klosterbruder“, an den „Berglinger“-Schriften und am Künstlerroman „Sternbald“

ablesen lässt: Am Anfang steht die religiöse Historienmalerei, dem der historische Roman, die Novelle und die Künstlervita als Erzählform entsprechen. Als Übergangsformen werden eine (neugeschaffene) Allegorie oder eine (abstrahierende) Landschaft eingesetzt; als Vision schwebt Tieck von Anfang an eine abstrakte (gegenstandslose und gestaltlose) Malerei vor, aus der an sich abstrakten Musik oder dem reinen Gefühl geboren. Seine Erzählweise im „Sternbald" spiegelt diese Entwicklung: Die Sprache wird immer musikalischer und abstrakter, besonders in den lyrischen Passagen.
Ironie und Abstraktion bestimmen des Struktur des Tieckschen Frühwerks, verfolgen, wirkungsvoller, als es durch explizite Postulate möglich wäre, dasselbe Ziel: die Autonomie der Kunst. Das Reich der Kunst löst sich vom konkreten Weltbezug und religiöser Tradition, schwebt zwischen Welt und Gott und spielt mit sich. Es schwankt dazwischen, seine ironische Verfasstheit entweder als relativ auszulegen oder als unendlich und damit der Totalität der Welt, und vielleicht der absoluten Transzendenz analog, sich der eigenen Nichtigkeit bewusst zu sein oder sich selbst absolut setzen.
Die von Tieck so bezeichnete „niedere" Ironie bezieht sich auf einen bestimmten Gegenstand und verfolgt ein bestimmtes Ziel, wie jede Kunst, die auf Mimesis und Moral baut, gerade auch die Historienmalerei. Dagegen bezieht sich die mit der „'romantischen Ironie' gleichzusetzende ‚höhere' Ironie auf sich selber, ist ‚Kunst als Kunst' und gerade darin ein Abbild der bunten offenen Welt, der Welt als ästhetischem Phänomen. Dem entspricht die ‚höhere', nämlich abstrakte Malerei und Dichtung, genauso wie die Musik. Das künstlerische Medium rückt zum Inhalt der Darstellung auf, ersetzt den vorgegebenen Inhalt. Ebenso wird der Prozess der Schöpfung und der Empfängnis von Kunst zum Thema der Kunst. ‚Höhere' Dichtung wäre diejenige, die möglichst weit von der Bedeutung der Worte absieht, zu Wort-Spiel und Laut-Malerei wird, wie die ‚höhere' Malerei zum reinen Farb-Klang. Alle Künste werden synästhetisch verknüpft und auf die Musik bezogen, da sie die Möglichkeit reiner Abstraktion in sich birgt und außerdem das Gefühl am tiefsten ergreift. In der romantischen Welt ist alles relativ und endlich; die Kunst eröffnet scheinbar einen Zugang zum Unendlichen oder Absoluten, hat vielleicht selber teil daran; ist vielleicht aber auch eine gefährliche Illusion, wenn sie zu ernst genommen wird. Am besten lässt man sich auf das Spiel der Kunst und der Welt ein und entscheidet sich die Frage nach höheren Welten und einem letzten Sinn offen zu lassen.

Der ästhetische Vollzug kann unter den Kategorien Entgrenzung und Abstraktion beschrieben werden. In der Malerei suggeriert die Bildfläche nicht mehr den messbaren, sondern den unendlichen Raum, da die innere Rahmung und die Anhaltspunkte fürs Auge fehlen. In der Literatur bieten progressive Universalpoesie und romantische Ironie die Möglichkeit der Selbstentgrenzung. Am weitesten ins Unendliche greift die hier nicht eigens dargestellte Musik. Die bildende Kunst kann einen hohen Grad der Abstraktion erreichen, indem sie gegenüber dem zugrundeliegenden Gegenstand und der Aussageabsicht die bildnerischen Mittel Linie, Form und – bei Tieck dominierend – die Farbe hervortreten lässt. Die Dichtung kann ihrerseits gegenüber den semantischen und syntaktischen, die musikalischen Elemente der Sprache hervortreten lassen, dazu die Sinneseindrücke und Gefühle evozierenden Bedeutungen und Laute. Die ‚bedingte' Kunst unterliegt der Mimesis, einschließlich der Satire, deren Gegenstandsbezug eben ein negativer ist, und die Historienmalerei, die hauptsächlich einen inhaltlich festgelegten Bezug zum Unendlichen bietet. Die ‚unbedingte' Kunst verkörpert sich vor allem in der romantischen Ironie und in der abstrakten Malerei, am reinsten natürlich wieder in der Musik. Seinen Ansatz der romantischen Ironie entwickelt Ludwig Tieck zunächst ohne Einfluss anderer Frühromantiker. Im Laufe der Zeit nimmt er dann Anregungen von ihnen auf, vor allem von Friedrich Schlegel und Solger, baut auch seine eigenen, allerdings unklaren theoretischen Äußerungen auf ihr System auf und setzt es in die poetische Praxis um. Intuition ist für Tieck grundsätzlich wichtiger als Philosophie. Tieck orientiert sich an literarischen Vorbildern, in Bezug auf die Ironie vor allem Aristophanes, Shakespeare, Beaumont und Fletcher, Cervantes und Holberg. Diese Ansätze zur Selbstaufhebung der Dichtung radikalisiert er und macht das Inszenieren zum Thema der Inszenierung. Das barocke Welttheater wandelt er in ein offenes Welttheater um, indem er es mit dem Topos der ‚Verkehrten Welt' verbindet. Das Spiel spielt sich selbst, spielt verrückt, wie auch die Welt, die nur manchmal über sich hinaus verweist, indem die Frage nach dem Sinn aufgeworfen wird. Eine Antwort glaubt Tieck zuweilen in seinem mystischen Erlebnis und in den Offenbarungen der Kirche, in den Erfahrungen von Liebe und Freundschaft und in der Ewigkeit der Kunst zu erhalten, – nichts davon aber erweist sich als tragfähiger Grund für eine feste Metaphysik oder Ästhetik. Wesentliche Impulse erhält Ludwig Tieck von Wilhelm Heinrich Wackenroder, doch auch hier muss man eher von parallelen und gemeinsamen Entwicklungen sprechen. Die Verehrung der „allmächtigen" Musik und der christlichen „altdeutschen" Kunst steht neben dem tiefen Misstrauen gegenüber der Kunst überhaupt als „selbsteignem Genuss". Friedrich Schlegel und Novalis befürworten eine „absolute" Kunst, womit sie eine „phantastische" und „hieroglyphische", aber nicht unbedingt gegenstands- und gestaltlose Kunst meinen. Für das Prinzip des Chaos im sprachlichen Bereich geben beide Denker in Romanfragmenten Beispiele. Der Maler Philipp Otto Runge bringt, ebenfalls zunächst unabhängig von Tieck, religiös-allegorische Landschaften ins Bild, wie der Dichter sie sich erträumt, ohne Tieck von seiner strengen Gestaltung und seinem festen Bekenntnis überzeugen zu können. Aus alledem wird ersichtlich, dass Tieck vielfältige Einflüsse philosophischer, literarischer und künstlerischer Art aufnimmt, die wesentlichen Elemente seiner Dichtung aber schon aus sich heraus entwickelt hat. Diese ist nicht grundsätzlich aus früheren oder zeitgenössischen Werken ableitbar, sondern bietet einen eigenständigen und sehr eigenwilligen Beitrag, auch wenn das Gedankengut oft nicht mehr von dem des frühromantischen Kreises zu trennen ist. Tieck entwertet seine originellen Ideen teilweise durch fortlaufende Wiederholung. Eine große Rolle für Tiecks Ästhetik spielt seine psychische Verfassung, die – wie die seiner Kollegen – einen besonders günstigen Nährboden für die romantischen Ideen bietet, aber darum nicht notwendig die romantische Kunst hätte hervorbringen müssen. Dem Mann mit vielen Gesichtern entspricht ein Werk mit vielen Gesichtern; dem übersensiblen und gefühlstiefen oder übersteigerten, dann träge oder ängstlich zögernden, auch wieder glaubensstarken und kraftvollen Charakter eine zwiespältige, „moderne" Kunst; der Begabung und Neigung, alle Eindrücke in pure Farben und Laute umzuwandeln, eine „reine" Kunst. Der allzu heftigen Hingabe an die Welt entspricht eine ironische Distanzierung, dem Sog in die Verzweiflung ein Schweben über dem Abgrund. Tieck ist einer der Wegbereiter der Romantik und ein theoretischer Vorläufer der Malerei und Ästhetik des 20. Jh. Seine Leistung kann, entgegen aller Vorurteile, denkerisch wie auch sprachlich überhaupt nicht überschätzt werden. Jedes große dichterische Werk basiert auf Vorbildern in der Kunst und Voraussetzungen im Leben, ohne darum in seiner Eigenheit aus ihnen ableitbar zu sein. Tiecks Poesie ist in weiten Strecken zuallererst poetische Poetik und Ästhetik.

Literatur

Quellen

Friedrich, Caspar David: Caspar David Friedrich in Briefen und Bekenntnissen. Hrsg. Sigrid Hinz. München 1974.

Goethe, Johann Wolfgang von: Von deutscher Baukunst (1773). In: Werke und Schriften (Cotta-Ausgabe Stuttgart) Bd. 16, S. 11-20

Runge, Philipp Otto: Hinterlassene Schriften, Nebst einem Lebenslaufe herausgegeben von Daniel Runge. 2 Bde. Hamburg 1840/41. (Nachdruck Göttingen 1965)

Schiller, Friedrich: Über Matthissons Gedichte (1794). In: Werke (Nationalausgabe Weimar), Bd. 22, S. 265-283.

Schlegel, Friedrich: Kritische Friedrich-Schlegel-Ausgabe. Hrsg. Ernst Behler/Hans Eichner, München/Paderborn/Wien 1963ff. (Zitiert: KA.)

ders. Kritische Schriften. Hrsg. Wolfdietrich Rasch. Darmstadt 1964

Tieck, Ludwig: Ludwig Tieck´s Schriften. 28 Bde. Berlin 1828 – 54.

ders.: Ludwig Tieck´s Kritische Schriften. Hrsg. Rudolf Köpke. 4 Bde. Leipzig 1848-52

ders.: Ludwig Tieck´s Nachgelassene Schriften. Hrsg. Rudolf Köpke. 2 Bde. Leipzig 1855. (Zitiert: Köpke)

ders.: Der gestiefelte Kater. Hrsg. Helmut Kreuzer. Stuttgart 1964. (Nach der Erstausgabe von 1796.)

ders.: Die Verkehrte Welt. Hrsg. Karl Pestalozzi. Wien 1964. (Nach der Ersausgabe von 1798.)

ders.:William Lovell. Hrsg. Walter Münz. Stuttgart 1986. (Nach der Erstausgabe von 1795/96.)

ders.: Franz Sternbalds Wanderungen. Hrsg. Alfred Anger. Stuttgart 1979. (Nach der Erstausgabe von 1798.)

Tieck, Ludwig/Schlegel, Friedrich/Schlegel, August Wilhelm: Ludwig Tieck und die Brüder Schlegel. Briefe Hrsg. Edgar Lohner. München 1972.

Tieck, Ludwig/Solger, Karl Wilhelm Ferdinand: Tieck and Solger. The Complete Correspondence. Hrsg. Percy Matenko. New York/Berlin 1953.

Wackenroder, Wilhelm Heinrich: Werke und Briefe. Hrsg. Lambert Schneider. Heidelberg 1967.

Wackenroder, Wilhelm Heinrich/Tieck, Ludwig: Herzensergießungen eines kunstliebenden Klosterbruders. Hrsg. Richard Benz. Stuttgart 1979. (Nach der Erstausgabe von 1797.)

diesselben: Phantasien über die Kunst. Herausgegeben von einem kunstliebenden Klosterbruder. Hrsg. Wolfgang Nehring. Stuttgart 1983. (Nach der Erstausgabe von 1799.)

Literatur zu Teil I: Ironie

Behler, Ernst: Klassische Ironie, romantische Ironie, tragische Ironie. Zum Ursprung dieser Begriffe. Darmstadt 1972.

Beyer, Hans Georg: Ludwig Tiecks Theatersatire „Der gestiefelte Kater" und ihre Stellung in der Literatur- und Theatergeschichte. Diss. masch. München 1960.

Böckmann: s.u.

Brummack, Jürgen: Satirische Dichtung. München 1979. Kap. Ludwig Tieck: 2.46-81.

Eichner: s.u.

Frank, Manfred: Einführung in die frühromantische Ästhetik. Vorlesungen. Frankfurt/Main 1979.

Immerwahr, Raymond M.: The Esthetic of Tieck´s Fantastic comedy. St. Luis (USA) 1953.

Kreuzer, Helmut: Nachwort zum „Gestiefelten Kater". Stuttgart 1964.

Pestalozzi Karl: Nachwort zur „Verkehrten Welt". Wien 1964.

Pohlheim, Karl Konrad: Studien zu Friedrich Schlegels poetischen Begriffen (1961). In. Helmut Schanze (Hrsg.): Friedrich Schlegel und die Kunsthistorie seiner Zeit. Darmstadt 1985. S. 278-320.

Prang, Helmut: Die romantische Ironie. Darmstadt 1989.

Strohschneider-Kohrs, Ingrid: Die romantische Ironie in Theorie und Gestaltung. Tübingen 1960.

Szondi, Peter: Friedrich Schlegel und die romantische Ironie. Mit einer Beilage über Tiecks Komödien (1954/1978). In: Helmut Schanze (Hrsg.): Friedrich Schlegel und die Kunsthistorie seiner Zeit. Darmstadt 1985.S. 143-161.

Thalmann, Marianne: Der Manierismus in Ludwig Tiecks Literaturkomödien (1964). In: dies.: Romantik in kritischer Perspektive. Zehn Studien. Heidelberg 1976. S.185.192. (Zitiert: Thalmann (Manierismus))

dieselbe: Provokation und Demonstration in der Komödie der Romantik. Berlin 1974. (Zitiert: Thalmann 1974)

Scherer, Stefan: Witzige Spielgemälde. Tieck und das Drama der Romantik. Berlin/New York 2003. (= Quellen und Forschungen zur Literatur- und Kulturgeschichte. 26)

Voigt, Joachim: Das Spiel im Spiel. Diss. Masch. Göttingen 1954

Weigand, Karlheinz: Tiecks „William Lovell“. Studie zur frühromantischen Antithese. Heidelberg 1975

Literatur zu Teil II: Abstraktion

Alewyn, Richard: Das große Welttheater. Die Epoche der höfischen Feste. München 1985. (Nachdruck 1989).

Anger, Alfred: Anhang und Nachwort zu „Franz Sternbalds Wanderungen“, Stuttgart 1979

Betzen, Klaus: Frühromantisches Lebensgefühl in Ludwig Tiecks Roman „Franz Sternbalds Wanderungen“. Diss. Masch. Tübingen 1959.

Böckmann, Paul: Die romantische Poesie Brentanos und ihre Grundlagen bei Friedrich Schlegel und Tieck. In: Jahrbuch des Freien Deutschen Hochstifts 1934.

Bollacher, Martin: Wackenroder und die Kunstauffassung der frühen Romantik. Darmstadt 1983.

Denkler, Horst. Philipp Otto Runge. Vorläuferschaft und Nachwirkung. In: Paulsen, Wolfgang (Hrsg.): Das Nachleben der Romantik in der deutschen Literatur. Heidelberg 1969, S. 71-91

Eichner, Hans: Kommentar zur Kritischen Friedrich-Schlegel-Ausgabe (KA) BD. II/1 und IV.

ders.: Friedrich Schlegels Theorie der romantischen Poesie (1956). In: Schanze, Helmut (Hrsg.): Friedrich Schlegel und die Kunsttheorie seiner Zeit. Darmstadt 1985. S.164-193.

Frank, Manfred: s.o.

Franke, Christa: Philipp Otto Runge und die Kunstansichten Wackenroders und Tiecks. Marburg 1974.

Garmann, Gerburg: Die Traumlandschaften Ludwig Tiecks. Traumreise und Individuationsprozess in romantischer Perspektive. Opladen 1989.

Kertz-Welzel, Alexandra: Die Transzendenz der Gefühle. Beziehungen zwischen Musik und Gefühl bei Wackenroder/Tieck und die Musikästhetik der Romantik. St. Ingbert 2001. (= Saarbrücker Beiträge zur Literaturwissenschaft, Nr. 71)

Kleßmann, Eckart: Die deutsche Romantik. Köln 1984

Koch, Horst: William Turner. Ramerding 1976.

Lankheit, Klaus: Die Frühromantik und die Grundlagen der „gegenstandslosen“ Malerei. In: Neue Heidelberger Jahrbücher (NHJ) 1951, S.55-90.

Matzner, Johanna: Die Landschaft in Ludwig Tiecks Roman „Franz Sternbalds Wanderungen“. Ein Beitrag zu den Kunstanschauungen der Berliner Frühro-

mantik und der Dresdner Maler Ph. O. Runge und C.D. Friedrich. Diss. Masch. Heidelberg 1971.
Nehring, Wolfgang: Nachwort zu den „Phantasien über die Kunst“. Stuttgart 1983.
Pohlheim: s.o.
Rohls, Jan: „Sinn und Geschmack fürs Unendliche“ – Aspekte romantischer Kunstreligion. In: Neue Zeitschrift für systematische Theologie und Religionsphilosophie, Bd. 27 (Heft 1/1985), S. 1.24.
Staatliche Museen preußischer Kulturbesitz: Gemälde der deutschen Romantik in der Nationalgalerie Berlin. Caspar David Friedrich, Karl Friedrich Schinkel, Carl Blechen. Berlin 1985.
Steingräber, Erich: Natur. Landschaft. Landschaftsmalerei. In: Marcel Roethlisberger (Hrsg.): Im Licht von Claude Lorrain, Landschaftsmalerei aus drei Jahrhunderten. Kat. München 1985.
Stelzer, Otto: Die Vorgeschichte der abstrakten Kunst. München 1964.
Thalmann, Marianne: Formen und Verformen durch die Vergeistigung der Farben (1964). In: dieselbe: Romantik in kritischer Perspektive. Zehn Studien. Heidelberg 1976. S. 152-183. (Zitiert: Thalmann (Farben))
Träger, Jörg: Philipp Otto Runge. Kritischer Katalog und Monographie. Köln 1975.
Weimar, Klaus: Versuch über Voraussetzung und Entstehung der Romantik. Tübingen 1968 (Diss. Tüb. 1967).

Literatur zu Teil III: Leben und Werk Tiecks: Deutsche Romantik allgemein

Brecht, Christoph: Die gefährliche Rede. Sprachreflexion und Erzählstruktur in der Prosa Ludwig Tiecks. Tübingen 1993.
Garmann, Gerburg: Die Traumlandschaften Ludwig Tiecks. Traumreise und Individuationsprozess aus romantischer Perspektive. Opladen 1989.
Gebhardt, Armin: Ludwig Tieck. Leben und Gesamtwerk des „Königs der Romantik". Marburg 1998.
Gunkel, Hermann: Ludwig Tiecks dichterischer Weg. In: Segebrecht, Wulf (Hrsg.): Ludwig Tieck. Darmstadt 1976.
Harte, Christine: Ludwig Tiecks historische Romane. Untersuchungen zur Entwicklung seiner Erzählkunst. Bern 1997.
Hagestedt, Lutz: Ähnlichkeit und Differenz. Aspekte der Realitätskonzeption in Ludwig Tiecks späten Romanen und Novellen. München 1997.
Haym, Rudolf: Die romantische Schule. Darmstadt 1961.
Hölter, Achim: Ludwig Tieck. Literaturgeschichte als Poesie, Heidelberg 1989.
Hölter, Achim: Frühe Romantik – frühe Komparatistik. Frankfurt a.M. 2001.
Kluckhohn, Paul: Das Ideengut der deutschen Romantik. Tübingen 1966.

Minder, Robert: Ludwig Tieck, ein Porträt (1937). In: Wulf Segebrecht (Hrsg.): Ludwig Tieck. Darmstadt 1976. S. 266-278.

ders.: Un poéte romantique allemand: Ludwig Tieck. Paris 1936.

Neunzig, Hans A.: Lebensläufe der deutschen Romantik. Schriftsteller. München 1986

Paulin, Roger: Ludwig Tieck. München 1988.

Pöschel, Burkhard: „Im Mittelpunkt der wunderbarsten Ereignisse". Versuche über die literarische Auseinandersetzung mit der gesellschaftlichen Moderne im erzählerischen Spätwerk Ludwig Tiecks. Bielefeld 1994.

Rath, Wolfgang: Ludwig Tieck. Das vergessene Genie. Studien zu seinem Erzählwerk. Paderborn 1996.

Thalmann, Marianne: Ludwig Tieck. Der romantische Weltmann aus Berlin. Bern/München 1955.

Über Dichter ist es dir nur erlaubt zu dichten,
Das heißt, sie im Ganzen zu verstehen, und dieses
Verständnis in seiner Ganzheit zu eröffnen.

(L.Tieck, Poetisches Journal, Jena 1800)

Ausgewählte Veröffentlichungen aus dem Oldib Verlag

Friedhelm Schneidewind: Mythologie und phantastische Literatur.
Oliver Bidlo, Julian Eilmann, Frank Weinreich (Hrsg.): Zwischen den Spiegeln. Neue Perspektiven auf die Phantastik.
Patrick Peters: Von Jerusalem nach Paris. Der heilige Gral zwischen Mythos und Literatur.
Wolfgang Bochs: Echnaton und Moses. Monotheismus und Aussatz.
Oliver Bidlo: Profiling. Im Fluss der Zeichen.
Oliver Bidlo: Tattoo – Die Einschreibung des Anderen.
Oliver Bidlo: Rastlose Zeiten. Die Beschleunigung des Alltags.
Erich Steitz: Kausalität und menschliche Freiheit.

Einführungen

Frank Weinreich: Fantasy. Einführung.
Patrick Peters: Edda. Einführung.
Anja Stürzer: Shakespeare. Einführung.
Alexander Berens: Europa. Einführung.
Oliver Bidlo: Vilém Flusser. Einführung.
Tanja Bidlo: Theaterpädagogik. Einführung.
Meinhard Saremba: Oper. Einführung.
Norbert Schröer: Interkulturelle Kommunikation. Einführung.
Armin Staffler: Augusto Boal. Einführung.

Thepakos+

Interdisziplinäre Zeitschrift für Theater und Theaterpädagogik

Nähere Informationen, weitere Bücher und Bestellmöglichkeiten finden Sie unter www.oldib-verlag.de oder schreiben Sie einfach an: info@oldib-verlag.de